Das Buch

Was tun, wenn man sich in der Nähe eines Menschen unwohl fühlt, der Job zu viel Energie saugt oder einem in manchen Räumen plötzlich mulmig wird? Die Heilerin Anne Jones zeigt, wie sich negative Energien ganz einfach aufspüren und auflösen lassen, und beschreibt viele kleine Wege, wie sich jeder Bereich des Lebens mit positiver Energie aufladen lässt. Mit zahlreichen Übungen zum Selbstschutz, hilfreichen Anregungen für den Alltag und energetischen Heilsymbolen für rundum gute Schwingungen.

Die Autorin

Anne Jones ist sensitive Heilerin mit langjähriger Praxiserfahrung. Sie arbeitet mit kraftvollen, von ihr gechannelten Heilsymbolen, hält Vorträge und gibt Seminare zu verschiedenen Themen der Persönlichkeitsentwicklung. Sie lebt in Hampshire.

Anne Jones

EINFACH
GUTE
SCHWINGUNGEN

So befreien Sie sich, Ihr Leben und Ihre
Umgebung von negativen Energien

Aus dem Englischen übersetzt
von Manfred Miethe

WILHELM HEYNE VERLAG
MÜNCHEN

Die englische Originalausgabe erschien 2002 unter dem Titel
»HEALING NEGATIVE ENERGIES: Simple Steps
to Improve Your Energy at Home and at Work« bei Piatkus,
einem Verlag der Little Brown Book Group, London.

Verlagsgruppe Random House FSC®-N001967
Das für dieses Buch verwendete FSC®-zertifizierte Papier
Holmen Book Cream liefert Holmen Paper, Hallstavik, Schweden.

2. Auflage
Deutsche Erstausgabe 03/2014

Copyright © 2002 by Anne Jones
First published in Great Britain in 2002 by Piatkus
Copyright © der deutschsprachigen Ausgabe 2014
by Wilhelm Heyne Verlag, München,
in der Verlagsgruppe Random House GmbH
Alle Rechte sind vorbehalten. Printed in Germany 2014.
Redaktion: Diane Zilliges
Umschlaggestaltung: Guter Punkt, München
Umschlagmotiv: © Valenty / shutterstock
Satz: Christine Roithner Verlagsservice, Breitenaich
Druck und Bindung: GGP Media GmbH, Pößneck

ISBN 978-3-453-70238-7

www.heyne.de

Inhalt

Einleitung

Ich konnte deutlich fühlen, wie sich mir die Nackenhaare sträubten. Dann spürte ich ein seltsames Gefühl
meine Arme entlang- und meinen Rücken hinablaufen.
Was war los? Dies sollte doch ein Rückzugsort sein, an
dem man Ferien machen und sich erholen konnte, ein
Ort des Friedens und der Stille, eine Gelegenheit, in der
Zeit in jene Welt zurückzureisen, die vor den technologischen Neuerungen und der schnellen Kommunikation existiert hatte. Und doch war für mich im Augenblick überhaupt kein Friede spürbar, im Gegenteil, ich
war äußerst beunruhigt.

Ich hatte ein Zimmer in einem schmucken Hotel mitten in der südafrikanischen Karoo-Wüste gebucht. Die
Hotelanlage war aus einem kleinen Dorf entstanden,
das im 19. Jahrhundert um eine Bahnstation herum gebaut worden war. Das Dorf hatte aus einem kleinen
Postamt, einer Schule, ein paar Privathäusern und dem
Bahnhof bestanden. Der Ort war sehr geschichtsträch-
tig, außerordentlich faszinierend und hatte einen gewissen Charme. Aber für mich war er sehr unheimlich.

Am Tag, als noch viele Menschen da gewesen waren, die entweder im Hotel übernachteten oder auf dem
Weg nach Kapstadt im Süden dort angehalten hatten,

um etwas zu essen, war alles noch in Ordnung gewesen. Aber nun war es an der Zeit, schlafen zu gehen, und so war ich auf mein Zimmer gegangen, um auszupacken und mich bettfertig zu machen. Kaum hatte ich die Tür hinter mir geschlossen, begann ich schon, mich unbehaglich zu fühlen. Das Zimmer schien mir plötzlich kalt und irgendwie bedrohlich. Da ich sonst nicht viel tun konnte, fing ich an zu singen, um mich abzulenken. (Mein Gesang ist übrigens durchaus dazu geeignet, Menschen in den Wahnsinn zu treiben!) Als ich mich etwas beruhigt hatte, ging ich ins Bett und nach der anstrengenden sechsstündigen Autofahrt, die ich hinter mir hatte, schlief ich schnell ein.

In der Nacht hatte ich einen Traum. Ich träumte, ich wäre in einem Raum mit vielen uniformierten Männern. Alle trugen Verbände und litten entsetzliche Qualen. Ich konnte das Leiden und die Qual dieser Soldaten spüren und erwachte zitternd und frierend. Daraufhin nahm ich den neben meinem Bett liegenden Reiseführer zur Hand und begann, etwas über die Geschichte des Dorfes zu lesen. Und schon bald hatte ich herausgefunden, was mir solche Pein bereitet hatte. Während der Burenkriege war das Dorf nämlich als Feldlazarett für die Soldaten der örtlichen Garnison genutzt worden.

Was ich in diesem Hotel gespürt hatte, waren Energien aus der Vergangenheit. Ich hatte die Schmerzen und das Leid der Soldaten gespürt, die sich den Gebäuden eingeprägt hatten und die ich nun – über 100 Jahre später – wahrgenommen hatte.

Im Laufe meines Lebens hatte ich viele ähnliche Erlebnisse. Diese Sensibilität gegenüber Energien und atmosphärischen Stimmungen war in meiner Jugend eher lästig gewesen, da ich das Unbehagen der Lebenden oder längst Verschiedenen gespürt, aber keine Möglichkeit gesehen hatte, diese Wahrnehmungen zu kontrollieren. Im Laufe der Jahre habe ich allerdings gelernt, aus dieser angeborenen Sensibilität eine Wahrnehmungsfähigkeit für alle Energien – positive wie negative – zu entwickeln, und vor zehn Jahren habe ich mit meiner natürlichen Energieheilungsarbeit begonnen. Seither habe ich gelernt, das persönliche Energiefeld von Menschen, Wohnungen und Arbeitsplätzen zu reinigen und das Energieniveau anzuheben.

In diesem Buch möchte ich mit Ihnen einige meiner Erfahrungen mit verschiedenen Arten negativer Energie teilen, darunter auch jenen, die von uns selbst, den Menschen in unserer Nähe, von Elektrogeräten, ungünstig fließenden Erdenergien, Schwarzer Magie und Geistern verursacht werden. Ich werde jene Methoden an Sie weitergeben, die ich entweder erlernt oder selbst entwickelt habe, um negative Energien aufzulösen und mich vor ihnen zu schützen, damit nicht nur Sie positiv eingestellt und frohen Mutes sein können, sondern damit auch Ihre Umgebung leicht, hell und frei von negativen Einflüssen sein kann.

Was auch immer die Ursache negativer Energie sein mag – ob sie nun aus natürlichen Quellen stammt oder ob sie durch die Gedankenlosigkeit anderer Menschen oder unseren eigenen Ängsten und Sorgen verursacht wird –, gibt es doch immer Möglichkeiten, den Auswirkungen entgegenzusteuern und sie auf ein Minimum zu begrenzen. Der Menschheit ist es schließlich gelungen, viele Umweltveränderungen zu überleben und sich an sie anzupassen – von dramatischen Klimawandlungen bis zum Versiegen bestimmter Nahrungsquellen. Es ist uns gelungen, eine Vielzahl von Herausforderungen zu überwinden, die oft unsere Lebensgrundlage, unsere Heime und Familien bedroht haben – von der Pest bis hin zu physischer Unterdrückung.

Heute existieren neben den alten auch neue Herausforderungen, wie elektromagnetischer Stress und die Mikrowellenstrahlung von Mobiltelefonen. Ich bin überzeugt, dass wir auch diese neuen Herausforderungen meistern werden und immer neu einen positiven, friedlichen und harmonischen Zustand herstellen können. Wir können dies tun, indem wir die Macht unseres Geistes nutzen und uns auf unsere Entschlossenheit verlassen, jede Bedrohung unseres Wohlbefindens abzuwehren, und auf unseren Wunsch, ein glückliches, gesundes Leben zu führen. Wenn wir daran arbeiten, selbst gesund zu werden und positiv zu denken, werden die Auswirkungen dieser persönlichen inneren Heilung schließlich weitreichende Konsequenzen haben. Was wir zu Hause beginnen, wird sich in unserer Nachbarschaft ausbreiten und dann erst unser Land und sogar den Rest der Welt erfassen.

Ich bin fest davon überzeugt, dass wir unsere Umwelt durch unsere Art des Seins, unsere Denkweisen und Einstellungen beeinflussen. Wir können etwas bewirken, wenn wir eine positive, optimistische Einstellung dem Leben gegenüber haben und unser Zuhause und unseren Arbeitsplatz sauber und ordentlich halten – und wenn wir die Umwelt respektvoll behandeln.

Wir können der Negativität und der Dunkelheit in unserer Welt Positivität und Licht entgegensetzen. Wenn jeder Einzelne von uns seinen Teil dazu beiträgt, dann wird die Welt über kurz oder lang ein hellerer und leichterer Ort sein und Liebe und Frieden werden zum Wohle aller vorherrschen.

Auch dieses Buch will dazu beitragen. Im ersten Kapitel berichte ich Ihnen über meine eigene spirituelle »Erziehung« und meine ersten Erfahrungen als Heilerin. Später werde ich Ihnen dann erläutern, wie wir uns selbst, unser Heim und unseren Arbeitsplatz von allen Energien, die nicht leicht und hell sind, befreien können. Sind Sie bereit für die größte Entgiftungskur Ihres Lebens? Dann wollen wir anfangen.

1 – Meine Erfahrungen mit Energie

In diesem Kapitel werde ich Ihnen erzählen, wie ich mir schon als Kind der Energie bewusst wurde, die in und um uns herum existiert und die uns sowohl auf positive wie auf negative Weise beeinflussen kann. Infolge verschiedener bedeutsamer Erlebnisse entwickelte ich meine Fähigkeiten später weiter. Aus meiner Feinfühligkeit wurde das Vermögen zu heilen und negative Einflüsse aufzulösen.

Ein sensibles Kind

Ich war schon immer sehr sensibel für atmosphärische Schwingungen gewesen. Als Kind konnte ich schon beim Betreten des Zimmers spüren, ob meine Eltern ängstlich, deprimiert oder wütend waren. Zum Glück stritten sie sich nur selten, aber als ich vier war, verlor mein Vater seinen Arbeitsplatz in der Verwaltung und mühte sich ab, in der schwierigen Nachkriegszeit eine neue Stelle zu finden. Das war für meine Eltern eine große Belastung. Mein Vater machte sich von Natur aus ständig Sorgen, was sich auch auf meine Mutter auswirkte, sodass auch sie anfing, sich zu sorgen. Manchmal sah ich sie in Tränen aufgelöst, wenn ich die Treppe hinunterkam. Zu dieser Zeit litten meine Eltern unter ständiger Existenzangst, da die Ersparnisse allmählich dahinschwanden. Ich spürte den Stress und die Angst, die sie durchmachten, als deutlich wahrnehmbare Kräfte, die in unser Heim eingedrungen waren.

Zum Glück fand mein Vater schließlich eine Stelle im Personalwesen, die für seinen fürsorglichen und sensiblen Charakter ohnehin besser geeignet war als sein vorheriger Posten als Statistiker. Sofort veränderte sich auch die Atmosphäre im Haus, da meine Eltern entspannter und glücklicher wurden. Daraufhin hob sich auch meine Stimmung.

Ich spürte allerdings, dass es in der Beziehung meiner Eltern gewisse Spannungen und Geheimnisse gab. Wann immer sie Formulare für die Schule ausfüllen mussten, spürte ich ihre Anspannung. Als ich zwölf war, wollte ich mit der kirchlichen Sonntagsschule ins bayrische Oberammergau fahren, um dort die berühmten Passionsspiele zu sehen. Zwar gaben meine Eltern die hohen Reisekosten als Grund dafür an, dass ich nicht mitfahren durfte, aber ich spürte, dass der wahre Grund eher etwas mit irgendwelchen verborgenen Ängsten zu tun haben musste. Damals dachte ich, sie hätten einfach Angst, mich allein verreisen zu lassen.

Ich spürte dieselbe nervöse Anspannung, als ich im Alter von 15 Jahren Gelegenheit bekam, mit der Schule nach Spanien zu reisen. Dafür brauchte ich einen Pass, und das schien das entscheidende Problem zu sein. Ich konnte die Angst meiner Eltern spüren, auch wenn sie versuchten, diese zu überspielen.

Als sie sich schließlich dazu durchringen konnten, mit mir darüber zu sprechen, fürchtete ich zunächst, sie würden mir sagen, ich sei adoptiert. Tatsächlich lag ich damit nicht ganz falsch. Es stellte sich nämlich heraus, dass mein biologischer Vater meine Mutter kurz nach meiner Geburt verlassen hatte, und dass »Papa« in Wahrheit mein Stiefvater war. Meine Mutter und er hatten nicht heiraten können, da er noch mit einer anderen verheiratet war, die sich weigerte, sich von ihm scheiden zu lassen. Meine Eltern hatten mir also verheimlicht, dass sie gar nicht verheiratet waren und dass ich nicht die leibliche Tochter meines Stiefvaters war. Als ich ins Ausland reisen wollte, hätten sie Formulare ausfüllen müssen, die die Wahrheit über ihre Beziehung ans Licht gebracht hätten. Das war der Grund für ihre Anspannung gewesen.

Das alles mag angesichts der heute so viel lockereren Einstellung in Bezug auf Ehe und Partnerschaft merkwürdig klingen, aber damals war es ein Skandal, wenn unverheiratete Paare zusammenlebten. Meine Eltern hatten mich vor allem vor Klatsch und Tratsch beschützen wollen. Tatsächlich hatten sie bei diesem Versuch aber große Spannung und Angst erzeugt, die ich natürlich gespürt hatte.

Als mir klar wurde, dass der Vater, der mich mit so viel Liebe und Fürsorglichkeit großgezogen hatte, gar nicht mit mir blutsverwandt war, brach ich in Tränen aus – es waren Tränen der Berührtheit. Er hatte mir so viel Liebe und Güte entgegengebracht, dabei war ich nicht einmal seine Tochter! Da dies nicht die Reaktion war, die meine Eltern von mir erwartet hatten, waren sie unglaublich erleichtert. Sie hatten befürchtet, dass ich am Boden zerstört sein würde, wenn ich die Wahrheit über meinen Vater herausfinden würde, und hatten daher Angst gehabt, mir die Wahrheit zu erzählen. Stellen Sie sich nur vor, welche Last sie mit diesem Geheimnis all die Jahre vollkommen unnötig mit sich herumgeschleppt hatten.

Damals und noch viele Jahre später war ich mir nicht bewusst, dass ich die Gefühle anderer Menschen wahrnehmen konnte. Häufig bekam ich ein Flattern in der Magengegend, wenn ich bestimmte Energien spürte, und dachte einfach, ich sei aus irgendeinem Grund besonders nervös. Später in der Pubertät konnte ich nicht auf Partys gehen oder an großen Menschenansammlungen teilnehmen, weil mich die nervösen Gefühle bereits beim Betreten eines Raumes überwältigten. Das war ziemlich ärgerlich, da ich gern neuen Menschen begegnete, aber es war manchmal wirklich unangenehm für mich. Heute ist mir klar, dass ich immer gleich die Energie der ganzen Gruppe oder die von einigen Personen in der Gruppe, die aus irgendeinem Grund verstört waren, wahrgenommen hatte.

Auch Sie werden vermutlich herausfinden, dass gewisse Gefühle und Ängste, die Sie spüren, gar nicht Ihre eigenen sind. Wahrscheinlich reagieren auch Sie auf die Energien, die andere Menschen in die Atmosphäre ausstrahlen. Wenn Sie wieder einmal auf ein Fest oder eine Versammlung gehen, achten Sie darauf, wie Sie sich fühlen. Sind Sie nervös, angespannt oder haben Sie ein Gefühl der Beklemmung, wenn Sie Ihr Haus verlassen oder bei der Gruppe ankommen?

Wenn Menschen zornig, nervös oder ängstlich sind,

gibt die Energie ihrer Gefühle und Gedanken negative Schwingungen an die Umgebung ab. Haben sie hingegen Spaß, sind glücklich und voller Lebensfreude, senden sie positive Schwingungen aus. Diese Schwingungen nehmen Sie wahr, wenn Sie einen Raum betreten und sich unter die Leute mischen.

Ich werde Ihnen noch zeigen, auf welche Weise Sie sich vor den negativen Gefühlen und selbst den negativen Gedanken anderer Menschen schützen können.

Ein Geist in unserer Wohnung

Ich kann aber nicht nur die Gefühle anderer Menschen wahrnehmen, ich bin auch sehr empfänglich für geistige oder »jenseitige« Energien. Solange ich mich erinnern kann, habe ich mit »Gespenstern« gelebt. Heute nenne ich sie aber nicht mehr Gespenster, denn der Begriff »Geister« ist die korrekte Beschreibung für diese Erscheinungen und Wesen, die unsere Häuser mit uns teilen und deren Gegenwart von jenen wenigen besonders Privilegierten gespürt – und manchmal sogar gesehen – werden kann. Ich sage »privilegiert«, weil ich finde, dass meine Begegnungen mit der Welt der Geister erstaunliche, erhebende und manchmal sehr unterhaltsame Erlebnisse waren.

In den letzten Jahren hat mir die Fähigkeit, die Präsenz des Unsichtbaren zu spüren, bei meiner Arbeit als Heilerin gute Dienste geleistet. Für mich ist meine Sensibilität gegenüber verschiedenen Energien und ihren positiven wie negativen Auswirkungen auf Menschen von großem Wert. Aber wie es so häufig der Fall ist, war der Lernprozess nicht immer sehr angenehm und zuweilen ausgesprochen erschreckend.

Meine erste Begegnung mit Seelen, die nach dem Tod auf der Erde verweilen, ereignete sich im Südlondoner Stadtteil Putney, wo ich mit meiner Mutter und meinem Vater im Alter von zwei bis 20 Jahren in einem typisch viktorianischen Haus lebte. Ich war noch nicht einmal fünf, aber ich kann mich erinnern, dass ich nachts erwachte und merkwürdige Geräusche hörte. Es klang, als ginge jemand im Zimmer über mir hin und her und als ob – ich weiß, dass dies jetzt wie ein Klischee klingt – er dabei mit Ketten rasseln würde.

Nacht für Nacht lag ich vollkommen fasziniert von den Geräuschen wach. Ich überlegte, was sie wohl hervorrufen könnte. Ich hatte keine große Angst, da ich in dem Alter nichts von Gespenstern, spirituellen oder übersinnlichen Phänomenen wusste. Als ich meine Mutter fragte, was das für Geräusche wären, erfand sie schnell irgendeine Geschichte über die Nachbarn, die den Kaminrost reinigen würden. Das überzeugte mich allerdings nicht, denn wer reinigt den Kaminrost schon um zwei Uhr in der Nacht? Also schrieb ich die Erklärung meiner Mutter ihrem fehlenden Wissen zu.

Ein paar Jahre später konfrontierte ich meine Mutter mit ihren damaligen schwachen Erklärungsversuchen, woraufhin sie zugab, gewusst zu haben, dass es im Hause spukte, dass sie mich aber nicht hatte ängstigen wollen. Also wuchs ich im Glauben auf, dass alle Häuser nächtliche Besucher hatten, die Ketten mit sich herumschleppten. Zum Glück blieben die Geräusche meistens oben, aber eines Nachts hörte ich auf der Treppe

Schritte, die auf mein Zimmer zukamen, und als etwas an der Türklinke rüttelte, wurde ich doch – wie ich zugeben muss – ziemlich nervös. Ich lag vollkommen still im Bett, bis ich irgendwann spürte, dass das, was ich gespürt hatte, verschwunden war. Dann lief ich so schnell ich konnte in das Schlafzimmer meiner Eltern, wo ich Trost und Sicherheit fand.

Ein paar Jahre später bekam auch meine Mutter Besuch von einem unserer unirdischen Hausgäste. Sie machte gerade ein Nickerchen, als das Bett anfing zu rütteln, und ihr Hund, der im selben Zimmer schlief, aufsprang, im Raum herumrannte und dabei wie wild bellte.

Natürlich war niemand körperlich anwesend, aber meine Mutter spürte eine Präsenz und erkannte, dass sie von irgendeinem Geist besucht worden war. Als wir uns darüber unterhielten, spürte ich, dass es der Geist der alte Dame gewesen sein musste, der das Haus vor uns gehört hatte. Sie hatte es ihrer Tochter vererbt, die nun bei uns zur Miete lebte, da das Testament verschwunden war und die anderen Familienmitglieder meinen Eltern das Haus verkauft und sich den Erlös geteilt hatten.

Wir hatten das Haus mit der Auflage gekauft, dass die Tochter ein lebenslanges Wohnrecht haben würde. Diese war nicht nur außerordentlich verärgert und wütend, dass sie das Haus nicht geerbt hatte, was sie nicht gerade zur angenehmsten aller Mieterinnen machte. Offensichtlich war auch die Mutter so verärgert, dass sie sich nicht vom Haus und ihrer irdischen Existenz trennen und in lichtere Gefilde überwechseln konnte. Meistens gab es bei diesen Spukgeschichten nichts zu fürchten, der verstörte Geist und die negativen Gefühle der armen alten Dame waren einfach nur sehr lästig für uns.

Als ich älter wurde, lernte ich Seelen zu helfen, die durch schreckliche Erlebnisse so verstört sind, dass sie es nicht über sich bringen können, ihre irdische Heimstatt zu verlassen. Später werde ich Ihnen zeigen, wie auch Sie Seelen helfen können sich zu verabschieden. Ich hoffe, dass ich Ihnen etwas vom Geheimnisvollen und der Angst nehmen kann, die mit etwas verbunden ist, das in Wirklichkeit vollkommen natürlich und harmlos ist.

Wie ich Heilerin wurde

Meine naturgegebene Sensibilität für Geister und negative Energien entwickelte sich erst zu meiner Fähigkeit zu heilen weiter, als ich 1992 mit meinem Mann nach Malaysia zog. Mein neues Leben dort begann ziemlich holprig. Mein Mann war unterwegs, um sich das firmeneigene Haus anzusehen, das unser neues Heim sein würde, und kam ziemlich niedergeschlagen zurück. »Ich glaube nicht, dass es dir gefallen wird«, verkündete er. »Es ist sehr dunkel.« Mehr als dieses ominöse »Es ist sehr dunkel« konnte ich nicht aus ihm herausbringen. Immerhin erzählte er mir, dass zum Haus ein Schwimmbecken gehörte, was mich etwas aufmunterte. Weiter berichtete er, dass es von tropischen Gewächsen umgeben war, obwohl es im Vorort einer modernen Großstadt lag.

Schon bald fand ich heraus, was er mit »dunkel« gemeint hatte. Als wir ankamen, betrat ich erst eine düstere

Eingangshalle und dann die Wohnzimmer, die ebenfalls extrem deprimierend und düster waren. Meine Mundwinkel sanken nach unten. Das Haus war nicht einmal besonders alt, denn es war erst in den 1950er-Jahren gebaut worden, aber auf drei Seiten war es von riesigen tropischen Bäumen und Gewächsen umgeben, die verhinderten, dass Licht durch die Fenster fallen konnte. Augenblicklich überfielen mich Verzweiflung und Niedergeschlagenheit. Das ganze Haus roch muffig und feucht und trotz der Tatsache, dass die Vorbewohner gerade erst ausgezogen waren, schien es vernachlässigt und ungeliebt. Ich war so deprimiert, dass ich mich hinsetzen und weinen musste. Und als ich so in mein Elend versunken dasaß, spürte ich die Gegenwart vieler Geister. Später sollte ich herausfinden, dass wir 22 Geister im Keller hatten.

Da ich mich nicht so leicht unterkriegen lasse, besserte sich meine Stimmung aber bald. Mir wurde nämlich klar, dass ich sehr undankbar war. Ich war gerade erst in einem neuen Land angekommen und hatte viele Chancen vor mir. Ich würde ein privilegiertes Leben führen mit einem eigenen Koch, Putzpersonal, einem Fahrer und allen Annehmlichkeiten, die eine Europäerin in Asien haben konnte. Und schon bald erkannte ich auch, dass ich die Stimmung des Hauses ja ändern konnte. Ich bat die im Haus lebenden Geister, uns in Ruhe zu lassen und uns in keiner Weise zu stören. Dann änderte ich alles, was ich nur ändern konnte. Ich suchte neue Farben und Möbel für das Haus aus und prägte ihm meinen eigenen Stempel auf.

Ich hob die Energie des Hauses an, indem ich es in

hellen, fröhlichen Farben und Stoffen dekorierte und einrichtete. Ich hatte viel Freude beim Aussuchen und Einkaufen jener Dinge, die die düstere Natur des Hauses ausgleichen würden. Ich hängte Bilder an die Wände und legte neue Teppiche auf die Marmorböden, füllte den Eingangsbereich mit Blumen und Lampen und schon bald fühlte sich das Haus wie ein warmes, einladendes Heim an. Auch fand ich heraus, dass die Energie des Hauses angehoben wurde, wenn ich Leute zum Essen und Feiern einlud. Schon bald fühlte sich das ganze Haus fröhlicher und heller an.

Wenn auch Sie ein Haus haben, das Ihnen düster und abweisend vorkommt, sollten Sie alles in Ihrer Macht Stehende tun, um es heller zu machen. Ihre Absicht und Ihre Bemühungen werden seine Energie verändern. Sie werden verblüfft sein, was Sie mit der richtigen Farbe, einigen Pflanzen und Blumen erreichen können.

Mein spirituelles Erwachen

Malaysia würde – wie sich bald herausstellen sollte – meine spirituelle und metaphysische Grundschule und Universität in einem sein. Während ich in diesem Haus lebte, erfuhr ich mein wahres spirituelles Erwachen, als ich eines Tages eine Stimme hörte, die mir auftrug zu heilen. Das kam wie ein Blitz aus heiterem Himmel. Plötzlich begann sich mein Leben vollkommen zu verändern. Mir wurde gesagt, zu wem ich gehen sollte, um Hilfe zu bekommen: zu einer Kollegin, die ebenfalls Ausländerin war. Ich rief sie sofort an und zu meiner Überraschung sagte sie, dass sie schon auf mich gewartet hatte.

Während einer Meditation hatte sie nämlich die Botschaft erhalten, dass sie mir bei meinen ersten Schritten als Heilerin helfen sollte. Das Handauflegen fiel mir sehr leicht und ich übte es jede freie Minute an Freunden und Familienmitgliedern. Nun zahlte sich meine Sensibilität für Energien aus, denn ich konnte meine Hände benutzen, um die Negativität zu fühlen und umzuleiten, die den natürlichen Fluss der Leben spendenden Energie, die um den Körper herum fließt, blockiert.

Geistführer, unsere unsichtbaren Helfer

Ich fand heraus, dass wir alle ständig Hilfe und Führung von jenen bekommen, die in die geistige Welt hinübergegangen sind. Diese unsichtbaren Helfer führen uns durch unser Leben, obwohl wir uns ihrer Hilfe meistens überhaupt nicht bewusst sind. Die Botschaften und Warnhinweise, die sie uns senden, empfangen wir als intuitive Gedanken und Gefühle.

Haben Sie schon jemals das Gefühl gehabt, Sie sollten nicht an einen bestimmten Ort gehen oder einen bestimmten Weg nehmen, ohne zu wissen warum? Sie wussten einfach, dass Sie es nicht sollten. Sehr oft kommen diese stillen Botschaften von unseren geistigen Führern, die häufig verstorbene Familienmitglieder sind. So stammte mein »Weckruf« zum Beispiel von meiner Großmutter, die bereits tot war, als ich geboren wurde.

Ich begann regelmäßig zu meditieren und fand schnell heraus, dass ich noch andere Führer hatte, die mir eine einfache Methode des intuitiven Heilens beibrachten und mir Symbole gaben, um Heilenergien zu aktivieren. Mithilfe dieser Symbole und durch einen Klärungs- und Energetisierungsprozess kann ich seither Menschen helfen, durch alte emotionale Erfahrungen ausgelöste Blockaden aufzulösen und ihr Energieniveau so anzuheben, dass sie mental, physisch und geistig geheilt und revitalisiert werden.

Diese Form des Heilens wurde in der Vergangenheit meist als »Geistheilen« oder »Heilen durch Handauflegen« bezeichnet, aber ich finde, der Begriff »natürliche Energieheilung« ist eine treffendere Bezeichnung für diesen Prozess. In diesem Buch werde ich beschreiben, wie auch Sie heilerisch aktiv werden können, und ich werde Ihnen einige der Symbole zeigen, damit Sie sich selbst, Ihre Familienmitglieder und Freunde von Negativität befreien können.

Die Gabe des Sehens

Kaum hatte ich angefangen, meine neu gewonnenen Heilkräfte auszuüben, als ich entdeckte, dass ich die Fähigkeit hatte, mit meinem geistigen Auge »zu sehen«. Wenn ich mich auf jemanden konzentriere, um ihn zu heilen, kann ich in meinem Kopf Bilder sehen, die irgendwie mit seinem Problem zu tun haben. Ich kann Ereignisse aus früheren Leben sehen, manchmal aber auch ein Erlebnis aus diesem Leben. Dies hilft mir dann, die Ursache des Problems zu erkennen.

Im Laufe der Zeit entwickelte sich diese Gabe des Sehens weiter und ermöglichte es mir, mich mit der geistigen Welt zu verbinden, sodass ich nicht nur die Anwesenheit von Geistern spüren konnte, sondern Geister und verlorene Seelen auch so sehen konnte, als würde ich mir kleine Videofilme in meinem Kopf anschauen.

Die Rolle der Fernheilung

Damals erlernte ich noch eine andere nützliche Fertigkeit, die auch Sie nutzen können: Fernheilung. Da wir vollständig aus Energie bestehen, lenkt jeder Gedanke, den wir denken, Gefühle und Energie zu der Person, an die wir denken. Sie können auf diese Weise Ihren Lieben Heilung und Liebe senden und zwar unabhängig davon, wo sie sich gerade aufhalten. Indem Sie sich auf eine Person konzentrieren und sie sich als gesund und von Licht umgeben vorstellen, können Sie tatsächlich dazu beitragen, dass sich ihr Gesundheitszustand und ihr Wohlbefinden verbessern.

Ich begann damals, dies regelmäßig zu üben, und hatte damit einige erstaunliche Erfolge. Ich habe mittlerweile Hunderten Menschen gezeigt, wie die Methode funktioniert, und heute haben wir im Rahmen der *Hearts and Hands Organisation* eine Fernheilungsgruppe etabliert. Wenn Sie Heilung brauchen oder uns bei der Fernheilung bedürftiger Menschen unterstützen möchten, können Sie über unsere Website www.heartshands.org Kontakt zu uns aufnehmen.

Verlorenen Seelen helfen

Als ich in Malaysia lebte, lernte ich auch, »Geistern« oder »feststeckenden Seelen« zu helfen, sich auf höhere Daseinsebenen zu begeben – wohin wir ja eigentlich nach dem Tod gehen sollten. Morna, eine meiner Freundinnen, und ich machten von Kuala Lumpur aus eine Reise nach Ägypten. Dort hatte ich ein bizarres, aber sehr erhellendes Erlebnis in der Grabstätte Tutanchamuns, das dazu führte, dass ich neue Heilkräfte entwickelte.

Es war meine erste Reise nach Ägypten, und Morna und ich gesellten uns in Kairo zu einer siebzigköpfigen Gruppe. Wir waren vor den anderen Gruppenmitgliedern angekommen und hatten auf einer Fahrt zu den Pyramiden von Giseh bereits etwas von den exotischen und mystischen Energien Ägyptens gekostet. Ich erlebte die Energien der heiligen Stätten trotz der vielen umherlaufenden Touristen als sehr machtvoll und konnte es kaum erwarten, die wunderbaren Tempelanlagen und Grabstätten entlang des Nils aufzusuchen.

In Luxor gingen wir an Bord eines Kreuzfahrtschiffes, das uns nilabwärts nach Assuan bringen sollte. Zur Reise gehörte als einer der Höhepunkte ein Besuch im Tal der Könige, wo wir die Grabstätten der alten Pharaonen erforschen und uns die herrlichen Wandmalereien in diesen Monumenten zur Erinnerung an die Könige vergangener Zeiten anschauen wollten.

Während meiner morgendlichen Meditation fragte ich meine geistigen Führer, ob ich mir an diesem Tag etwas Bestimmtes vornehmen sollte. Ich war erstaunt und zugleich hocherfreut, als ich die eindeutige Botschaft bekam, mir die westliche Wand der Grabkammer Tutanchamuns genau anzusehen, denn dort würde ich eine Botschaft finden, die für mein Lebenswerk von Bedeutung sein würde. Ich war vor Aufregung ganz aus dem Häuschen und konnte es kaum erwarten, endlich dort hinzukommen. Vielleicht kennen Sie die Geschichte der Entdeckung der Grabstätte schon, aber für diejenigen Leser, die noch nichts darüber wissen, hier eine kurze Zusammenfassung:

In den 1920er-Jahren führte Lord Carnarvon eine Gruppe Archäologen unter Leitung des berühmten Howard Carter in ein Gebiet in der westlichen Wüste nahe Luxor, wo viele Grabstätten der Pharaonen des alten Ägypten bereits ausgegraben worden waren. Diese Gegend sollte später unter dem Namen »Tal der Könige« bekannt werden. Im alten Ägypten war es üblich, den Geistern der verstorbenen Pharaonen auf ihrer Reise durch die Unterwelt zu helfen, indem man ihre Körper mit ihren wertvollsten Besitztümern bestattete.

Carnarvons Expedition entdeckte den gut verborgenen Eingang zu einem Grab, das noch nicht von früheren Forschern und Archäologen entdeckt worden und auch von Grabräubern weitgehend verschont geblieben war. Das war eine beispiellose Entdeckung, denn Grabräuber hatten praktisch jedes Königsgrab bereits geplündert, das im Jahrhundert zuvor entdeckt worden war. Es war also ein geschichtsträchtiges Ereignis, als Carter und seine Gruppe das kleine Grab des jungen Königs Tutanchamun öffneten.

Der Sarkophag enthielt noch immer den mumifizierten Körper, der von unglaublichen Schätzen aus Gold und Edelsteinen umgeben war. Sie entnahmen all die herrlichen Artefakte, von denen heute einige im Kairoer Museum ausgestellt sind, das man übrigens unbedingt besuchen muss. Beim Eingang des Grabes entdeckten sie aber auch eine Unheil verkündende Warnung, die besagte, dass ein Fluch all jene befallen würde, die die alten Schätze anrührten oder gar entfernten.

Innerhalb relativ kurzer Zeit schien der Fluch seine Opfer zu fordern, da einige Expeditionsmitglieder starben – die meisten von ihnen plötzlich und gänzlich unerwartet. Als Lord Carnarvon in seinem Kairoer Hotel starb, hob sein Hund auf Highclere Castle in der Nähe des englischen Newbury seinen Kopf, jaulte und starb ebenfalls. Achmed, unser Reiseführer, erzählte uns, dass der Fluch glücklicherweise nicht auf Besucher fallen würde, die sich das Grab nur anschauen wollten.

Mein Besuch in der Grabkammer Tutanchamuns

Sie können sich vielleicht vorstellen, wie aufgeregt ich war, als wir uns zum Tal der Könige aufmachten. Wir verließen unser Kreuzfahrtschiff und fuhren auf einer Feluke, einem ägyptischen Segelboot, zum anderen Ufer des Nils hinüber, wo wir einen Führer treffen würden, der uns in die Wüste begleiten sollte. Auf dem Weg dorthin erzählte uns Achmed, dass an diesem Tag nur drei Gräber der Öffentlichkeit zugänglich wären, darunter auch das von Tutanchamun. Außerdem sagte er, dass man extra Eintritt zahlen müsse, da das Interesse an dieser Grabstätte so groß war, dass die Behörden Besucher vom Betreten abhalten wollten. Ich zahlte, ohne auch nur eine Sekunde zu zögern, und hoffte, dass es nur wenige Besucher geben würde, sodass ich die westliche Wand in Ruhe auf eine Botschaft hin untersuchen könnte.

Ich sonderte mich bald von der Gruppe ab und ging zum Eingang der Grabkammer. Ich muss sagen, es lief mir kalt über den Rücken, als ich hineinging, weil ich an den Fluch denken musste. Ich ging den Gang, der ins Herz der Grabkammer führte, ziemlich schnell entlang. Dort lag der Körper Tutanchamuns in seinem massiven Sarkophag, denn Carter hatte eine Autopsie durchführen und die sterblichen Überreste dann in die Grabkammer zurückbringen lassen. Als ich mich umsah, entdeckte ich auf drei Wänden Bilder aus dem ägyptischen Totenbuch, dem ägyptischen Reiseführer ins Reich der Toten. Aber nun hatte ich ein Problem. Welches war die westliche Wand? Mittlerweile hatte sich ein weiteres Mitglied unserer Reisegruppe zu mir gesellt und als ich ihn fragte, ob er wüsste, in welcher Richtung Westen lag, griff er in die Tasche und zog einen Kompass hervor.

Also schaute ich mir die westliche Wand genau an und entdeckte das Bild der Sonnenbarke, die in der ägyptischen Mythologie die Seelen der Verstorbenen in die Unterwelt bringt. Auf beiden Seiten der Seele, die durch einen Skarabäus dargestellt wird, sitzen Affen. Diese Affen, die Hüter der Seele, strecken ihre Hände aus und heilen die Seele. Ich brauchte ein paar Sekunden, um zu verstehen, was diese Botschaft für mich bedeutete. Dann erkannte ich, dass dies meine neue Berufung sein würde: die Seelen der Verstorbenen zu heilen.

Wenn wir sterben, verlässt unsere Seele den Körper

und begibt sich auf andere Bewusstseins- und Daseins-ebenen. Diese Ebenen werden zusammenfassend als »Astralebene« bezeichnet. Auf dieser bleiben wir, bis für uns die Zeit gekommen ist, im Rahmen unserer nächsten Inkarnation auf die Erde zurückzukehren. Meine neue Arbeit würde also darin bestehen, den Seelen nach dem Tod zu helfen, zum Licht der Astralebene – in den Himmel – aufzusteigen. Ich spürte, wie mich ein Schauer durchfuhr, was für mich stets ein untrügliches Zeichen dafür ist, dass ich die Botschaft richtig verstanden hatte.

Deir el-Medina – eine schmerzhafte Erfahrung

Nach dem Tal der Könige besuchten wir das Tal der Arbeiter. Dort liegen jene Arbeiter, Handwerker und Künstler begraben, die die großen Grabstätten der Könige errichtet hatten. Deren Grabkammern sind natürlich viel kleiner und nicht so prächtig ausgestattet wie die ihrer Herren, aber sie sind dennoch sehr interessant. Ich stellte mich vor dem Eingang des steilen Tunnels an, der zu einer der beiden Grabkammern führte, die für Besucher geöffnet waren. Plötzlich stürzte Morna aus dem Tunnel und hielt sich den Kopf.

»Da drinnen ist es furchtbar. Ich habe schreckliche Kopfschmerzen.« Tatsächlich war sie totenbleich. Ich war aber entschlossen, hinunterzugehen und mir selbst ein Bild zu machen. Als ich die Treppe verließ, die zu den unteren Bereichen führte, spürte ich ebenfalls Schmerzen im Kopf. Auch spürte ich überall am Körper ein Prickeln und etwas, das ich später noch oft erleben sollte: Ich hatte das Gefühl, ganz in Spinnweben eingewickelt zu sein. Außerdem war es dort sehr, sehr kalt, was einen deutlichen Kontrast zu der Hitze der Wüste darstellte.

Plötzlich bemerkte ich, dass außer mir nur noch ein weiteres Mitglied unserer Reisegruppe anwesend war. Ich schloss die Augen und sah vor meinem geistigen Auge eine Szene, die etwas mit den Kopfschmerzen zu tun haben könnte. Ein Mann wurde von einer Meute wütender Menschen durch die Wüste gejagt, die ihm ununterbrochen mit Stöcken auf den Kopf schlugen. Als er stürzte, schlugen sie weiter auf ihn ein, bis er tot war. Die verstörende negative Energie des Grabes und die damit verbundenen Kopfschmerzen entsprangen der Gegenwart seines Geistes.

Die Augen immer noch geschlossen, sprach ich zu ihm und sagte ihm, dass er tot sei und weitergehen müsse. Ich bat ihn, sich auf das Licht der höheren Welten zu konzentrieren und in dieses Licht hineinzugehen. Dann sah ich, wie er davonschwebte, um vom Licht aufgenommen zu werden. Als ich meine Augen öffnete und meiner Reisegefährtin davon erzählte, bestätigte sie mir, dass auch sie seine Gegenwart gespürt hatte und dass diese nun verschwunden sei. Die ganze Atmosphäre war leichter und heller geworden und es war auch nicht mehr so kalt wie zuvor. In diesem Augenblick wurde mir klar, welchen Einfluss verlorene Seelen auf unsere Umgebung haben, wenn sie ihr irdisches Dasein nicht aufgeben können.

Das war also der Beginn einer »Karriere«, die mich an viele Orte geführt hat, an denen es Geister gab, die Hilfe brauchten, um ins Licht gehen zu können. Ich liebe diese Arbeit, da sie sehr erfüllend ist, denn durch sie können die Lebenden nicht nur besser an dem betreffenden Ort leben, sondern auch die Seelen der Verstorbenen können dorthin gehen, wo sie hingehören.

Im Laufe der Jahre habe ich gelernt, dies auch aus der Ferne zu tun, was tatsächlich einfacher ist, da ich unbeeinflusst von der Angst agieren kann, die in einem Haus herrscht, in dem es spukt. Die Methode aus der Ferne ist auch für Anfänger viel weniger bedrohlich, wie Sie noch sehen werden, wenn ich sie in Kapitel 7 beschreibe. Ich liebe diese Arbeit und ich hoffe, dass sie Ihnen ebenso viel Freude bereiten wird wie mir.

Flüchen und schwarzer Magie entgegenwirken

Eine weitere Fertigkeit, die ich in Malaysia erlernte, war der Umgang mit schwarzer Magie. Obwohl Malaysia in vielerlei Hinsicht ein modernes Land ist, wird dort immer noch schwarze Magie ausgeübt. Ich lernte eine Richterin kennen, die mir erzählte, dass viele der politischen und ökonomischen Führer Opfer von Flüchen und Zaubersprüchen sind, die von den *Bomos*, den einheimischen Heilern oder Medizinmännern im Auftrag rivalisierender Politiker oder wirtschaftlicher Konkurrenten ausgesprochen werden. Ich hielt das zwar für übertrieben, aber in jeder Gesellschaft gibt es Menschen, die skrupellos genug sind, alles in ihrer Macht Stehende zu tun, um ihre Position zu stärken. Die alten schamanischen Künste und Methoden existieren auch heute noch in Malaysia, und das damit verbundene Wissen wird manchmal von Leuten ausgenutzt, um ihre Interessen durchzusetzen. Ich bezweifle allerdings, dass der durchschnittliche Stadtbewohner in Malaysia überhaupt jemals an schwarze Magie denkt oder weiß, wie er einen Bomo finden könnte.

Meine Haushälterin Saro verhalf mir zu meiner ersten Erfahrung mit der Aufhebung eines Fluches. Eines Tages rief sie mich ganz aufgeregt an und erzählte mir, dass ihr Mann verflucht worden sei. Ich muss zugeben, dass ich Mühe hatte, so etwas zu glauben, denn schließlich stamme ich ja aus einer westlichen Kultur, wo Zaubersprüche und Flüche heutzutage ziemlich selten geworden sind. Trotzdem versprach ich ihr, mich mit ihm zu treffen, um herauszufinden, ob ich ihm irgendwie helfen könnte.

Er kam auf mich zugehumpelt, weil eines seiner Beine unglaublich stark angeschwollen war und ihm große Schmerzen bereitete. Er sagte, dass er sich seines Wissens nicht verletzt hatte und dass er in diesem Zustand aufgewacht war. Mir fiel auf, dass die Haut des geschwollenen Beines beinahe schwarz war, obwohl seine indische Haut ansonsten braun war. Er war ein großer, gut gebauter Mann, der immer sehr gesund gewesen war und regelmäßig in einem Fitnessklub trainierte. Er erzählte mir, dass einer seiner Kollegen seine Stelle haben wollte und bei einem Medizinmann gewesen war, um ihn mit einem Fluch zu belegen, damit er nicht zur Arbeit gehen konnte.

Es folgte meine erste Heilsitzung, in der ein Fluch die Ursache der Krankheit war, aber ich sollte im Laufe der nächsten Jahre noch viele derartige Fälle sehen. Damals war ich unsicher, was ich tun sollte, also entfernte ich erst einmal die Negativität und lenkte heilende Energie auf ihn, um seine Schwingung anzuheben. Um sein Bein herum konnte ich eine dunkle, klebrige Energie spüren und das mir inzwischen vertraute Spinnwebgefühl, das mit negativer Energie einhergeht. Als sich mir auch noch die Nackenhaare sträubten, wusste ich, dass ich es mit schwarzer Magie oder mystischen Praktiken zu tun haben musste. Ich kann nicht behaupten, dass die Heilung besonders erfolgreich war, aber Saros Mann sagte, dass er sich nach der Sitzung besser gefühlt hatte. Er beschloss aber, selbst einen Bomo aufzusuchen, und erzählte mir später, dass dieser Nadeln aus seinem Bein gezogen hatte, woraufhin er sich ziemlich schnell erholte.

Energiemuster entdecken

Ich war Mitte 20 und auf einer Geschäftsreise nach Ankara in der Türkei, als ich entdeckte, dass Gegenstände starke Energien speichern können. Während meines Aufenthaltes lernte ich einige Mitglieder eines amerikanischen Filmstudios kennen, die sich im Hotel die Zeit vertrieben, während sie darauf warteten, dass ihre Ausrüstung vom Zoll freigegeben wurde. Eines Abends traf ich sie an der Bar, wo sie mir zeigten, was sie tagsüber auf dem Markt erstanden hatten. Einer von ihnen hatte etwas ganz Besonderes gekauft, ein silbernes Halsband mit einem kleinen, wunderschön verzierten Gefäß, in dem sich eine winzige Papierrolle befand. Da ein Gebet darauf zu stehen schien, konnte es sich um ein Mitbringsel vom Hadsch handeln, der muslimischen Pilgerreise nach Mekka.

Die Halskette wurde herumgereicht und jeder, der sie nahm, wurde ganz still und gab sie schnell weiter. Als sie mir gegeben wurde, merkte ich, wie mir ganz kalt wurde. Ich bekam Gänsehaut und mir liefen kalte Schauer den Rücken hinunter. Schnell gab ich sie dem jungen Amerikaner zurück, der sie gekauft hatte. Er sah mich an und fragte mich, ob etwas nicht in Ordnung sei. Ich sagte ihm, dass ich negative Schwingungen gespürt hatte und mir sicher war, dass dem Vorbesitzer etwas Schlimmes widerfahren sein musste.

Seither habe ich gelernt, dass ein Gegenstand Gefühle und Gedanken des Besitzers aufnehmen kann, da Gedanken eine Form von Energie sind, die mit der Energie des Objektes verschmelzen. Wenn der ursprüngliche Besitzer der Halskette ein schlimmes Erlebnis und große Angst gehabt hatte, dann war die Energie der Angst vermutlich auf die Halskette übergegangen.

Ich begegnete der Gruppe nicht mehr, aber eines Abends, etwa eine Woche nach meiner Rückkehr, war ich mit einer Freundin beim Abendessen, als ich plötzlich wieder Gänsehaut bekam und die kalten Schauer spürte. Ich hatte das Gefühl, als würde ein Teil von mir irgendwo hingezogen. Ich spürte Hitze, heißen Sand und Gefahr. Ich konnte hören, wie jemand meinen Namen rief, und stellte erschreckt fest, dass ich davonzuschweben schien. Ich ergriff den Arm meiner Freundin und bat sie, mich festzuhalten. Nach einigen Augenblicken ließ das merkwürdige Gefühl nach und als ich in den Normalzustand zurückkehrte, trank ich schnell ein Glas Wein.

Einige Wochen später traf sich der Ingenieur, der mich auf besagter Geschäftsreise begleitet hatte, auf seiner nächsten Amerikareise mit dem Leiter der Filmcrew und fand die mögliche Ursache meines Erlebnisses heraus. Die Crew hatte die vermutete Landungsstätte von Noahs Arche filmen wollen, die an der Grenze der Türkei zum Irak lag. Nach ihrem erzwungenen Aufenthalt im Hotel waren sie endlich zur Grenze gefahren, und als sie gerade dabei waren zu filmen, wurden sie von irakischen Grenzsoldaten gestört. Nach einem hitzigen Wortgefecht begannen die Soldaten auf sie zu schießen und der junge Mann, dem die Halskette gehörte, geriet in die Schusslinie und musste sich lange Zeit hinter einigen Felsen verstecken. Schließlich gelang es allen zu entkommen, aber es war für sie ein sehr beängstigendes Erlebnis gewesen.

Ich glaube, dass der junge Amerikaner die Halskette an sich gedrückt, sie als Amulett benutzt und in jener Nacht auf irgendeine Weise eine Verbindung zu mir hergestellt hatte. Durch diese Geschichte wurde mir klar, dass Gegenstände nicht nur eine Erinnerung besitzen, sondern auch Menschen über weite Entfernungen miteinander verbinden können.

Je erfahrener ich im Umgang mit meinen Heilkräften wurde, desto besser konnte ich auch jene Energien identifizieren, die an Gegenstände gebunden sind, und mit ihnen umgehen. Eines Tages beispielsweise suchte mich eine Frau auf, die überzeugt war, dass ihr Mann von einer jüngeren Frau verführt worden war. Obwohl er ein hingebungsvoller Ehemann und Vater war, hatte er sich in die junge Frau verliebt und eine Affäre mit ihr angefangen. Er war unberechenbar geworden und sein Charakter schien sich praktisch über Nacht vollkommen verändert zu haben. Im Leben seiner Frau hatte es zu dieser Zeit auch noch andere Katastrophen gegeben. So war zum Beispiel in ihrer Wohnung der Kochherd ohne ersichtlichen Grund plötzlich in Flammen aufgegangen und sie hatte unerwartet eine Fehlgeburt erlitten. Verständlicherweise war sie mit den Nerven am Ende. Als sie mir ein Foto ihres Mannes zeigte, sah ich, dass die ihn umgebenden Energien dunkel und schwer waren.

Mittels Fernheilung reinigte ich die Energien um ihn und seine Frau, aber da ich spürte, dass noch ein anderer Einfluss vorhanden war, suchte ich sie in ihrer Wohnung auf, um herauszufinden, ob dort Objekte versteckt worden waren, die ihr Unglück bringen sollten. Ich öffnete mich den Energien der Wohnung und mit meinen Händen suchte ich nach irgendetwas, das die Probleme verursacht haben könnte. Schließlich entdeckte ich ein Bild, das sie aus Ostafrika mitgebracht hatten.

Ich spürte starke negative Schwingungen von diesem Bild ausgehen und empfand wieder das Gefühl der Spinnweben und das Gespenstische, das von Flüchen ausgeht. Ich schloss die Augen und mithilfe meiner inneren Schau konnte ich einen Faden sehen, der von dem Bild zu einem großen afrikanischen Mann ausging – einem Medizinmann. Er war wirklich riesig und hatte ein fröhliches Gesicht mit einem breiten Grinsen darin. Ich fragte ihn, ob er einen Fluch in dem Bild platziert hatte. Er bejahte es und sagte, das habe er ganz gewiss. Ich fragte ihn, ob er den Fluch zurücknehmen könnte, woraufhin er antwortete: »Warum nicht? Schließlich bin ich bezahlt worden und jetzt kann ich ihn wiederverwenden.« Ich war vollkommen verblüfft, denn sofort hob sich das Energieniveau an und der Raum wurde heller.

Damals hatte ich einfach spontan gehandelt, aber heute würde ich einen Fluch nicht noch einmal einfach so zurückverfolgen. Zunächst einmal kann man nicht wissen, was einen am Ursprung eines Fluches erwartet. Schließlich kann es ja auch etwas weitaus Mächtigeres und Bedrohlicheres sein als der Medizinmann, sodass ich keine Klärung herbeiführen kann. Zweitens gefällt mir der Gedanke nicht, dass er den Fluch nun auf jemand anderen richten kann. Ich konnte nicht herausfinden, wer die Familie mit einem Fluch belegt hatte, aber die Frau vermutete, dass ein geschäftlicher Rivale ihres Mannes dahintersteckte. Nach einiger Zeit harmonisierte sich die Beziehung zwischen ihr und ihrem Mann wieder, und als ich sie das letzte Mal sah, schien sie viel glücklicher zu sein.

Obwohl die meisten Menschen wohl niemals unter einem Fluch zu leiden haben werden, so sind doch viele von uns zuweilen von Menschen umgeben, die uns nicht mögen, nicht respektieren oder uns ausgesprochen feindlich gesonnen sind. Die Auswirkungen ihrer Gedanken und ihrer Haltung uns gegenüber können denen eines Fluches durchaus ähneln und uns unserer Energie berauben. Diese schlechten Schwingungen wirken sich auf unsere geistige Gesundheit aus, sie können zu Depressionen, innerer Unruhe und Erschöpfung führen. Wir alle brauchen einen starken Fluss positiver, heller Energie, um uns am Leben zu erhalten. Wir können physisch krank werden, wenn unser Energieniveau drastisch absinkt, weil unser Immunsystem davon beeinflusst wird.

In Kapitel 3 werde ich erklären, warum wir durch die Gedanken und Gefühle anderer Menschen so stark beeinflusst werden, und ich werde Wege aufzeigen, wie wir dagegen immun werden können. Wenn Sie unter starker Negativität leiden, die durch Flüche, Zaubersprüche oder die schädlichen Gedanken anderer Menschen ausgelöst wurden, werden Sie Hilfe und machtvollen Schutz in Kapitel 6 finden.

Positive und negative Erdenergien

Seit ich Asien verlassen habe, um nach England zurückzukehren, bin ich mir einer anderen Quelle negativer Energien bewusst geworden, deren schädliche Auswirkungen von leichtem Unbehagen bis hin zu ernsthaften Erkrankungen reichen können. Es gibt nämlich Umstände, unter denen unsere natürliche Umgebung die Ursache unserer Probleme sein kann.

Alles Lebende ist von einem Energiefeld umgeben, das als Aura bezeichnet wird, und der Planet Erde bildet da keine Ausnahme. Das Magnetfeld der Erde kann gestört sein und Anzeichen von Stress zeigen, wenn die Energien nicht »ordnungsgemäß« fließen. Diese negative Erdenergie wird als »geopathischer Stress« bezeichnet und kann die Ursache für Negativität daheim und am Arbeitsplatz darstellen.

Es gibt verschiedene Möglichkeiten, diese Erdenergie zu identifizieren und herauszufinden, wo sie besonders stark – positiv wie negativ – ist. In Kapitel 5 werden wir uns anschauen, auf welche Weise wir die durch negative

Erdenergien verursachten Schäden und Störungen beseitigen können. Ich setzte eine dieser Methoden in meinem Haus in Burley ein, das mitten im New Forest in der englischen Grafschaft Hampshire liegt.

Burley ist berühmt für seine Hexen und noch in den 1950er-Jahren lebte eine weiße Hexe namens Sybil im Dorf. Sie war wegen ihrer guten Zaubersprüche und ihrer Kräutermagie weithin bekannt. Unglücklicherweise wurde sie von der Presse so sehr belästigt und die Berichte über sie wurden von den Medien in einem Maße aufgebauscht, dass sie England verließ und in die Vereinigten Staaten zog, wo sie nicht so genervt wurde und aufgrund ihrer Heilkräfte ziemlich berühmt wurde. Mit ihr verlor das Dorf etwas, aber bis heute ist es voller Geschenkartikelläden, die alle möglichen Dinge verkaufen, die mit Hexerei zu tun haben.

Nachdem ich etwas über Leylinien, die Energiebahnen, welche die Erde gitterförmig umspannen, gelesen hatte, ging ich eines Tages mit einer Gruppe in meinen Garten, um herauszufinden, ob dort eine starke Energiebahn verlief oder nicht. Zu meiner Freude entdeckten wir eine starke positive Kraft, die quer durch mein Haus verlief, und als ich auf der Karte nachschaute, sah ich, dass sie Teil jener Bahn ist, die Avebury, Stonehenge und die Kathedrale von Salisbury miteinander verbindet. Diese drei Orte sind außergewöhnliche heilige Stätten mit unglaublichen Energien. Ich bin überzeugt, dass ich wegen dieser Energiebahn zu meinem neuen Heim geleitet wurde, als wir vor sechs Jahren in New Forest nach einem Haus suchten. Ich verspürte damals einen starken Drang, mir dieses Haus anzusehen, und schon als ich in seine Nähe kam und die Auffahrt hinaufging, spürte ich eine sehr starke Energie.

Der gesamte Kaufprozess lief vollkommen reibungslos ab und wir sind seit dem Tag, an dem wir es gekauft haben, in unserem Haus immer glücklich gewesen. Ich halte dort auch Energieseminare ab und während dieser Kurse haben wir viele erstaunliche Erlebnisse gehabt, die meiner Ansicht nach vor allem der Lage des Hauses und den Energien, die durch es hindurchströmen, zuzuschreiben sind. Ich halte dort auch Heilsitzungen ab, die ebenfalls von der starken positiven Energie im Haus profitieren.

Glücklicherweise ist die Bahn, die quer durch mein Haus verläuft, positiv geladen, sodass die Energie erhebend und belebend ist, aber es gibt auch Umstände, unter denen eine Energiebahn gestört sein kann, was sich dann ebenfalls auf die Gebäude auswirkt, die auf ihr errichtet wurden. Wenn zum Beispiel größere Straßenbauprojekte oder Gebäude über einer natürlichen, positiv geladenen Energiebahn errichtet werden, kann die Störung des natürlichen Flusses die Energie von positiv zu negativ umpolen. Diese Energiestörung, der geopathische Stress, kann dann schädliche Auswirkungen auf jene Menschen haben, die in der Nähe leben oder arbeiten.

Im elektronischen Zeitalter sind wir natürlich auch von den schädlichen elektromagnetischen Energien von Mikrowellenherden, Mobiltelefonen und ähnlichem umgeben. Diese Gefahren des täglichen Lebens, die man unter dem Begriff »elektromagnetischer Stress« zusammenfasst, finden sich aber nicht nur in unseren Wohnungen, sie umgeben uns überall und verschmutzen unsere Umwelt. So sind wir zum Beispiel fast überall den Emissionen von Hochspannungsleitungen, Umspannwerken und Mobilfunksendeanlagen ausgesetzt.

Langfristige Auswirkungen negativer Erdenergien

Es gibt keinen Zweifel, dass wir negativ beeinflusst werden, wenn wir negativen Energien über längere Zeit hinweg ausgesetzt werden. Kürzlich besuchte ich meine Patentochter Katy, die sich bei ihren Eltern von einem depressiven Schub erholte. Ihre Krankheit hat verschiedene Ursachen, aber ein Faktor war die niedrige Temperatur in ihrem eigenen Haus, in dem ihr immer kalt war. Ich fragte sie, ob ihr einfach nur kalt sei, weil das Haus nicht genügend geheizt wurde, oder ob sie das Gefühl hatte, dass dort etwas herumspukt.

Da Katy selbst Heilerin und Medium ist, konnten wir offen darüber sprechen. Sie sagte, dass die Heizung nicht besonders gut wäre, aber sie gab auch zu, dass sie eine Präsenz im Haus spürte. Sie hatte gespürt, dass diese im Obergeschoss umherwanderte, sodass ihr manchmal sehr unbehaglich zumute war. Sie erzählte auch, dass sie sich schon vor Ausbruch ihrer Krankheit sehr erschöpft und müde gefühlt hatte – eigentlich seit sie in das Haus eingezogen war. Ihr Vater hatte ein neues Heizsystem einbauen lassen und das Problem so auf der materiellen Ebene gelöst, aber ich hielt es für eine gute Idee, auch einmal die Energien ihres Hauses unter die Lupe zu nehmen.

Also ging ich mit ihr zu ihrem Haus und überprüfte es

auf elektromagnetischen Stress, der durch in der Nähe befindliche Hochspannungsleitungen, Umspannwerke und so weiter verursacht sein könnte, konnte aber nichts finden. Dann überprüfte ich, ob es Energiebahnen in der Erde gab, welche die Harmonie des Hauses stören könnten, und fand eine negativ geladene Bahn, die direkt durch ihr Schlafzimmer verlief. Das war natürlich der ungünstigste Ort überhaupt, da sie den negativen Einflüssen während des Schlafes über längere Zeit ausgesetzt war. Wir entdeckten aber auch, dass dieselbe Bahn unter einem Sessel im Erdgeschoß verlief, in dem sie oft saß. Mithilfe der Methoden, die ich später erklären werde, klärte ich die Bahn und brachte sie wieder in ihren ursprünglichen positiven Zustand. Dann suchte ich noch nach Zeichen für die Anwesenheit von Geistern.

Ich sollte an dieser Stelle erwähnen, dass ich bei der Suche nach allen Formen negativer Energie eine Wünschelrute oder ein Pendel benutze. Dowsing, wie es im Englischen genannt wird, ist eine uralte Methode, um verborgene Gegenstände, Wasser, Öl oder andere Dinge aufzuspüren, die sich unter der Erde befinden oder aus irgendeinem anderen Grund nicht gesehen werden können. Sie können sich mit der Energie des Gesuchten mithilfe einer Wünschelrute oder eines Pendels verbinden und es finden, indem Sie die Bewegungen der Rute oder des Pendels beobachten. Jeder kann sich diese Fertigkeit mit etwas Übung und Geduld aneignen. In Kapitel 5 werde ich Ihnen genau erläutern, wie.

In Katys Haus entdeckte ich die Anwesenheit eines kleinen Jungen und schickte ihn schnell in die geistige Welt, wo er hingehörte. Katy spürte, wie er das Haus verließ, weil die ihn umgebende Energie kalt und deprimierend war. Er nahm sie mit sich, als er ging, und kam direkt an Katy vorbei. Bereits im nächsten Moment wurde das Haus wärmer und heller, und nachdem ich es gesegnet und mit hochfrequenter Energie erfüllt hatte, fühlte es sich vollkommen anders an. Es war nun leicht und hell, freundlich und einladend. Dank der neuen Heizung ihres Vaters, meiner energetischen Reinigung und dem Neuanstrich der Eingangshalle durch ihre Mutter und ihren Stiefvater war Katys Haus nicht nur entgiftet worden, sondern hatte eine vollkommen neue Energie bekommen.

Wenn Sie unter Depressionen oder mangelnder Energie leiden, rate ich Ihnen dringend, sich neben anderen Aspekten Ihres Lebens auch die Energie Ihres Hauses anzuschauen. Wenn sich Ihre Wohnung unnatürlich kalt und unfreundlich anfühlt oder wenn Ihnen bestimmte Teile des Hauses dunkel und abweisend erscheinen, sollten Sie sich überlegen, es energetisch zu reinigen.

Wie gehen wir mit negativen Energien um?

Auch wenn die meisten Menschen nur selten Erlebnisse mit spukenden Geistern haben, so sind doch viele von uns schon einmal mit negativen Energien in Berührung gekommen. Einige dieser Energien sind so offensichtlich, dass es keine Rolle spielt, für wie sensibel oder unsensibel wir uns selbst halten. Die meisten Menschen haben schon einmal einen kalten Schauer gespürt, wenn sie alte, verlassene Gebäude betreten, oder hatten ein

Flattern im Bauch, wenn jemand wütend auf sie war und sie angeschrien hat. Das sind nur zwei Beispiele dafür, wie wir negative Energien aufnehmen, aber es gibt mehrere andere Formen schädlicher Energien, die für uns und unsere Gesundheit zu einem Problem werden können.

Auch ein Mangel an positiver Energie kann Probleme verursachen. So ist zum Beispiel Sonnenlicht eine Form von hochfrequenter Energie, und wir alle erblühen in einer hellen Umgebung. Aber manche Menschen werden durch einen Mangel an Licht besonders in den Wintermonaten sehr negativ beeinflusst, ein Phänomen, das als Winterdepression bekannt ist. Doch unabhängig davon, ob wir uns dessen bewusst sind oder nicht, werden wir alle von den Energien beeinflusst, die uns umgeben.

Ich habe festgestellt, dass die größte Gefahr für unseren inneren Frieden die Gedanken und Einstellungen anderer Menschen sind. Ein Mensch mit einer negativen Grundeinstellung kann uns unserer Energie schneller berauben als alles andere. Später werden wir uns anschauen, wie wir die Einflüsse, die andere Menschen auf uns haben, identifizieren können, wie wir auf sie reagieren und wie wir uns vor diesen Einflüssen schützen können.

Natürlich entziehen uns auch unsere eigenen pessimistischen Gedanken und negativen Einstellungen in großem Maße Energie. Meine Hauptaufgabe als Heilerin besteht durchaus darin, die Energieblockaden aufzulösen, die durch traumatische Ereignisse, Konditionierungen, festgefahrene Einstellungen, Ängste, negative Gefühle und Gedanken verursacht werden können. Aber auch wenn ich solche Blockaden für eine Zeit eliminieren kann, so werden sie doch innerhalb weniger Monate wieder auftauchen, wenn der Betreffende die entsprechenden Einstellungen und Verhaltensweisen nicht ändert und sich weigert, die Verantwortung für sein Leben und seine Heilung selbst zu übernehmen. Daher ist die Hilfe zur Selbsthilfe mein Hauptanliegen geworden.

Bevor wir uns nun die Quellen der Negativität anschauen, über die wir keine Kontrolle haben, wollen wir uns zunächst jene anschauen, die wir selbst erschaffen haben, und sie wieder unter unsere Kontrolle bringen. Im nächsten Kapitel geht es also darum, wie Sie durch die Macht Ihres Geistes, Ihres Willens und Ihrer Absicht positive statt negative Energien erzeugen können. Wir wollen unser Klären und Reinigen damit beginnen, indem wir uns anschauen, wie sich unsere eigenen negativen Gedanken und Gefühle auf uns auswirken – und wie wir besser mit ihnen umgehen können.

2 – Negative Einstellungen überwinden

In diesem Kapitel werden wir uns anschauen, wie unser Energiesystem funktioniert und warum wir auf die uns umgebende Energie so stark reagieren. Ich werde erklären, wie wir unsere Depression selbst erschaffen und unsere kostbare Lebenskraft durch negative Gedanken und Einstellungen erschöpfen. Ich werde aber auch aufzeigen, wie wir unsere Grundstimmung auf vielerlei Weise verbessern und unser Energieniveau anheben können.

Wie fühlt sich negative Energie an?

Als ich begann zu heilen, konnte ich die Blockaden und die negative Energie meiner Klienten überhaupt nicht identifizieren. Ich vollbrachte die Heilung im festen Vertrauen, dass daraus schon etwas Gutes entstehen würde. Mit der Zeit begann ich aber die negativen Energien zu fühlen. Am besten lassen sie sich mit den Attributen »klebrig« und »schwer« beschreiben. Auch überfällt mich häufig so eine Art Rauschen und dann fühle ich mich, als ob ich in Spinnweben gehüllt wäre. Manchmal spüre ich auch einen Schauer des Bösen, was Sie vielleicht selbst schon einmal erlebt haben, wenn Sie einen Horrorfilm sahen.

Wenn sich mehrere negative Energien miteinander vermischen, können sie zu einer sehr starken Macht werden, wie ich erfahren musste, als ich einmal eine Freundin in Kuala Lumpur in Malaysia besuchte. Wir hatten die ganze Woche über sehr viel Freude an ihrer neuesten Errungenschaft, einem Satz Kristallschüsseln, gehabt. Diese werden aus winzigen Kristallsplittern gefertigt und haben einen Durchmesser von 30 bis 60 Zentimetern. Wenn man mit einem mit Leder bezogenen Holzklöppel um den Rand herumfährt, entstehen wunderbare Töne und Schwingungen, die besonders gut geeignet sind, um das Energieniveau anzuheben und die Heilung zu beschleunigen.

Die ganze Woche hatten wir das Haus schon mit diesen wunderbaren Klängen erfüllt, und an einem Abend hatten wir die örtliche *Hearts-and-Hands*-Gruppe eingeladen. *Hearts and Hands* ist eine von mir gegründete Organisation, die es sich zur Aufgabe gemacht hat, natürliche Heilmethoden zu propagieren. Wir treffen uns regelmäßig, um einander und alle, von denen wir wissen, dass sie krank sind, zu heilen, und um der Menschheit, der Tierwelt und der ganzen Welt heilende Gedanken und Liebe zu senden. An jenem Abend waren etwa 50 Personen erschienen.

Wir hatten die Meditation beendet und ich begann mit der Heilung der Anwesenden, indem ich ihre Negativität und Energieblockaden auflöste. Hinterher entspannten wir uns gerade mit Getränken und Kuchen, als eine Frau anfing, eine der Kristallschalen anzuschlagen.

Nach etwa 30 Sekunden gab es einen lauten Knall, die Schale zersplitterte und zerbrach in tausend Stücke.

Alle wurden mucksmäuschenstill, als wären sie von der Intensität des Geräuschs verzaubert worden. Ich war die Einzige, die sich bewegte, denn ich fühlte mich von der Kristallschale angezogen. Als ich mich über die Splitter beugte, schlug mir etwas mit großer Kraft gegen die Brust, sodass ich zurückgeschleudert wurde. Dann raste diese Energie durch den Raum, warf eine junge Frau um und prallte noch gegen den Arm eines Mannes, bevor sie aus dem Fenster verschwand.

Menschen kamen auf mich zugelaufen und fragten aufgeregt, ob ich einen Herzinfarkt gehabt hatte. Nein, es war die Kraft einer Kugel aus negativer Energie, die sich als Folge der Heilarbeit in der Schale angesammelt hatte. Normalerweise habe ich bei einer Heilung immer eine Schale mit Salzwasser im Raum, die die negativen Energien aufnimmt, aber an jenem Abend hatte ich es vergessen. Als Folge hatte die Kristallschale die Negativität aufgesogen und gespeichert – und als sie jemand anschlug, war die Ladung zu stark geworden, die Schale war zerbrochen, die Energiekugel war freigesetzt worden und durch den Raum geflogen.

Noch Tage später hatte ich einen blauen Fleck auf der Brust. Seither habe ich gelernt, negativen Energien mit einem gesunden Respekt zu begegnen. Ich möchte Ihnen aber versichern, dass dies ein außergewöhnliches Ereignis war. Trotzdem werde ich Ihnen zeigen, wie Sie sich vor negativen Energien schützen können, ohne eine kugelsichere Weste tragen zu müssen.

Was ist Energie?

Bevor wir uns näher mit »negativen« und »positiven« Energien und ihrem Einfluss auf uns befassen, wollen wir erst einmal klären, was Energie und Energiefelder eigentlich sind. Ich muss zugeben, dass ich in der Schule im Physikunterricht nicht besonders gut aufgepasst habe, und dass ich in der Woche, in der wir Dichte behandelten und uns mit Formeln und Gleichungen befassen mussten, das Interesse daran bereits verloren hatte.

Meine Unfähigkeit, mir Zahlen zu merken, führte zu einer mentalen Blockade. Noch heute habe ich Mühe, mir Telefonnummern und Kontostände zu merken. Als meine Lektorin mir vorschlug, doch eine Erklärung darüber einzufügen, was Energie genau sei, drehte sich mir der Magen um. Ich kann Ihnen erklären, wie sich Energie anfühlt; ich kann Ihnen den Unterschied zwischen positiver und negativer Energie beschreiben; ich kann Ihnen auch sagen, wie man negative Energien auflöst. Aber Ihnen eine wissenschaftliche Erklärung zu geben, übersteigt meine Fähigkeiten.

Mein Vater lehrte mich aber etwas Wichtiges: Wenn du etwas lernen musst oder etwas verstehen willst, was du nicht weißt, dann kauf dir ein Buch. Also kaufte ich *Sechs physikalische Fingerübungen*, eine allgemeinverständliche Einführung in die Physik von Richard P. Feynman, einem der führenden Physiker unserer Zeit. Es ist ein ziemlich dünnes Büchlein und ich griff voller Freude danach, als ich es in einem Buchladen am Londoner Flughafen Heathrow sah. Wunderbare Reiselektüre für die Ferien, dachte ich, denn es war klein und gut gemacht. Ich hoffte, das Buch würde alle meine Fragen mit Leichtigkeit beantworten.

Nun, nach den ersten sechs Seiten wurde mir das Buch ein bisschen zu technisch, denn es enthielt wieder diese Formeln, aber ich war froh, dass der Autor Fakten bestätigte, die ich aus meiner Erfahrung als Heilerin kannte. Ich habe immer gewusst, dass wir Menschen aus fester Materie zu bestehen scheinen, dass wir aber in Wirklichkeit aus winzigen Teilchen bestehen, die von Energiefeldern umgeben sind. Tatsächlich bestehen wir vollständig aus Energie, und daher ist jeder von uns eine veränderbare, bewegliche Masse.

Das trifft auch auf alle anderen natürlichen Dinge zu, von Pflanzen bis zu Steinen, und es war wunderbar, dies bestätigt zu bekommen. Um Richard Feynman und seine »physikalischen Fingerübungen« zu zitieren: »Alle Dinge bestehen aus Atomen, aus kleinen Teilchen, die in ständiger Bewegung begriffen sind.« Und er fährt fort: »In diesem einen Satz ist eine unglaubliche Menge an Informationen über die Welt enthalten, wenn man nur ein bisschen Vorstellungsvermögen hat und darüber nachdenkt.« Wenn wir seinem Rat folgen, sehen wir, dass wir mit ein bisschen Vorstellungsvermögen aus dieser wissenschaftlichen Tatsache ableiten können, dass alles in der Natur sowohl eine Form als auch Energie hat.

Richard Feynman sagt zudem, dass wir nicht wissen, was Energie ist. Ist das nicht wunderbar? Ich bin also nicht so dumm, wie ich gedacht hatte. Wenn es ein Nobelpreisträger nicht weiß, wie kann ich es dann wissen? Er fährt fort und sagt, dass Energie aber messbar ist, in Watt und in Wärmeeinheiten und so weiter, und dass sie niemals verschwinden kann. Sie kann ihre Form wechseln, zum Beispiel von Hitze zu Licht, aber sie kann niemals ganz verschwinden. Fängt man also mit sechs Energieeinheiten an, endet man auch mit sechs Energieeinheiten.

Wir wollen nur diese beiden grundlegenden wissenschaftlichen Tatsachen nehmen – alle Materie ist Energie und Energie kann nicht verschwinden (sie kann ihre Form ändern, bleibt aber immer vorhanden) – und sie auf uns selbst und unsere menschliche Form anwenden.

Auras

Da jedes Teilchen – jedes Atom, jede Zelle – unseres Körpers von einem Energiefeld umgeben ist, ist demzufolge unser ganzer Körper von einem Energiefeld umgeben. Dieses Feld wird als »Aura« bezeichnet und erstreckt sich etwa auf Armeslänge um unseren ganzen Körper herum. Das allgemeine Erscheinungsbild der Aura ist auf der Illustration erkennbar.

Die Aura ist aus mehreren Schichten oder »Körpern« aufgebaut: spirituell, mental, emotional und physisch. Alle außer dem letztgenannten sind ätherischer Natur, das heißt, sie können vom menschlichen Auge nicht wahrgenommen werden, weil sie weniger dicht als der physische Körper sind. Dennoch existieren sie und sind sehr real. Sie beeinflussen sich gegenseitig und sie müssen zusammen behandelt werden, wenn wir wirklich gesund und heil werden wollen.

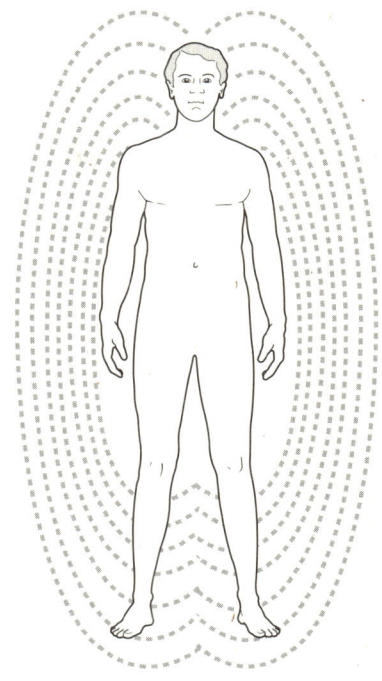

Aura und Energiebahnen, die den menschlichen
Körper umgeben

Die Energie fließt um unseren physischen Körper herum in Leitbahnen, die auch als Meridiane bezeichnet
werden können und die Organe und Körperteile näh-
ren. Für unsere Gesundheit ist es unerlässlich, dass dieser Fluss stark und ungehindert ist, denn sobald ein Teil
unseres Wesens erschöpft ist, werden wir Probleme bekommen. Diese Probleme können sich auf der physischen, mentalen oder emotionalen Ebene äußern. Unser

geistiger Zustand wirkt sich auf unseren mentalen aus; unser mentaler Zustand wirkt sich auf unseren energetischen Zustand aus und unser energetischer Zustand beeinflusst unseren körperlichen Zustand. Unser Wohlbefinden beginnt oben und wirkt sich nach unten aus und es geht von innen nach außen.

Einer der Gründe, warum so viele Menschen dermaßen desillusioniert von der Schulmedizin sind, liegt darin, dass diese aufgrund des Zeitmangels der Ärzte nicht in der Lage ist, wirklich ganzheitlich zu heilen. Da der Arzt häufig nur fünf Minuten für jeden Patienten erübrigen kann, wird er ein schnell wirkendes Heilmittel in der Hoffnung verschreiben, dass es das Gleichgewicht des Körpers wiederherstellen wird. Unglücklicherweise wird das Problem so aber nur oberflächlich gelöst, und solange wir nicht tiefer gehen, um unser ganzes Wesen zu reinigen und ins Gleichgewicht zu bringen, werden wir immer wieder krank werden.

Glücklicherweise sind in den letzten Jahren uralte Heilmethoden aus verschiedenen Kulturkreisen im Westen populär geworden. Diese Methoden sind alle insofern ganzheitlich zu nennen, als sie alle unsere Körper heilen – den spirituellen, mentalen, emotionalen und den physischen. Die meisten von ihnen konzentrieren sich darauf, den Energiefluss in der Aura zu harmonisieren. Shiatsu, Reflexzonentherapie, Akupunktur, Akupressur, Craniosacraltherapie, Reiki und indische Kopfmassage beeinflussen direkt oder indirekt die Meridiane, um den Fluss der Lebenskraft in und um den Körper ins Gleichgewicht zu bringen.

Die wechselnden Farben der Aura

Da die Aura ein Barometer für unsere geistige Gesundheit und unser emotionales Wohlbefinden ist, wollen wir sie uns nun etwas näher anschauen. Unsere Aura verändert sich ständig, jeder unserer Gedanken und jedes unserer Gefühle beeinflusst sowohl ihre Form als auch ihre Farbe. Sind wir deprimiert, spiegelt die Aura unsere trübe Stimmung wider und erscheint trübe. Sind wir aber glücklich und froh, erscheint die Aura hell und leuchtend. Ist die Aura um den Kopf herum violett, zeigt dies, dass wir spirituell bewusst sind. Viel Gelb in der Aura weist darauf hin, dass wir voller Energie stecken; Rot kann ein Zeichen für Zorn, aber auch Leidenschaft sein, Blau ein Zeichen für Intuition und so weiter.

Manche Menschen können die Aura tatsächlich sehen und erkennen, wie sie sich durch unsere Stimmung und unsere Gefühlslage verändert. Für die meisten von uns ist sie allerdings unsichtbar. Wenn Sie Ihre Aura selbst einmal sehen möchten, schlage ich Ihnen vor, dass Sie mithilfe der Kirlian-Fotografie ein Aurafoto machen lassen. Diese Technik wurde in Russland entwickelt, um das menschliche Energiefeld sichtbar zu machen. Kirlian-Kameras finden Sie in vielen esoterischen Buchläden, aber auch auf Esoterik- und Gesundheitsmessen. Mit dem Foto erhalten Sie eine Erklärung darüber, was die Farben aussagen. Denken Sie aber bitte daran, dass die Farben, die Sie auf dem Foto sehen, nicht unveränderlich sind. Wenn sich Ihre Stimmung ändert, verändern sich auch die Farben Ihrer Aura.

Die Aura und ihre Schwingungen

Energie kann als »dünn« oder »dicht« wahrgenommen werden. Obwohl ich im Physikunterricht nicht besonders gut aufgepasst hatte, als es um Dichte ging, so habe ich doch begriffen, dass Kork zum Beispiel weniger dicht ist als Blei. Aber statt uns nun den Formeln zuzuwenden, um die relative Dichte der Materie zu verstehen, wollen wir lieber über Schwingungen reden. Eine hohe Schwingung ist weniger dicht als eine niedrige. Licht hat eine hohe Schwingungsfrequenz und Dunkelheit eine niedrige. Ist unsere Aura also hell, haben wir eine hohe Schwingungsfrequenz. Auch Gefühle kann man auf diese Weise klassifizieren, so hat Liebe zum Beispiel eine hohe Schwingungsfrequenz und Hass eine niedrige.

Diese emotionalen Schwingungen stehen im Zusammenhang mit unserem mentalen und spirituellen Zustand. Wenn wir uns spirituell verbunden fühlen und in Kontakt mit der Liebe des Universums sind, wird die Aura hell erstrahlen. Aus diesem Grund werden die Heiligenscheine auf den Bildern spiritueller Meister, Heiliger und Engel auch immer in goldenen Farben oder durchscheinend dargestellt.

Nimmt unser Verstand etwas als ein Hindernis wahr, wirkt sich das auf unser Gefühlsleben aus, sodass wir unruhig und besorgt werden, was möglicherweise wiederum eine körperliche Reaktion wie Übelkeit auslöst, die unsere Aura trübt. Positive Energie löst positive Reaktionen in der Aura aus, was natürlich auch umgekehrt für negative Energie gilt. Mit den Hinweisen in diesem Buch werden Sie lernen, positive Erfahrungen zu verstärken und mit negativen besser umzugehen.

Wenn wir über negative Energien reden, denken wir immer an Dunkelheit, niedrige Schwingungsfrequenz und größere Dichte. Wenn ich heile, nehme ich die Negativität durch die Berührung meiner Hände und durch mein Gespür wahr. Ich fühle die Schwingung als »klebrig« und schwer. Um heilen zu können, müssen Sie selbst relativ leicht und hell sein, denn dadurch können Sie den Unterschied zwischen hohen und niedrigen Schwingungsfrequenzen besser wahrnehmen. Ein Mörder lebt beispielsweise in einem ständigen Zustand der Dunkelheit und Negativität und wird nicht in der Lage sein, das Licht ebenso gut wahrzunehmen wie ein Mensch, der einem spirituellen Weg folgt. Das liegt vor allem daran, dass ein Mensch, der anderen gegenüber zu Grausamkeit fähig ist, einen großen Teil seiner Sensibilität und seiner Gefühle abgetötet hat. Ein gütiger, mitfühlender Mensch wird für die Bedürfnisse anderer Menschen offener und daher sensibler sein.

Wenn Sie sehr sensibel sind und das Gefühl haben, Ihre Sensibilität würde Ihnen manchmal Probleme bereiten, dann sollten Sie jetzt unbedingt weiterlesen, weil ich Ihnen im Verlauf des Buches Möglichkeiten aufzeigen werde, wie Sie sich selbst schützen können, ohne Ihre Empathie für andere zu verlieren. Ich werde Ihnen zeigen, wie Sie einen »Schutzschild« um Ihre Aura legen können, sodass Sie nicht mehr von den niedrigen Schwingungen in Ihrer Umgebung beeinflusst werden.

Die veränderliche Form der Aura

Allgemein gesagt dehnt sich die Aura etwa zwei Meter um den Körper herum aus und hat die Form eines Ovals. Form und Größe werden allerdings durch unsere Stimmung beeinflusst. Wenn es uns zum Beispiel schlecht geht oder wenn wir deprimiert sind, zieht sich die Aura zusammen und leuchtet weniger stark. Auch wenn wir sehr introvertiert sind, ist die Aura kleiner. Sie wird sich ausdehnen, wenn wir uns inspiriert fühlen und unsere Aufmerksamkeit nach außen richten. Wenn ein Schauspieler auf der Bühne ganz in seiner Rolle aufgeht oder wenn eine Sängerin »sich die Seele aus dem Leib« singt, kann man sehen, dass beide von einer großen, strahlenden Aura umgeben sind.

Enttäuscht uns jemand, wird unser Energieniveau absinken und unsere Aura wie ein Ballon schrumpfen, aus dem langsam die Luft entweicht. Sind wir andererseits zu selbstbezogen, dehnt sich die Aura so weit aus, dass sie andere geradezu einlädt, einmal versuchsweise eine Nadel hineinzustechen. Werden uns schlechte Neuigkeiten mitgeteilt und bekommen wir einen Schock – wie »einen Schlag in die Magengrube« –, dann wird die Aura in Höhe des Solarplexus eingedellt. Bedroht uns etwas, versuchen wir uns zu schützen, indem wir die Aura einziehen und ihren äußeren Rand mental stärken, indem wir trotzig unsere Stacheln ausfahren.

Unser Energiefeld wird auch von unserem Gesundheitszustand und unserem allgemeinen Wohlbefinden beeinflusst. Sind wir krank, ist nicht nur unsere Aura erschöpft, sondern auch die Quelle unserer Energie. Sind wir allerdings vollkommen gesund, nimmt die Aura wieder an Stärke und Ausdehnung zu. Wenn wir unkonzentriert sind und unser Verstand von einem Objekt zum anderen wandert, sieht auch die Aura zerrissen aus. Bei Stress befinden wir uns häufig in diesem wirren geistigen Zustand: Weil uns zu viel durch den Kopf geht, können wir uns nicht recht konzentrieren. Aus diesem Grund ist Stress für uns auch so schädlich. Wenn unsere Gedanken herumschwirren, tut dies auch unsere Energie, sodass wir uns erschöpft fühlen.

Haben Sie Ihr niedriges Energieniveau jemals damit in Verbindung gebracht, dass Sie sich nicht konzentrieren können? Ist Ihnen je aufgefallen, dass Sie abends vollkommen erschöpft sind, wenn Sie tagsüber viele Dinge anfangen, aber keines zu Ende bringen? Ihr Energiefeld wird sich nämlich – den Gedanken folgend – ständig ausdehnen und zusammenziehen und sich dabei erschöpfen. Könnten Sie Ihre Aura sehen, würde sie Ihnen wie ein Krake erscheinen, der seine Tentakel in viele Richtungen ausstreckt. Am spektakulärsten sieht die Aura aus, wenn wir hysterisch werden, denn dann fliegt die Energie wie ein Feuerwerk in alle Richtungen gleichzeitig.

Unsere Erfahrungen, Gedanken, Einstellungen und Gefühle wirken sich auf Form, Größe und Farbe unseres Energiefeldes aus, was wir zwar nicht mit dem physischen Auge wahrnehmen können, aber häufig doch mit unserer »inneren Schau« und unserer Intuition wahrnehmen – also mit jenem inneren Wissen, das wir besitzen und das mit Logik allein nicht erklärt werden kann. Im Alltag erleben wir es oft, dass ein Mensch nicht einmal etwas sagen muss, wir aber doch spüren, ob er positiv oder negativ eingestellt ist. Weil wir seine Aura intuitiv wahrnehmen, beschreiben wir ihn mit Begriffen wie strahlend, hell und weich oder aber zickig, neben sich stehend und starr.

Möglichkeiten, die Aura zum Leuchten zu bringen

Wenn Sie das Gefühl haben, Sie bräuchten ein kleines Stärkungsmittel, um Ihre Laune zu bessern und Ihr Energieniveau zu heben, dann finden Sie nachfolgend ein paar Sofortmaßnahmen, mit denen Sie Licht in Ihre Aura bringen können.

Übung: Eine Kurzmeditation, um Licht in die Aura zu bringen

~ Suchen Sie sich einen ruhigen Platz und machen Sie es sich bequem. Wenn Sie auf einem Stuhl sitzen, stellen Sie die Füße fest auf den Boden.

~ Atmen Sie mehrmals tief durch.

~ Stellen Sie sich einen hellen Lichtstrahl vor, der vom Himmel herabkommt und durch das Schädeldach in Ihren Körper eintritt.

~ Spüren Sie, wie das Licht Ihren ganzen Körper erfüllt.

~ Sehen Sie vor Ihrem geistigen Auge, wie das Licht Ihre Aura erfüllt und sie in strahlendes Gold verwandelt.

~ Sitzen Sie ein paar Minuten in der Gewissheit still da, dass Sie vollständig von goldenem Licht umgeben sind.

Übung: Die Energiedusche

~ Wenn Sie unter der Dusche sind, stellen Sie sich vor, dass das Wasser alle Negativität fortspült und Ihre Aura mit Licht erfüllt.

~ Sehen Sie, wie alle Ihre Sorgen und Ängste hinweggespült werden.

~ Bleiben Sie ein paar Minuten stehen und genießen Sie das Gefühl, dass Ihr ganzes Wesen gereinigt wird und vollkommen rein und frisch ist.

~ Spüren Sie, dass Ihre Aura nun strahlt und vollkommen klar ist.

Übung: Die Aura ausstreichen – Kurzform

Diese Übung gehört zu der Aura-Reinigungsmethode, die ich später in diesem Kapitel ausführlich erläutern werde. Sie können sie nutzen, um Ihre Aura ganz schnell zu glätten, sodass Sie ruhiger werden und sich besser konzentrieren können.

~ Gebrauchen Sie die Hände wie einen Kamm und streichen Sie damit durch die Aura. Fangen Sie am Kopf an.

~ Streichen Sie sie für etwa zwei Minuten immer wieder am ganzen Körper hinunter.

Gedanken sind Energie

Unser physischer Körper besteht also aus sich ständig bewegender Materie, die Energie ist, und wir senden ständig Energie in der einen oder anderen Form aus. Die Schwingung der von uns ausgesandten Energie hängt davon ab, ob unsere Gedanken positiv oder negativ sind. Auch unsere Gedanken sind Energie und deren Schwingung wird an den Ort oder zu der Person getragen, auf die die Gedanken gerichtet sind. Denke ich liebevoll an meinen Mann, wird er die Energie meiner Gedanken empfangen, da er der Fokus meines Denkens ist. Da liebevolle Gedanken eine hohe Schwingungsfrequenz aufweisen, wird er einen Schwall hochfrequenter Energie empfangen und sich wohlfühlen. Ist er deprimiert, können meine auf ihn gerichteten positiven Gedanken dazu beitragen, dass sich seine Stimmung bessert und die Depression verschwindet. Ist jemand krank, sollten wir darauf achten, dass wir uns keine Sorgen um ihn machen und ihn auch nicht krank vor uns sehen, da dies seine Situation nur verschlimmern würde.

Wenn wir Energie in Form von positiven Gedanken anderer Menschen empfangen haben, können wir entscheiden, was wir damit tun wollen. Sind wir krank, können wir die Energie nutzen, um uns selbst zu heilen, da wir bei einer Erkrankung normalerweise nur wenig Energie zur Verfügung haben und die erfolgreiche Herstellung neuer Zellen und das Reparieren geschädigter Zellen viel Energie brauchen. Dies alles geht natürlich unbewusst vor sich und wir fühlen uns einfach besser. Grundlage der Fernheilung ist also einfach, dass wir räumlich weit entfernten Menschen helfen können, indem wir liebevoll an sie denken und sie uns als gesund vorstellen.

Die Wirkung der Gedanken

Jeder einzelne Gedanke hat Auswirkungen. Diese Aussage basiert auf den Gesetzen der Physik und auf den Ausführungen von Richard Feynman, denen zufolge Energie nicht verschwinden kann und man am Ende immer genauso viel Energie hat wie am Anfang. Die Energie mag sich fortbewegt und ihre Schwingung geändert haben, aber sie existiert noch immer.

Während des Tages nehmen Sie Energie aus Ihrem Energievorrat, bewegen und verändern sie. Mit jedem Gedanken verwandeln Sie entweder negative Energie in positive oder positive Energie in negative. Entweder machen Sie eine positive Situation dadurch noch besser oder eine negative Situation noch schlimmer. Wenn Sie jemandem helfen oder wohlwollend an ihn denken, werden Sie sich selbst wohlfühlen, und zwar nicht nur wegen der Befriedigung, die es mit sich bringt, anderen Menschen zu helfen, sondern auch, weil Ihre eigene Schwingungsfrequenz ansteigt, wenn Sie positive Energie erzeugen und durch Ihr Energiefeld übertragen. Zudem heben Sie auch die Schwingungsfrequenz der Person an, der Sie geholfen haben.

Wenn Sie hingegen wütend auf jemanden sind und schlecht über ihn denken, schaden Ihre negativen Gedanken sowohl Ihnen selbst als auch der anderen Person. Wann immer Sie an eine andere Person denken, fließt

Ihre eigene Energie zu ihr und bleibt dort hängen. Aus diesem Grund ist es für Ihr eigenes Wohlbefinden und das Wohlbefinden der Menschen in Ihrer Nähe wichtig, dass Sie auf Ihre Gedanken und Handlungen achten und sie – wann immer möglich – positiv halten.

Gedankenformen

Wenn wir ständig negative Gedanken denken, erschaffen wir irgendwann eine negative »Gedankenform«, eine Masse aus dichter, niederfrequenter negativer Gedankenenergie, die entsteht, indem sich einzelne negative Gedanken aneinanderfügen und einen »Klumpen« bilden. Eine solche Gedankenform ist nicht leicht zu beschreiben, es hilft vielleicht, sich ein vollkommen verwirrtes Wollknäuel vorzustellen. Ihre Dichte hängt davon ab, wie negativ die Gedanken waren, die sie erschaffen haben. Eine Gedankenform setzt sich in der Aura fest und wenn sie sich mehr und mehr verfestigt, wird sie allmählich das Energieniveau der Aura senken und den natürlichen, gesunden Energiefluss um den Körper herum stören. Wir verstopfen sozusagen unsere Aura mit unseren Gedanken.

Gedankenformen behindern auch den Fluss der Energie in den Meridianen und werden deshalb häufig als Blockaden bezeichnet. Falls Sie Schriftsteller sind, haben Sie vermutlich schon einmal die schreckliche Erfahrung gemacht, vor einem leeren Blatt Papier oder einem leeren Bildschirm zu sitzen und auf eine Inspiration zu warten. Wenn auch nach Stunden immer noch keine Inspiration kam, nennen wir dies Schreibblockade – etwas, das die meisten Schriftsteller, Studenten, Journalisten und Künstler mit Sicherheit mehr als einmal erlebt haben.

Gedankenformen werden normalerweise durch ständige Sorgen und Ängste erschaffen. Die Schreibblockade entsteht beispielsweise durch die Angst, nicht schreiben zu können, wodurch die Energie nicht mehr zum Gehirn fließen und dort die kreativen Fähigkeiten stimulieren kann. Wenn auch Sie manchmal Probleme mit der Inspiration haben, kann Ihnen die Methode, mit der Sie Gedankenformen auflösen können (später in diesem Kapitel), möglicherweise helfen.

Gedankenformen und Gesundheit

Eine der wichtigsten Ursachen von Krankheit und mangelndem Wohlbefinden ist der Energiemangel, der wiederum durch negative Gedankenformen verursacht werden kann. Alle Organe des Körpers müssen ein bestimmtes Schwingungsniveau aufweisen, um vital und gesund zu sein. Sinkt das Niveau deutlich ab, werden die Zellen erkranken. Kann die Lebenskraft einen Teil des Körpers nicht mehr erreichen, wird dieser schließlich krank. Es kann damit anfangen, dass wir erschöpft sind, dann werden wir deprimiert und schließlich verzweifelt. Ist die Energie in den Organen erschöpft, werden wir physisch krank.

Ein weitverbreitetes Beispiel dafür, wie eine Gedankenform unsere Gesundheit beeinträchtigt, ist der durch Stress verursachte Kopfschmerz. Wenn wir uns ständig Sorgen machen oder uns vor etwas fürchten, erschaffen wir eine bestimmte Gedankenform, die über unserem

Kopf sitzt und die uns schon bald so niederdrückt, dass wir Kopfschmerzen bekommen.

Warum erschaffen wir negative Gedankenformen?

Wenn Sie unter einem der folgenden Symptome leiden, besteht mit großer Wahrscheinlichkeit die Möglichkeit, dass Ihr Energievorrat erschöpft ist und dass Sie negative Gedankenformen erschaffen.

- *Lethargie:* Haben Sie das Gefühl, dass einfach alles zu viel ist? Möchten Sie am liebsten allein gelassen werden und nur noch vor sich hin vegetieren?

- *Kopfschmerzen:* Manche Kopfschmerzen sind ein Symptom für mangelnde Energie. Fühlen Sie sich wie benebelt und ist Ihr Kopf schwer? Haben Sie Mühe, klar zu denken und sich zu konzentrieren?

- *Depression:* Sind Sie niedergeschlagen und bedrückt? Fällt es Ihnen schwer, sich für irgendetwas zu begeistern? Möchten Sie am liebsten nur schlafen, statt aufzustehen und in Ihrem Leben voranzukommen? Mangelt es Ihnen an Begeisterungsfähigkeit?

- *Schwaches Immunsystem:* Sind Sie ständig erkältet und fangen Sie sich jeden neuen Virus ein?

Wir wollen uns nun einige der Ursachen negativer Gedanken anschauen, die unter Umständen schädliche Gedankenformen erschaffen können.

Stress

Heutzutage ist es ziemlich normal, unter Stress zu leiden. Oder um es anders zu formulieren: Heutzutage ist es ziemlich normal zuzulassen, dass man gestresst ist. Was ist Stress aber überhaupt? Stress bezeichnet einen Zustand, in dem es schwierig für uns ist, ruhig zu bleiben, weil wir zu aufgeregt und nervös sind. Unsere Herzfrequenz steigt an und zusätzliches Adrenalin wird ausgeschüttet. Früher hatten wir diese körperlichen Reaktionen nur, wenn wir einer tatsächlichen Gefahr für Leib und Leben ausgesetzt waren, heute zeigen sie sich schon, wenn wir nur im Stau stehen.

Offensichtlich ist es für den Körper nicht gesund, wenn wir jeden Tag Stress erleben. Wir spannen dabei nämlich die Muskeln an, was beispielsweise zu Schmerzen im Schulter- und Nackenbereich führt. Unser Magen leidet am meisten unter der zusätzlichen Adrenalinausschüttung, sodass Verdauungsprobleme wie Verstopfung oder Durchfall, Reizdarm, Hefepilzinfektionen, Magengeschwüre und ähnliche Symptome entstehen. Wir leiden aber auch geistig, weil wir zwanghaft an mögliche Folgen bestimmter Entscheidungen denken müssen. Schließlich sind wir entweder ständig vollkommen überdreht oder mit den Nerven am Ende und chronisch erschöpft.

Eine der Folgen von Stress zeigt sich darin, dass uns ständig bestimmte bange Gedanken durch den Kopf gehen – »Ich werde diesen Termin nie schaffen«, »Ich kriege dieses Projekt nie hin«, »Meine Tochter wird die Prüfung nie bestehen« oder »Ich weiß einfach, dass mir diese Person wieder auf die Nerven gehen wird!«

Jeder Mensch ist anfällig für Stress, denn Stress trifft beileibe nicht nur Geschäftsleute und Manager. Ganz gleich, welchen Beruf Sie auch haben und wie Ihre Lebensumstände auch aussehen mögen, werden Sie irgendwann einmal gestresst sein. So regen sich die meisten von uns sicher manchmal auf, weil ein Zug Verspätung hat, sie in einem Stau feststecken, keinen Parkplatz finden können oder am Flughafen die Sicherheitskontrollen über sich ergehen lassen müssen.

Bei manchen von uns liegen die Nerven ständig blank. Heutzutage müssen wir ja versuchen, sowohl im Beruf als auch im Privatleben mehrere Dinge unter einen Hut zu bringen. Das gilt besonders für berufstätige oder alleinerziehende Mütter, die ständig die Anforderungen von Beruf und Familie miteinander vereinbaren müssen. Das führt natürlich zu Ängsten und der ständigen Frage: »Bin ich genug für meine Familie/für meinen Beruf da?« Wenn solche Gedanken ständig im Kopf herumschwirren, werden sie negative Gedankenformen erschaffen, die sich dann in der Aura festsetzen.

Stress vorbeugen – Entspannung lernen

In diesem Abschnitt werden wir uns verschiedene Methoden anschauen, mit denen wir uns von der Negativität befreien können. Zunächst einmal wollen wir uns überlegen, wie wir dem Stress vorbeugen können. Das Heilmittel für Stress ist Entspannung. Wir müssen lernen, uns dem natürlichen Fluss des Lebens anzuvertrauen. Da Stress in uns das Gefühl auslöst, als würden wir einen Marathon laufen, sodass sich alle Muskeln anspannen, müssen wir als Gegenmittel lernen, uns vollkommen zu entspannen.

Ich benutze dafür Meditation, Aromatherapie, Massagen, Yoga und Fitnessübungen. Manche Menschen ziehen es vor, Musik zu hören oder zu lesen, und mein Mann schafft es, sich vollkommen zu entspannen, indem er fernsieht. Ich selbst finde, dass im Fernsehen – sei es in den Nachrichten, Filmen oder Serien – viel zu viel verbale und physische Gewalt gezeigt wird, als dass ich mich dabei entspannen könnte. Aber was auch immer Sie benutzen, um sich zu entspannen, geben Sie sich genügend Zeit dafür, da Stress langfristig Schaden anrichten kann, wenn Sie nicht richtig mit ihm umgehen.

Es ist natürlich auch hilfreich, ganz allgemein einen Gang herunterzuschalten. Hören Sie auf, sich um die Zukunft Sorgen zu machen, denn dadurch durchleben Sie bereits eine negative Erfahrung, bevor sie überhaupt eintritt. Sollte sie dann eintreten – was nicht unbedingt der Fall sein muss –, haben Sie sie bereits zweimal erlebt: einmal in Ihrer Vorstellung und einmal tatsächlich.

Konzentrieren Sie sich auf die Gegenwart und überlassen Sie die Zukunft sich selbst. Überlassen Sie sich dem Fluss des Lebens. Wenn Sie merken, dass sich Dinge, die außerhalb Ihrer Kontrolle liegen, auf Ihre innere Ruhe auswirken – wie ein verspäteter Zug oder ein Stau –, denken Sie daran, dass Stress auch nicht weiterhilft. Gehen Sie ruhig davon aus, dass die dadurch entstandenen Verspätungen einen Sinn haben. Und *einen* Sinn haben sie ganz gewiss: Sie sollen Ihnen nämlich Geduld beibringen. Es ist auch möglich, dass diese Ereignisse einen weiteren Sinn haben, den Sie aber in der Regel erst viel später erkennen können. Für mich sind Verzögerungen meistens Zeichen dafür, dass mir größerer Ärger zum Beispiel in Form eines Unfalls erspart bleiben soll. Nutzen Sie die zusätzliche Zeit, die Ihnen durch die Verzögerung geschenkt wird, um über etwas Positives nachzudenken oder etwas zu planen.

Nehmen Sie sich fest vor, Stress aus Ihrem Leben zu verbannen. Überprüfen Sie, ob Sie beruflich überhaupt am richtigen Platz sind. Befriedigt Sie Ihre Stelle oder mühen Sie sich in einer Position ab, die gar nicht Ihrem Temperament entspricht? Vielleicht glauben Sie, dass es unmöglich ist, stressfrei zu leben. Ich kenne sogar einige Menschen, die richtiggehend süchtig nach dem Adrenalinschub sind. Wahrscheinlich war ich es im Laufe meiner beruflichen Karriere auch einmal. Ich weiß, wie sehr ich es genossen habe, herumzurennen, von einem Termin zum anderen zu hetzen und mich selbst an meine Grenzen zu bringen. Zum Glück habe ich gelernt, die Dinge heute langsamer angehen zu lassen. Zumindest habe ich gelernt abzuschalten, sodass mein Körper und mein Geist Zeit haben sich zu erholen. Wenn Sie ein Adrenalin-Junkie sind, müssen Sie lernen, diesen Aspekt Ihrer Persönlichkeit ebenso zu kontrollieren wie jede andere Form der Sucht.

Mangelndes Selbstwertgefühl

Aufgrund unserer Konditionierungen und Erfahrungen haben wir möglicherweise negative Gedankenformen entwickelt, die zu mangelndem Selbstwertgefühl führen, was wiederum zu weiteren negativen Gedankenformen und negativen Verhaltensmustern führen kann. Ich werde jetzt einige der Ursachen negativer Einstellungen aufführen und erklären, was ein niedriges Selbstwertgefühl anrichten kann. Dann werde ich Ihnen einige Möglichkeiten aufzeigen, wie Sie eine negative Einstellung sich selbst gegenüber überwinden können.

Konditionierung durch Kultur, Gesellschaft und Familie

Im Laufe unseres Lebens übernehmen wir die Einstellungen und Einschränkungen unserer Kultur, Religion, Gesellschaft und Familie. Diese Gedanken und Konditionierungen können zu einer bestimmten Mentalität führen, zu festgefahrenen Denkweisen, die unsere Freiheit einengen und unser Leben einschränken. Sie können zu Fesseln werden, die uns zurückhalten und verhindern, dass wir unser Leben vollständig leben. Unser Geist ist in negativen Denkmustern gefangen, die besagen: »Das kann ich nicht« oder »Dafür bin ich nicht gut genug.«

Jetzt bietet sich Ihnen die Gelegenheit, sich anzuschauen, was Ihre Erziehung aus Ihnen gemacht hat, und herauszufinden, inwieweit Ihre Einstellungen und Denkweisen durch Kultur, Religion, Eltern, Lehrer oder Medien beeinflusst worden sind.

- Hat man Sie in Ihrer Kindheit jemals bestraft, weil Sie etwas nicht gut genug getan haben?
- Glauben Sie, dass Ihre Arbeit nicht gut genug ist?
- Ist finanzieller Erfolg für Sie die Messlatte persönlichen Erfolgs?

- Haben Sie an Ihrem Körper oder Ihrer Figur etwas auszusetzen?
- Fühlen Sie sich ständig aus irgendeinem Grund schuldig?

Wenn Sie eine dieser Fragen mit Ja beantwortet haben, weist das darauf hin, dass Sie von den Einstellungen anderer Menschen beeinflusst worden sind und dadurch eine negative Einstellung sich selbst gegenüber entwickelt haben. Schreiben Sie daher am besten alle negativen Einstellungen sich selbst gegenüber auf und versuchen Sie, ihre Ursachen herauszufinden.

Im Laufe Ihres Lebens haben Sie möglicherweise eine Wahrnehmung von sich selbst entwickelt, die auf den Worten und Handlungen anderer Menschen basiert. Dominierende, intolerante oder ungeduldige Eltern, Lehrer, Geschwister oder Gleichaltrige haben Ihnen möglicherweise eingeredet, dass Sie langsam, faul, arrogant, dumm oder ähnliches sind. Wahrscheinlich haben Sie auch einige negative Erfahrungen gemacht und sind zum Beispiel bei einer Prüfung durchgefallen, entlassen oder zugunsten eines attraktiveren Rivalen verlassen worden. Sie haben sich diese Erfahrungen zu Herzen genommen und daraus gefolgert, dass Sie es nicht verdient haben, erfolgreich zu sein, geliebt zu werden oder glücklich zu sein. Mit den Jahren haben Sie allmählich an Selbstvertrauen verloren. Vielleicht mögen Sie sich selbst nicht besonders, vor allem, wenn Sie sich mit anderen vergleichen. Dadurch haben Sie vermutlich auch noch den Respekt vor sich selbst verloren.

In dieser offenen Welt, in der alles sofort kommuniziert wird, ist es einfach, Geschichten über jene Menschen zu hören, die in irgendeinem Bereich des Lebens erfolgreich sind. Siegertypen werden in den Medien bejubelt, und es ist fast unmöglich, nicht davon beeinflusst zu werden. Doch wenn Sie sich und Ihre Leistungen ständig vergleichen, kann es sein, dass Sie sich selbst als »minderwertig« wahrnehmen. Sobald Sie einmal den Selbstrespekt verloren haben, werden Sie sich wahrscheinlich noch mehr als Versager fühlen und sich auch so behandeln. Mangelndes Selbstwertgefühl führt dazu, dass Sie sich nicht mehr lieben und irgendwann anfangen sich selbst zu bestrafen.

Fragen Sie sich jetzt, ob Sie sich selbst liebenswert finden. Finden Sie heraus, ob einige der folgenden negativen Muster in Ihrem Leben präsent sind.

- Sie sind von Drogen oder Alkohol abhängig.
- Sie suchen sich Partner aus, die Sie nicht respektieren oder Sie sogar emotional oder körperlich misshandeln.
- Sie verharren in einem Beruf, der Sie nicht befriedigt und Ihnen nicht das Gefühl gibt, erfolgreich zu sein.
- Sie vernachlässigen sich selbst durch mangelnde Bewegung, schlechte Ernährung oder ähnliches.

Wenn Sie eines dieser Muster in Ihrem Leben sehen, dann ist es wahrscheinlich, dass Sie unter mangelndem Selbstwertgefühl leiden. Daher ist es nun an der Zeit, dass Sie anfangen, sich selbst zu lieben.

- Nehmen Sie sich fest vor, sich von diesem Augenblick an auf Ihre positiven Seiten zu konzentrieren statt auf Ihre negativen.

- Erkennen Sie, dass Sie genauso liebenswert sind wie jeder andere auch und dass Sie Ihre eigene Liebe und die anderer Menschen verdient haben.
- Gewöhnen Sie sich eine positive Einstellung sich selbst gegenüber an.
- Befolgen Sie die Ratschläge am Ende dieses Kapitels und integrieren Sie sie in Ihren Alltag.

Süchte

Nun wollen wir uns das Suchtverhalten näher anschauen, das Hand in Hand mit allen möglichen negativen Gefühlen geht und die langfristige Folge mangelnden Selbstwertgefühls und fehlenden Selbstrespekts sein kann. Jedes Suchtverhalten wirkt sich nicht nur zerstörerisch auf Sie selbst aus, sondern auch auf die Menschen in Ihrer Umgebung. Ich bin nicht ausreichend qualifiziert, um Ihnen bei einer extremen Drogenabhängigkeit zu helfen, aber ich behaupte, dass Sie, wenn Sie aufgrund der in diesem Buch gegebenen Ratschläge alle anderen Aspekte Ihres Lebens in den Griff bekommen, es leichter finden werden, auch die Kontrolle in diesem Bereich wiederzuerlangen.

Das folgende Beispiel ist ziemlich typisch für eine Sucht, die vielen von uns Schwierigkeiten bereitet. Ich hielt ein Heilungsseminar im südafrikanischen Johannesburg ab und eine der teilnehmenden Frauen war süchtig nach Coca-Cola. Sie konnte den Tag ohne mehrere Dosen des Getränks nicht überstehen. Ich weiß nicht, was in Coca-Cola enthalten ist, das sie so süchtig machte – es mag das Koffein oder der Zucker gewesen sein –, entscheidend war, dass sie nicht davon loskam.

Die meisten von uns haben zwei Probleme mit einer Sucht und auch sie bildete da keine Ausnahme. Das erste Problem ist, dass die Substanz, nach der wir süchtig sind – zum Beispiel Tabak, Alkohol, Zucker, Schokolade oder eben Coca-Cola –, in großen Mengen tendenziell schädlich ist. Der zweite Aspekt besteht darin, dass unsere Sucht ein Zeichen von Schwäche ist und die Tatsache, dass wir nicht ohne die Substanz leben können, beweist, dass wir keine Kontrolle über einen Bereich unseres Lebens haben. So wird aus der Sucht eine negative Kraft in unserem Leben. Eine der energetischen Folgen einer Sucht zeigt sich darin, dass das Gehirn »Mehr! Ich will mehr!«-Botschaften aussendet, die zu einer fixen Gedankenform werden.

Die Frau mit der Coca-Cola-Sucht bot sich als Versuchskaninchen für eine Demonstration an. In derselben Gruppe befand sich eine Frau, die einmal sehr hellsichtig gewesen und nun enttäuscht war, weil sie ihre Gabe scheinbar verloren hatte. Sie hoffte, sie durch den Besuch meines Seminars wiederzuerlangen. Während ich mit meiner Klientin arbeitete, sah die andere plötzlich auf und meinte, ich müsste hinter ihrem Kopf etwas auflösen. Sie zeigte auf eine Stelle am rechten Hinterkopf. Als ich meine Hand dorthin legte, spürte ich die klebrige Energie einer negativen Gedankenform. Es war die Gedankenform der Sucht, und indem wir sie auflösten, veränderten wir das Bedürfnis, das sie bisher erzeugt hatte. Der Frau gelang es anschließend, ihre Coca-Cola-Sucht aufzugeben. Und die andere Frau fand all ihre hellsichtigen Gaben wieder. So hatte ich gleich zwei zufriedene Kundinnen!

Erlebnisse, die negative Gefühle erzeugen

Manche unserer negativen Reaktionen auf das Leben entstehen als direktes Ergebnis bestimmter Erlebnisse. Das macht sie nicht weniger schädlich, aber sie sind leichter zu durchschauen. Ich spreche hier von traumatischen Erlebnissen, die noch lange nach dem tatsächlichen Ereignis emotionale oder mentale Narben hinterlassen. Nachfolgend führe ich nur einige dieser Erlebnisse auf, die unser emotionales und mentales Wohlbefinden erschüttern.

- Verlust eines geliebten Familienmitglieds
- Missbrauch in der Kindheit und fehlende Liebe der Eltern
- Vergewaltigung oder Missbrauch durch Fremde
- Körperliche Behinderungen

Verlust eines geliebten Familienmitglieds

Wenn wir früh im Leben jemanden aus der Familie verlieren, kann das bei uns Gefühle des Verlassenwerdens auslösen. Dieser Verlust kann durch Tod, Scheidung oder Vernachlässigung entstehen. Wir werden uns später im Leben leichter unsicher fühlen, was dazu führt, dass wir uns davor fürchten, enge Beziehungen einzugehen, weil wir Angst haben, wieder verlassen zu werden. Bedenken Sie, dass wir nur dann eine erfüllende Beziehung zu einem Partner, einem Kind oder einem Freund haben können, wenn wir uns der Liebe öffnen. Bedenken Sie auch, dass die Erfahrung der Nähe, die wir mit jemandem hatten, den wir verloren haben, etwas Kostbares ist, das wir immer im Herzen bewahren können. Die Erinnerung an die Liebe und die Zärtlichkeit kann uns niemand nehmen, denn sie sind ein Teil von uns.

Missbrauch in der Kindheit und fehlende Liebe der Eltern

Derartige Erlebnisse können dazu führen, dass man völlig das Vertrauen verliert. Sie lassen uns verbittert zurück und erzeugen Angst vor Beziehungen. Oftmals hinterlassen sie bei uns das Gefühl, schmutzig und wertlos zu sein und keine Liebe verdient zu haben. Denken Sie bitte immer daran, dass Sie ein einzigartiges spirituelles Geschöpf sind, das ebenso viel Liebe verdient hat wie jeder andere Mensch auch. Sie tragen keine Schuld an den Dingen, die Sie als Kind nicht verhindern konnten, weil Sie hilflos waren. Bemühen Sie sich, jedwedes Schuldgefühl abzuwerfen, da es nur zu einer Zwangsjacke wird, die verhindert, dass Sie jemals die Liebe und das Glück erleben, die Sie verdient haben.

Sie können den Teufelskreis durchbrechen, der so häufig entsteht, wenn man als Kind missbraucht wurde, indem Sie sich nach Kräften bemühen, Ihren eigenen Kindern Ihre Liebe zu zeigen. Es reicht nicht, Liebe zu spüren, Sie müssen sie auch zeigen.

Vergewaltigung oder Missbrauch durch Fremde

Auch hier geht es um Vertrauensverlust und Angst vor der Welt. Ein solches Erlebnis kann Ihr Selbstwertgefühl und Ihr Selbstvertrauen vollständig untergraben. Aber es ist möglich, sich sein Leben durch derartige Vorfälle nicht ruinieren zu lassen. Ja, das Erlebnis war furchtbar, aber Sie tragen keine Schuld daran. Ihr Angreifer machte Sie zum Zielobjekt großer negativer Energien, deren Ursache Sie aber nicht waren. Sie waren einfach zur falschen Zeit am falschen Ort. Wenn Sie nicht loslassen und nach vorn schauen, werden Sie lebenslang das Opfer bleiben und der damalige Angreifer wird auf ewig der Gewinner sein.

Selbstverständlich sind große Kraft und enormer Mut vonnöten, um sich von dem negativen Ereignis zu befreien, daher sollten Sie jede Möglichkeit nutzen, sich zu heilen. Wie bei allen diesen Erlebnissen ist Akzeptanz der Schlüssel, um die Vergangenheit loszulassen.

Körperliche Behinderungen

Ich kenne die Geschichte zweier junger Männer, die in der Blüte ihres Lebens einen schweren Schicksalsschlag erlitten. Ein guter Freund von mir namens Apuu war ein Jockey, der bei einem seiner ersten Rennen als Profi abgeworfen worden war und sich die Halswirbelsäule gebrochen hatte. Jockey zu sein war nicht nur sein Traumberuf, sondern auch das Mittel, um sich und seine Familie aus der Armut zu befreien. Heute ist Apuu vom Hals an abwärts gelähmt.

Verständlicherweise war er eine Zeit lang vollkommen depressiv. Aber ihm blieb eine gewisse Kontrolle über seine Arme, und so lernte er, auf dem Computer zu schreiben. Als ich ihn das letzte Mal sah, konnte er seine Finger noch etwas besser bewegen und begann gerade, zeichnen zu lernen. Und Apuu hatte dieses wunderbare Lächeln im Gesicht und ist eine große Inspiration für alle, die ihn kennen.

Der andere junge Mann heißt Victor Vermeulen und ist ebenfalls ein guter Freund von mir. Seit er sich die Halswirbelsäule bei einem Sprung ins Schwimmbecken brach, ist er Tetraplegiker, was heißt, dass alle vier Gliedmaßen gelähmt sind. Dabei war er gerade ausgewählt worden, für seine Provinz in Südafrika im Kricket-Team zu spielen. Damals galt er als der beste Nachwuchsspieler im ganzen Land und wäre sicherlich in die Nationalmannschaft aufgenommen worden – was für ihn die Erfüllung seines größten Traumes gewesen wäre. Wegen des tragischen Todes seines Vaters, der ermordet worden war, hätte er diese Nominierung zudem dringend gebraucht, um sich selbst und seine Mutter zu ernähren.

Heute hält Victor inspirierende Vorträge in ganz Südafrika. Seine Worte und sein Mut zeigen anderen, wie man auch schwierigste Umstände »besiegen« kann. Er hat ein Buch mit dem Titel *The Victor Within* geschrieben, in dem er erzählt, wie er die Beschränkungen seiner schweren Behinderung und die Depression nach dem Unfall überwand. Das Buch ist eine große Inspirationsquelle nicht nur für Menschen, die schwerstbehindert sind, es hilft allen anderen vor allem, ihre eigenen Probleme in die rechte Perspektive zu rücken.

Wie Apuu, Victor und viele andere, die ähnliches erlebt haben, beweisen, ist es möglich, selbst die schwerste Behinderung zu überwinden und sie zu benutzen, um andere zu inspirieren. Diese beiden jungen Männer haben gezeigt, wie man ein negatives Erlebnis in ein positives verwandeln kann – für sich selbst und andere. Sie haben bewiesen, dass man das Leben, das man hat, wertschätzen und eine wichtige Rolle im Leben anderer Menschen spielen kann, dass man auf Erden gebraucht wird und hier eine Funktion zu erfüllen hat.

Sie sollten an so vielen Aktivitäten teilnehmen, wie Sie nur können. Auch Sie können etwas bewirken und wenn andere sehen, wie optimistisch Sie sind, werden sie sagen: »Wenn er oder sie noch lachen kann, dann kann auch ich meine kleinen Probleme überwinden.« Wenn ich einen behinderten Menschen sehe, der lächelt – was die meisten tun –, ist dies eine sehr wichtige Lektion für mich, die mich demütig macht. Ich weiß, dass es den meisten Menschen ebenso geht. Sie können uns allen den Weg weisen!

All die beschriebenen Situationen und Erlebnisse erzeugen zunächst aber eine Vielzahl negativer Gefühle und Einstellungen. Zum Beispiel:

- Hass
- Wut
- Verbitterung
- Angst
- Misstrauen
- Verzweiflung
- Schuldgefühle
- Neid

Diese Gefühle können wiederum komplexe Gedankenformen erzeugen, die wir wie eine schwere Last mit uns
herumschleppen. Sie berauben uns unserer Energie und
verhindern, dass wir Glück und Freude erleben. Sie wirken wie Fallen auf unserem Weg, die dafür sorgen, dass
wir nicht das Beste vom Leben bekommen. Aber wir haben die Wahl. Wir können ihnen entweder nachgeben
oder sie wie Apuu und Victor überwinden.

- Möchten Sie Opfer Ihrer eigenen negativen Gedanken
  sein oder über sie siegen?
- Möchten Sie wirklich unter Ihrer eigenen Negativität
  leiden oder an der durchlebten Erfahrung wachsen?

Negatives in Positives verwandeln

Wie wir gesehen haben, können wir nicht nur Opfer unserer negativen Erfahrungen werden, sondern auch Opfer dessen, was wir daraus machen: Opfer unserer eigenen Gefühle. Wir wollen uns nun anschauen, wie wir
wieder die Kontrolle über sie erlangen können und wie
die jungen Männer im Rollstuhl Sieger sein können. Sie
sind der Einzige, der Ihre Negativität loslassen und auflösen kann. Sie werden das Erlebnis vielleicht nicht vergessen können, aber Sie können die Art und Weise, wie
Sie das Leben und andere Menschen betrachten, ändern.
Sie können ändern, wie Sie über sich selbst denken. Sie
können Ihre Einstellung ändern und die Dinge von einer
positiven Warte aus sehen statt von einer negativen.

Profitieren Sie von Ihren Erfahrungen

Sie sollten erkennen, dass Sie durch jede Erfahrung wachsen können, selbst durch eine negative, und dass Ihre Vergangenheit Sie stark gemacht hat. Denken Sie einmal über Ihr Leben nach und sehen Sie, welchen positiven Nutzen Sie aus negativen Erfahrungen gezogen haben.

- Indem Sie Liebe gegeben und empfangen haben – ganz gleich für wie lang oder wie kurz –, haben Sie sich der Freude des miteinander Teilens geöffnet.
- Indem Sie akzeptiert haben, dass andere schwächer und weniger weit entwickelt sind, haben Sie Toleranz und Verständnis entwickelt.
- Durch Ihren eigenen Schmerz haben Sie Empathie und Mitgefühl gegenüber anderen entwickelt.
- Durch die Konfrontation mit dem Tod haben Sie das Leben schätzen gelernt.

Negative Gedankenformen ausstreichen

Ein Teil meiner Heilmethode besteht darin, dass ich die negativen Gedankenformen in der Aura meiner Klienten ausstreiche. Solche Gedankenformen fühlen sich für mich immer klebrig und schwer an, aber je nach der Dichte der Negativität spüre ich noch andere Dinge, während ich arbeite. Ich bemerke die ganze Bandbreite von einer leichten Veränderung der Energie bis hin zu einem starken Rauschen, das durch meinen ganzen Körper strömt. Manche meiner Schüler sagen, dass sie Kälte oder Hitze in Fingern und Händen spüren. Außerdem sehe ich vor meinem geistigen Auge ein Bild des auslösenden Ereignisses, das zum Entstehen der Gedankenform geführt hat.

Diese Art Reinigung der Aura ist ganz einfach und Sie können die Methode benutzen, um Ihre eigene Aura zu klären, wie ich gleich ausführlich beschreiben werde. Eine Kurzversion der Übung haben Sie zudem schon zu Anfang des Kapitels erlernt. Selbst wenn Sie in den Händen nichts spüren, werden Sie doch davon profitieren, weil Sie dadurch friedvoller und entspannter werden. Vertrauen Sie einfach darauf, dass es funktioniert. Mithilfe der Methode können Sie insbesondere negative Gedankenformen auflösen, die Sie durch Sorgen und Ängste selbst erschaffen haben. Ich empfehle Ihnen, dass Sie diese Übung immer dann machen, wenn Sie gestresst sind oder sich zu viele Sorgen machen. Sie kann Ihnen auf vielerlei Weise helfen:

- Sie wird die Energie der Aura ungehindert fließen lassen.
- Sie ist ein gutes Mittel gegen Kopfschmerzen und Verwirrtheit, die durch Verspannungen oder Mangel an frischer Luft verursacht werden.
- Sie entspannt und beruhigt Sie. Deshalb empfehle ich, die Übung vor wichtigen Ereignissen oder Begegnungen zu machen. Wenn Sie nervös und angespannt sind, führen Sie sie einige Minuten lang aus.
- Sie kann täglich als vorbeugende Maßnahme ausgeführt werden, um Blockaden von vornherein zu verhindern.

Übung: Die Aura ausstreichen

~ Setzen Sie sich bequem hin und entspannen Sie die Schultern.
~ Atmen Sie tief durch und lassen Sie Ihren Körper weich werden und erschlaffen.
~ Stellen Sie sich vor, Ihre Finger wären Kämme. Streichen Sie mit diesen Kämmen von außen zum Körper durch die Aura. Beginnen Sie über dem Kopf und streichen Sie bis zu den Füßen herunter, wenn es Ihnen möglich ist. Falls nicht, streichen Sie bis zu den Knien. Schütteln Sie die Hände dann aus, als ob Sie Wasser abschütteln würden. Achten Sie darauf, dass die Energie dabei nicht auf eine andere Person gerichtet ist. Diese würde wohl nicht sehr erfreut sein, Ihre alte negative Energie geschenkt zu bekommen. Schütteln Sie die Hände am besten über einer Schüssel mit Salzwasser aus, da Salz negative Energie aufnimmt, oder stellen Sie sich vor, dass die Energie in einer violetten Flamme verbrennt.
~ Wiederholen Sie die Bewegungen einige Minuten lang. Je mehr Blockaden sich auflösen, desto leichter und entspannter sollten Sie sich fühlen. Wenn die Energie um Sie herum klarer wird, sollte auch Ihr Kopf klarer werden.

Befreien Sie sich von einer Sucht

Alle Süchte sind die Folge davon, dass wir unsere Macht abgegeben haben. Wenn Sie entschlossen sind, diese Macht wiederzuerlangen, können Sie das schaffen. Sie müssen aber davon überzeugt sein, dass Sie diese Macht verdient haben und dass Sie gut genug dafür sind. Ich weiß aus eigener Erfahrung, wie schwierig es ist, ein

Suchtverhalten abzulegen, denn während ich dies schreibe, durchlebe ich die zweite Woche Abstinenz von raffiniertem Zucker und Schokolade. Ich weiß also, wovon ich spreche!

Als Erstes müssen Sie motiviert sein zu sagen: »Es reicht!« Auslöser für diesen Satz mag Ihr Gesundheitszustand sein oder die Tatsache, dass Sie es nicht länger ertragen, keine Kontrolle zu haben, oder dass Sie es satthaben, von äußeren Dingen abhängig zu sein. Ihre Sucht mag sich auch auf die von Ihnen geliebten Menschen auswirken oder auf Ihre Arbeit. Was auch immer der Grund sein mag, formulieren Sie ihn und benutzen Sie ihn als Erinnerung daran, warum Sie Ihr Suchtverhalten aufgeben wollen.

Wie ich das Rauchen aufgab

Es ist sehr schwierig, die Ursachen eines Suchtverhaltens aufzulösen und wie ich bereits gesagt habe, bin ich nicht ausreichend qualifiziert, Ihnen zu helfen, wenn Sie von harten Drogen abhängig sind. Sind Sie aber süchtig nach Zigaretten, Kaffee, Coca-Cola oder Schokolade können Sie die folgende Methode ausprobieren, mit der ich das Rauchen aufgegeben habe. Dabei ist es von entscheidender Bedeutung, dass Sie fest entschlossen sind und sich vollkommen auf das konzentrieren, was Sie aufgeben wollen und aus welchem Grund. Absicht und Entschlossenheit sind die entscheidenden Elemente.

In meinen Zwanzigern war ich eine sehr starke Raucherin. Meine Motivation, es aufzugeben, war Eitelkeit. Ich war der Ansicht, dass mein zwar leichter, aber dennoch störender Raucherhusten meine Chancen verringern würde, meinen Traumprinzen anzulocken. Zudem fand ich, dass Mundgeruch nicht gerade besonders attraktiv macht. Ich las verschiedene Broschüren der Lungenliga und der Krebshilfe, was bereits sehr nützlich war. In diesen Broschüren stand unter anderem, dass ich den Grund definieren sollte, warum ich aufhören wollte, und dass ich jeden Tag etwas weniger rauchen sollte.

Ich wollte es auch mit einer Aversionstherapie versuchen, die mit Visualisierungen arbeitet. Ich stellte mir Zigaretten im Zusammenhang mit etwas vor, das ich von ganzem Herzen verabscheute, und fügte diese beiden Dinge vor meinem geistigen Auge zu einem Bild zusammen. Ich hoffte, dass das, was ich verabscheute, mir den Spaß an den Zigaretten verderben würde.

Immer wenn ich also an Zigaretten dachte, was etwa 30 Mal am Tag vorkam, stellte ich mir vor, wie ich eine Zigarette in einer Schüssel Haferbrei ausdrückte. (Ich kann Haferbrei auf den Tod nicht ausstehen!) Dann stellte ich mir vor, den Haferbrei zu essen. Das half mir wirklich sehr und ich schaffte es, mit dem Rauchen aufzuhören. Seither habe ich nie wieder geraucht, und, wie Sie vermutlich schon ahnen werden, habe ich seitdem auch keinen Haferbrei gegessen.

Hier nun eine kurze Zusammenfassung der Methode, mit der ich das Rauchen aufgegeben habe, die Sie abwandeln und auf Ihr eigenes Suchtverhalten anwenden können.

Übung: Das Rauchen aufgeben

~ Konzentrieren Sie sich ganz auf Ihre Absicht.

~ Formulieren Sie, aus welchem Grund Sie das Rauchen aufgeben wollen: zum Beispiel aus gesundheitlichen Gründen, aus Eitelkeit, wegen Ihrer Beziehung oder Ihrem Freundeskreis.

~ Setzen Sie sich einen Termin. Dieser sollte realistisch, aber nicht zu weit entfernt sein.

~ Nehmen Sie sich vor, Ihren Zigarettenkonsum jeden Tag etwas zu reduzieren und streichen Sie die Tage auf einem Kalender ab.

~ Vermeiden Sie Getränke und Nahrungsmittel, die Sie mit dem Rauchen in Verbindung bringen.

~ Suchen Sie überall die Nichtraucherbereiche auf, um die Versuchung zu reduzieren.

~ Denken Sie an etwas, das Sie tief verabscheuen, und visualisieren Sie es mehrmals täglich gemeinsam mit einer Zigarette.

~ An dem Tag, an dem Sie das Rauchen vollständig aufgegeben haben, und in der darauf folgenden Woche sollten Sie alle Orte meiden, an denen Sie geraucht haben. Stellen Sie Ihr Arbeits- oder Wohnzimmer um, damit sich auch in Ihrer Umgebung etwas verändert.

Gedanken auf positive Weise nutzen

Sobald Sie sich einmal der Wirkung Ihrer Gedanken auf sich selbst und andere Menschen bewusst geworden sind, können Sie anfangen sie zu kontrollieren und zu Ihrem Vorteil zu nutzen. Später werden wir uns noch anschauen, auf welche Weise wir bewusst eine positivere Haltung einnehmen können, aber jetzt wollen wir erst einmal sehen, was wir mit unseren Gedanken tun können, indem wir uns darauf konzentrieren, uns selbst und anderen Menschen zu helfen.

Positive Situationen erschaffen

Wir alle verfügen über den freien Willen, und mit ihm können wir unsere Erfahrungen beeinflussen. Indem wir uns bewusst vorstellen, was wir brauchen, und uns in angenehmen Lebensumständen sehen, können wir erreichen, dass diese Wirklichkeit werden. Wir werden uns deswegen nun genauer anschauen, wie wir die unglaubliche Macht unseres Geistes einsetzen können. Dabei werden wir nur die Oberfläche der großen Macht, die in uns steckt, berühren, aber Sie werden vielleicht erstaunt sein, was Sie mit Intention und den positiven Schwingungen klarer Gedanken alles erreichen können.

Übung: Positive Dinge in Ihr Leben ziehen

Sie können diese einfache Visualisierungsübung benutzen, um Erfolg, einen liebevollen Partner, Freundschaft oder was auch immer in Ihr Leben zu ziehen, solange Ihr Wunsch niemandem schadet – auch Ihnen selbst nicht. Versichern Sie sich daher, dass Sie das, was Sie in Ihr Leben rufen, wirklich möchten. Bitten Sie also nicht einfach um »Geld«, sondern beispielsweise um »Reichtum, der froh macht«, da Geld allein Ihnen kein Glück bescheren wird.

~ Formulieren Sie etwas, das Sie erschaffen oder in Ihr Leben ziehen möchten. Seien Sie dabei nicht zu spezifisch. Da Sie die Dinge nicht immer in einem größeren Zusammenhang sehen können, ist es besser, nach dem zu streben, was für Sie am besten ist. Wenn Sie also einen Partner oder eine neue Stelle möchten, bitten Sie nicht um eine bestimmte Person oder eine bestimmte Stelle, sondern darum, dass das kommen möge, was für Sie am besten ist. Sie können nicht wissen, ob nicht um die Ecke schon ein besser geeigneter Partner oder eine besser geeignetere Stelle auf Sie wartet.

~ Begeben Sie sich an einen ruhigen Ort, an dem Sie nicht durch das Telefon oder etwas anderes gestört werden können.

~ Zünden Sie eine Kerze an.

~ Setzen Sie sich und machen Sie es sich bequem.

~ Atmen Sie viermal tief durch und entspannen Sie die Schultern.

~ Schauen Sie einen Augenblick lang ins Kerzenlicht und schließen Sie dann die Augen.

~ Sehen Sie vor Ihrem geistigen Auge die brennende Kerze.

~ Stellen Sie sich die Situation vor, die Sie erschaffen möchten.

~ Stellen Sie sich vor, dass die gewünschte Situation und die Kerze in einem Lichtblitz miteinander verschmelzen.

~ Formulieren Sie nun in Gedanken, was Sie erschaffen möchten. Gebrauchen Sie dabei nicht das Wort »wünschen«, sagen Sie stattdessen: »Ich erschaffe … in meinem Leben. Es wird mir in jeder Hinsicht nützen.« Sagen Sie diese Sätze viermal auf. Achten Sie darauf, dass auch andere von Ihrem Wunsch profitieren. Fügen Sie also zum Beispiel ein: »Wenn ich die neue Stelle bekomme, kann ich meine Familie besser ernähren.« Wünschen Sie sich niemals etwas, das anderen schadet.

Ich gebrauche daher stets die Worte: »Möge es zum höchsten Wohl aller sein.«
~ Legen Sie die Hände aufs Herz und sagen Sie zum Abschluss: »Ich erschaffe … in meinem Leben voller Liebe.«

Sie haben nun Ihren Willen, Ihren Verstand und Ihr Herz eingesetzt, um Ihre Vision zu verwirklichen. In dieser Kombination von Intention, Kontemplation und Liebe liegt große Macht.

Gebete und Fernheilung

Unabhängig von Ihren spirituellen Ansichten können Sie die Macht Ihres Geistes nutzen, um sich selbst und anderen zu helfen, indem Sie Ihre Gedanken bewusst und mit den besten Absichten zu helfen und zu heilen auf etwas richten. Seit Jahrhunderten weiß die Menschheit um den Nutzen von Gebeten. Gebete bestehen aus Gedanken, die dem Empfänger nützen sollen, und zwar unabhängig davon, ob es sich um einen bestimmten Menschen oder um Gruppen handelt, die Hilfe benötigen. Richten Sie Ihre Gebete am besten an Gott. Da Gott alles ist, was ist – der Schöpfer eines jeden von uns und unseres Universums –, helfen alle Gebete, die an ihn gerichtet sind, jedem Einzelnen von uns.

Die folgende Übung ist dazu gedacht, einem Menschen, einer Gruppe und am besten immer auch dem Planeten Erde positive Schwingungen zu senden. Für eine verstärkte Wirkung Ihrer Gebete zeige ich Ihnen ein Symbol, das Sie als »Magneten« nutzen können, um Ihre Absichten mit heilenden Energien aufzuladen. Es wird

Ihnen auch bei der Visualisierung helfen. Für mich wirkt dieses Symbol wie ein Teleobjektiv, das die Person, an die ich denke, in meinen Fokus bringt.

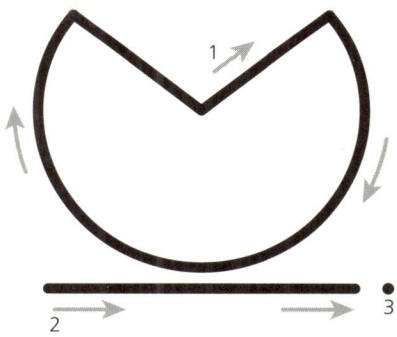

Sie können dieses Fernheilungssymbol nutzen, um positive, heilende Schwingungen zu Menschen zu senden, die nicht anwesend sind.

Übung: Heilende Gedanken fokussieren

~ Begeben Sie sich an einen ruhigen Ort, an dem Sie nicht gestört werden können.

~ Machen Sie es sich bequem und entspannen Sie sich. Wenn Sie möchten, können Sie leise Hintergrundmusik anstellen, um äußere Lärmquellen zu neutralisieren. Sie können auch ein Duftöl wie zum Beispiel Lavendel in die Duftlampe geben, um sich besser zu entspannen, oder Sie zünden ein Räucherstäbchen an.

~ Zünden Sie in der Absicht eine Kerze an, der ganzen Welt Licht zu bringen.

~ Legen Sie Fotos oder Zettel mit den Namen derjenigen Menschen bereit, denen Sie helfen möchten.

~ Schließen Sie die Augen und atmen Sie tief ein und aus. Spüren Sie, wie sich Ihr Körper mit jeder Ausatmung tiefer entspannt.

~ Visualisieren Sie eine Kerze mit einer riesigen Flamme. Wenn Ihnen das nicht gelingt, glauben Sie einfach daran, dass sie da ist.

~ Senden Sie nun Strahlen der Liebe in diese Flamme. Spüren Sie dabei Ihre Absicht zu lieben.

~ Zeichnen Sie das Fernheilungssymbol mit Ihrer dominanten Hand in die Luft, auf das Foto oder stellen Sie es sich vor.

~ Sehen Sie vor Ihrem geistigen Auge, wie die Menschen, die Sie heilen möchten, einer nach dem anderen in die Flamme treten.

~ Sehen Sie sie glücklich, gesund und von Licht erfüllt vor sich. Sie müssen dieses Bild nur ein paar Sekunden lang vor sich sehen.

~ Sehen Sie nun vor Ihrem geistigen Auge Tiere, Bäume, Meere und alles, was Sie in der Umwelt heilen möchten, in der Kerzenflamme.

~ Sehen Sie den Planeten Erde, wie er sich in der Flamme dreht.

~ Sehen Sie zum Schluss auch sich selbst in der Flamme und lassen Sie sich von ihr heilen.

Übung: Heilung für andere – eine Kurzversion

Wenn Sie nur ein paar Momente Zeit haben, weil Sie beispielsweise auf den Zug warten oder im Stau stecken, können Sie auch die Kurzversion dieser Übung ausführen. Auch dabei können Sie ein Foto nutzen.

~ Wölben Sie die Hände und stellen Sie sich vor, Sie würden die Person, die Sie heilen möchten, in den Händen halten.

~ Stellen Sie sich das Fernheilungssymbol vor oder zeichnen Sie es sich in die Handfläche.

~ Spüren Sie, wie die Energien der Liebe und des Mitgefühls in die Person strömen, die Sie in den Händen halten.

Betrachten Sie die Dinge von einer positiven Warte aus

Eine positive Grundeinstellung ist einfach eine bestimmte Art zu denken. Mit ihr betrachten Sie das Leben von einer anderen Warte aus:

- Sie sehen das Glas als halb voll statt als halb leer.
- Sie betrachten die Hindernisse in Ihrem Leben als Herausforderungen, die überwunden werden wollen.
- Sie sehen Schwierigkeiten als Chancen zu wachsen und Ihren Charakter zu entwickeln.
- Sie betrachten das Leben als Reise voller Möglichkeiten anstatt einer Reise voller Plagen.
- Sie sehen das Gute in Menschen, nicht das Böse.
- Sie sehen das Gute in sich, nicht das Böse.
- Sie betrachten Ihre Erfahrungen als Schätze, die Sie in Zukunft brauchen werden.
- Sie sehen die Sonne, nicht die Wolken.
- Sie sehen selbst im Schlechten noch etwas Gutes.
- Sie sehen, wann immer möglich, den positiven Aspekt der Dinge.
- Sie sehen das Beste in der Gegenwart, statt in der Vergangenheit zu verharren.

Positiv reden

Wenn Sie sich diese Sichtweise zu eigen machen, werden Sie sich von einem negativen Denker in einen positiven verwandeln. Eine Möglichkeit, Ihr Denken zu verändern, besteht darin, positive Bestätigungen oder Affirmationen zu gebrauchen. Unsere Stimme ist ein machtvolles Instrument, das uns helfen kann, uns dem Positiven zuzuwenden. Wenn wir positive Dinge sagen, sendet der Klang unserer Stimme hochfrequente Schwingungen durch unser ganzes Wesen. Wir werden also gleich doppelt positiv beeinflusst, wenn wir ermutigende Worte aussprechen und hören.

Indem wir positive Affirmationen aufsagen, brechen wir mit der Angewohnheit, negativ zu sein. Wir gewöhnen uns etwas Neues an: positiv zu sein. Tatsächlich unterziehen wir uns selbst einer Art Gehirnwäsche, wenn wir die Affirmationen unzählige Male wiederholen und so unsere alten Gewohnheiten brechen. Sprechen Sie die Affirmationen laut und entschlossen aus und verleihen Sie den Worten Bedeutung. Sie werden sich eigene Affirmationen ausdenken müssen, die auf Ihre ganz speziellen Bedürfnisse zugeschnitten sind, aber nachfolgend möchte ich Ihnen einige Beispiele geben, die Sie hoffentlich inspirieren werden:

- Ich bin selbstsicher und furchtlos.
- Ich kann meine Ängste überwinden.
- Ich respektiere mich selbst.
- Ich kann es schaffen.
- Ich kann es.
- Ich ziehe Reichtum an.
- Ich bin glücklich.

- Ich habe Glück.
- Ich bin erfolgreich.
- Ich werde geliebt.

Verbindung zu positiven Energieströmen aufnehmen

Wir sind von allen möglichen Energieströmen umgeben, von denen manche potenziell schädlich sind, wie wir noch sehen werden, wenn wir uns beispielsweise die Strahlungen anschauen, die von überirdisch verlaufenden Stromleitungen und Sendemasten ausgehen. Aber viele Energieströme sind auch positiver Natur. In diesem Abschnitt werde ich zeigen, wie wir uns mit diesen positiven Energiequellen verbinden und von ihnen profitieren können. Zuerst die positiven Energien, die von Menschen erzeugt werden.

Suchen Sie die Gesellschaft positiv gestimmter Menschen

Sie können sich mit der Energie jener Menschen verbinden, die Eigenschaften und Energien aufweisen, die Sie selbst gern hätten. Wenn diese Menschen stark sind, senden sie ständig nutzbringende Energien aus und nur indem Sie an sie denken, können Sie schon den Fluss der von ihnen ausgesandten positiven Energie anzapfen. In der Vergangenheit haben wir das oft getan, indem wir sie angebetet haben. Wenn Menschen an Jesus, Buddha, Vishnu oder eine andere spirituelle Leitfigur gedacht und zu ihnen gebetet haben, dann haben sie sich mit der Essenz des Betreffenden und der von ihm ausgestrahlten Energie verbunden. Und durch diese Verbindung fühlen sie sich bereits erhoben.

Fußballfans machen dasselbe mit ihren Helden und Popfans mit ihren Idolen. Sie müssen nur an sie denken, um sich gut zu fühlen. Ihre Idole verkörpern etwas, das sie selbst wollen: Prestige, eine bestimmte Fähigkeit, Erfolg, Selbstvertrauen und so weiter.

Wir können also die positiven Energien anderer wie Kraft, Mut, Liebe und Respekt anziehen. Wenn Sie stärker sein möchten, denken Sie an eine Person, die stark ist und die Sie respektieren, und stellen sich vor, dass ein Lichtstrahl von ihr zu Ihnen strömt. Vergessen Sie nicht, sich im Geiste bei ihr zu bedanken.

Verbinden Sie sich mit den heilenden Energien der Natur

Die Natur ist eine großartige Quelle starker, gesunder Energie. Meere, Felsen, Berge, Blumen, Bäume, Tiere und Flüsse geben einen Strom an guter Energie ab. Aus diesem Grund fühlen wir uns nach einem Wochenendausflug aufs Land, einem Spaziergang im Park oder einem Ausflug ans Meer auch so gut. Pflanzen helfen uns zudem, indem sie die Luft mit Sauerstoff anreichern, und sind daher gleich in mehrfacher Hinsicht nützlich. Nutzen Sie also jede Gelegenheit, um auf dem Land oder im Park spazieren zu gehen. Beleben Sie Ihre Wohnung mit Pflanzen. Auch von einem Ausflug ans Meer werden Sie gleich in zweierlei Hinsicht profitieren, da das Meersalz die Sie umgebende Negativität anziehen und auflösen wird.

Verbinden Sie sich mit universellen Energien

Abgesehen von den positiven Schwingungen der Natur umgibt uns noch eine weitere wichtige Quelle sehr machtvoller Energie, die wir anzapfen können: die universelle Energie. Der Schöpfer des Universums setzte unglaublich starke Schwingungen ein, um das Ganze zu erschaffen – der Urknall! – und diese Energie steht uns allen zur Verfügung.

Die höchste Schwingungsfrequenz und die stärkste positive Macht ist die universelle Liebe. Ich möchte aber auch die Energie des Mitgefühls erwähnen, da diese weich und warm ist und uns Empathie für alle Lebewesen schenkt. Solche Energien setze ich im Rahmen der Heilung ein. Ich nehme Kontakt zu ihnen auf und lenke sie dann auf die Person, welche die Heilung benötigt. Das ist eigentlich ziemlich leicht, denn ich brauche nichts weiter als es nur zu wollen. Auch Sie können es, wenn Sie sich mit der Kraftquelle Liebe oder Mitgefühl verbinden wollen.

Am Ende dieses Kapitels habe ich eine kurze Meditation eingefügt, mit der Sie sich mit dem Licht und den Energien der Liebe und des Mitgefühls verbinden können. Jetzt aber möchte ich Ihnen ein Heilsymbol vorstellen, das mir übermittelt wurde und das Sie automatisch mit diesen Energien verbinden und sie zu Ihnen ziehen wird. Das Symbol weckt die Energie und Sie entscheiden, ob Sie diese für sich selbst und/oder für andere gebrauchen wollen.

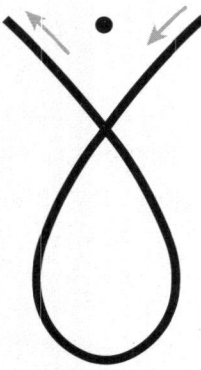

Das Heilsymbol kann gebraucht werden, um die universellen
Energien der Liebe und des Mitgefühls anzuziehen.

Übung: Positive Energie mit Hilfe des Heilsymbols anziehen

~ Zeichnen Sie das Symbol dreimal vor sich in die Luft. Beginnen Sie jeweils rechts und enden Sie mit dem Punkt.

~ Legen Sie eine Hand auf den Körper und lassen Sie die Energien durch die Hand in den Körper strömen. Legen Sie die Hand dorthin, wo Sie Schmerzen haben. Falls Sie sich Sorgen machen oder Angst haben, legen Sie sie unterhalb des Halses auf die Brust. Das wird Ihnen helfen, die Ängste loszulassen. Wenn Sie starke Ängste oder ein Flattern im Magen haben, legen Sie die Hand auf den Solarplexus. Möchten Sie sich insbesondere mit den wunderbaren Energien der Liebe verbinden, legen Sie Ihre Hand in der Mitte der Brust auf Ihr Herz.

Andere Möglichkeiten, Ihr Energie-niveau anzuheben

Wir werden uns nun einige andere Möglichkeiten anschauen, wie wir den Körper energetisieren können. All diese Aktivitäten werden Ihr Energieniveau anheben.

Energieheilung

Ich habe bereits erwähnt, dass Sie sich die Kraft der universellen Energie zunutze machen können, um Ihr Energieniveau anzuheben. Reiki-Therapeuten und Naturheilkundige zapfen ebenfalls diese Quelle an und leiten die Energie an ihre Patienten weiter. Energieheilung ist eine wunderbare Möglichkeit, die durch vergangene Erfahrungen entstandene Negativität aufzulösen, und sie kann Ihnen helfen, den Energiefluss wiederherzustellen, sich zu entspannen und mentale, emotionale und physische Störungen zu heilen. Meine Organisation *Hearts and Hands* hält Seminare und Heilsitzungen zu diesem Thema ab. Weitere Informationen erhalten Sie, indem Sie uns entweder direkt oder über unsere Website kontaktieren. (Die Kontaktadressen finden Sie auf Seite 345, Literaturhinweise.)

Farbtherapie

Um sich selbst von negativen Energien zu befreien, sollten Sie das eigene Energieniveau anheben. Das gelingt sehr effektiv mithilfe der Farbtherapie, wobei jede Farbe eine andere Schwingung hat. Sie können Ihre Stimmung verändern, Ihre Laune verbessern und sich selbst revitalisieren, indem Sie bestimmte Farben für Ihre Kleidung und Wohnung aussuchen.

Allgemein kann man sagen, je leuchtender und heller eine Farbe ist, desto mehr hebt sie Ihre Schwingung an. Ich würde Gelb für meine Wohnung wählen, um ein Gefühl von Sonnenlicht und Freude zu erzeugen. Lavendel ist friedvoll und entspannend. Da Rosa die Farbe des Herzens ist, sollten Sie rosafarbene Kleidung tragen, wenn Sie Ihr Liebesleben verbessern oder ein gebrochenes Herz heilen wollen.

Haben Sie Probleme damit, Ihre Gefühle auszudrücken, sollten Sie Blau, die Farbe der Kommunikation, tragen. Außerdem wirkt Blau ebenso wie Grün heilend. Um sich besser auf Ihre Intuition einzustimmen und Ihr Vorstellungsvermögen anzuregen, sollten Sie die spirituelle Farbe Violett tragen. Tragen Sie Weiß, wenn Sie etwas klären und loslassen wollen, denn Weiß zeigt Reinheit und spirituelle Verbundenheit an. Rot ist eine sehr machtvolle Farbe, die Ihnen Kraft verleihen wird; Orange schenkt Ihnen Energie.

Braun-, Grau- und Schwarztöne werden Ihr Energieniveau nicht anheben, aber immerhin macht Schwarz schlank und scheint daher die Lieblingsfarbe der Frauen bei festlichen Anlässen zu sein. Schauen Sie sich die Farben Ihrer Umgebung und Kleidung an. Vielleicht können Sie ja etwas verändern und so Ihre Stimmung anheben. Kleiden Sie sich in helleren und leuchtenderen Farben.

Die Wirkung der Farbschwingungen wird von vielen Heilern anerkannt, sodass einige Therapeuten Methoden entwickelt haben, um sie mithilfe von Geräten und modernster Technologie noch zu verstärken. Es gibt ein neu entwickeltes System, das Laser, Farben und Edelsteine zu einem äußerst wirksamen Heilmittel kombiniert. Dabei werden Laserstrahlen durch bestimmte farbige Edelsteine hindurchgeschickt und die Heilkräfte der Farben werden dadurch vervielfacht.

Dieses System kann nicht nur Ihr Energieniveau anheben, sondern häufig auch viele Krankheiten und Leiden heilen oder lindern. Besonderen Erfolg hat die Methode bei Asthma und Schuppenflechte erzielt.

Duftöle

Gewisse Duftöle, die im Rahmen der Aromatherapie gebraucht werden, heben Ihr Energieniveau besonders stark an. Sie können diese Öle ins Badewasser geben, als Massageöl verwenden oder in einer Duftlampe erhitzen. Die folgenden Öle können Ihre Stimmung heben, Depressionen lindern und Ihnen neuen Schwung verleihen.

- Bergamotte
- Muskatellersalbei
- Geranie
- Zitrone
- Orange
- Patschuli
- Pfefferminze
- Rose
- Sandelholz
- Ylang Ylang

Blütenessenzen

Blütenessenzen werden aus den Blüten von Blumen, Büschen und Bäumen gewonnen. Die Blüten werden gepflückt, wenn sie reif sind, und dann in Mineralwasser eingelegt. Die Energie der Pflanze mit ihren einzigartigen Eigenschaften kann dann zur Behandlung von emotionalen Problemen oder Persönlichkeitsstörungen genutzt werden. Die unterschiedlichen Schwingungsfrequenzen der Pflanzen haben spezifische Wirkungen auf unsere emotionalen, spirituellen und mentalen Körper. Sie beeinflussen unsere Denkweise, unsere Einstellungen und unser Verhalten.

Pionier auf diesem Gebiet war Edward Bach, der 38 Blütenessenzen entwickelte, die heute in vielen Apotheken, Drogerien und Naturkostläden erhältlich sind und unser emotionales Wohlbefinden verbessern. Sie sollten sich die ganze Palette einmal in Ruhe anschauen. Es wurden seither noch weitere Essenzen entwickelt, die Pflanzen aus verschiedenen Teilen der Erde nutzen, aber am besten wird es wohl sein, wenn Sie die lokal wachsenden Pflanzen nutzen.

Sollten Sie sich nicht entscheiden können, welches Mittel Ihren persönlichen Bedürfnissen am besten entspricht, sollten Sie die Hände mit geschlossenen Augen über eine Auswahl halten und sich zu der Essenz führen lassen, die Sie brauchen. Die folgenden sind besonders gut dazu geeignet, Sie aus einer negativen Grundstimmung herauszubringen und Ihre Stimmung anzuheben.

- Ulme – wenn Ihnen die Verantwortung für etwas zu viel wird

- Enzian – bei Niedergeschlagenheit
- Ginster – bei Pessimismus
- Senf – bei Traurigkeit und unerklärlicher Mutlosigkeit
- Eiche – für Stärke
- Olive – bei Erschöpfung und Energieverlust
- Edelkastanie – bei Depression
- Heckenrose – bei Apathie

Massage

Alle Massagebehandlungen werden Ihre Muskeln entspannen und dazu beitragen, dass sich die inneren Blockaden lösen, die den natürlichen Energiefluss behindern. Heute gibt es eine Vielzahl unterschiedlicher Methoden und in den meisten Städten gibt es Masseure in Gesundheitspraxen und Schönheitssalons. Welche Art von Massage Sie bevorzugen, ist Ihre persönliche Entscheidung. Ich selbst schätze sanftere Methoden und meine Lieblingsbehandlung ist eine Aromatherapiemassage mit mittlerem Druck. Um eine wirklich erfrischende und belebende Massage zu bekommen, sollten Sie Ihren Therapeuten bitten, verschiedene Öle zu genau diesem Zweck zu mischen.

Shiatsu und Akupressur (Methoden, bei denen Sie die Kleider anbehalten) sind Massageformen mit stärkerem Druck und wirken ähnlich wie Akupunktur auf bestimmte Punkte und Meridiane.

Akupunktur

Diese uralte Therapiemethode stammt aus Asien, ist seit einigen Jahren aber überall bekannt geworden. Der Therapeut sticht dünne Nadeln (Es tut meist nicht weh!) in bestimmte Druckpunkte auf der Haut, um Energieblockaden aufzulösen und die Meridiane zu öffnen, also jene Energiebahnen, die in und um den Körper herum verlaufen.

Fußreflexzonentherapie

Der Therapeut benutzt seine Hände oder einen Kristall, um spezielle Druckpunkte an den Füßen zu stimulieren, die mit bestimmten Körperteilen in Verbindung stehen. Er stellt durch seine intensive Einwirkung den Energiefluss in den Meridianen der entsprechenden Körperteile wieder her. Diese Form der Therapie ist besonders angenehm – vorausgesetzt Sie mögen es, wenn Ihre Füße berührt werden. Durch das Massieren der Druckpunkte werden energetische Unausgewogenheiten ausgeglichen.

Chiropraktik

Die meisten Menschen leiden unter der einen oder anderen Berufskrankheit, und viele von uns verbringen täglich mehrere Stunden vor dem Computer. Ich selbst gehe alle sechs Monate zum Chiropraktiker, um meinen Körper wieder ins Gleichgewicht bringen zu lassen. Dadurch werden potenzielle Probleme verhindert und die angestaute Spannung, besonders in den Schultern und im Rücken, gelöst. Eine Massage wird kleinere Probleme beheben und die Muskeln entspannen können, aber ein Chiropraktiker kann Knochen und Muskeln wieder an den richtigen Ort rücken, wodurch schon viele Blockaden aufgelöst werden. Mein Chiropraktiker kombiniert dafür verschiedene Therapieansätze, und eine Sitzung bei ihm ist eine wunderbar heilsame Erfahrung.

Sport

Alle sportlichen Aktivitäten heben Ihr Energieniveau an, auch wenn Sie danach erst einmal erschöpft sein mögen. Sie profitieren auf vielerlei Art von allen Sport- und Fitnessaktivitäten. Erst einmal lenkt Sport Ihre Gedanken von den Alltagsproblemen und Sorgen ab und lindert so schon einmal die Anspannung. Zweitens zirkuliert das Blut durch die Bewegung besser durch den Körper, bringt Sauerstoff zu allen wichtigen Organen und hält Herz, Kreislauf und Lungen gesund. Drittens reichert die Bewegung nicht nur das Blut mit Sauerstoff an, sondern sorgt auch dafür, dass das Gehirn Endorphine – »Glückshormone« – produziert, sodass Sie sich augenblicklich besser fühlen. Und schließlich haben Sie einen besseren Metabolismus, wenn Sie körperlich fit sind, sodass der Körper Nahrung und Getränke besser in Energie umwandeln kann. Denken Sie immer daran, langsam anzufangen, wenn Sie mit einer neuen Sportart beginnen.

Yoga

Yoga soll hier besonders hervorgehoben werden, weil es stark therapeutisch und auf Körper, Geist und Seele wirkt. Durch die Yoga-Haltungen werden Sie Anspannung, Blockaden und Stress nicht nur körperlich loslassen können, sondern auch in Ihrem Energiefeld. Wird Yoga korrekt unter Anleitung eines guten Lehrers ausgeführt, ist es zudem eine Form der Meditation, die Ihnen helfen kann, Ihr ganzes Wesen zu entspannen und in Kontakt mit Ihrem inneren Selbst zu kommen.

Musik

Wir alle reagieren auf bestimmte Musikstücke positiv. Daher sollten Sie sich Musik aussuchen, die Ihre Stimmung hebt und in der Sie ganz aufgehen können. Drehen Sie die Lautstärke hoch und lassen Sie es rocken. Gleich, ob es sich um *Die Planeten* von Gustav Holst handelt oder um Heavy Metal, geben Sie sich der Musik ganz hin. Das ist eine der schnellsten Möglichkeiten, aus einem Stimmungstief herauszukommen, die ich kenne.

Tanzen

Eine andere schnell wirkende Methode ist Tanzen. Ich persönlich liebe den modernen Tanz, weil er es mir erlaubt, den Impulsen meines Körpers zu folgen. Geben Sie sich dem Tanz hin. Ich halte nicht so viel von Gesellschaftstänzen und einstudierten Bewegungen; selbst »Macarena« ist mir schon zu kontrolliert! Was nichts anderes heißt, als dass ich mir die Bewegungen einfach nicht merken kann. Dasselbe gilt auch für Aerobic.

Wenn Sie freitagabends nicht die örtlichen Diskotheken unsicher machen wollen, dann verwandeln Sie doch einfach Ihre Wohnung in eine Disko, legen Sie Ihre Lieblings-CD ein und los geht's.

Nahrung

Natürlich liefert uns jede Art von Nahrung Energie, aber wir sollten darauf achten, Lebensmittel zu meiden, die künstliche Zusätze enthalten. Hochgradig verarbeitete Nahrungsmittel wie weißer Reis, weißer Zucker oder weißes Mehl versorgen uns einfach nicht mit derselben Energie wie weniger stark verarbeitete Produkte. Wir sollten insgesamt möglichst biologisch angebautes frisches Gemüse und Obst sowie biologisch erzeugtes Fleisch essen.

Getränke

Es gibt eine Vielzahl von Kräuterteemischungen, die Ihnen vielleicht zusagen. Ich mag Pfefferminztee, da er sehr erfrischend und nicht so süß wie manche Kräutertees ist. Sie können auch japanischen Grüntee versuchen, da dieser sehr gesund ist und keinerlei Zusätze enthält, die Ihnen Energie rauben könnten.

Nahrungsergänzungsmittel

Es sind heute viele Nahrungsergänzungsmittel auf dem Markt, die vorgeben, Ihr Energieniveau anzuheben. Ich schlage vor, dass Sie zu Ihrem örtlichen Reformhaus oder Naturkostladen gehen und sich dort beraten lassen. Ich selbst nehme Coenzym Q10, und für mich funktioniert es. Das Präparat gibt es in verschiedener Dosierung und ich nehme die höchste Dosis nur, wenn ich den ganzen Tag und den Abend über arbeiten muss, weil es mich sonst am Schlafen hindert. Es funktioniert wirklich.

Ginseng ist ein Mittel, das den allgemeinen Gesundheitszustand verbessert, und daneben schätze ich Echinacea sehr. Ich nehme es, wenn eine Grippe- oder Erkältungswelle im Anzug ist und ich meinem Immunsystem einen Extraschub geben möchte.

Unterhaltung und Spaß

Es gibt nichts Erhebenderes als herzhaftes Lachen. Wenn Sie sich inspirieren und Ihre Stimmung heben lassen möchten, dann sollten Sie Komödien und gewaltfreie Filme anschauen. Ich liebe Kinderfilme, denn häufig sind sie getarnte Filme für Erwachsene.

Es gibt also viele Möglichkeiten, unser Energieniveau anzuheben und die Stimmung zu verbessern. Nun wollen wir uns damit befassen, wie wir einen Platz einrichten können, an dem wir den Stress des Tages abbauen können.

Ein Ort der Heilung

Unter welchen Umständen Sie auch leben mögen, ich finde es wichtig, einen Platz zu haben, der ganz der Heilung und Entspannung gewidmet ist. Richten Sie sich einen solchen Platz in Ihrer Wohnung ein, an dem Sie sich entspannen, sobald Sie sich setzen: einen Platz, an dem Sie die Sorgen des Tages vergessen können.

Das kann ein Stuhl am Fenster Ihres Schlafzimmers sein oder ein nicht gebrauchtes Zimmer, das Sie ganz auf Ihre Bedürfnisse abgestimmt einrichten können. Es kann aber auch ein Platz in Ihrem Garten sein, an dem Sie sich einen Zufluchtsort einrichten und Ihre Lieblingsblumen pflanzen. Eine meiner Freundinnen hat sich das Sommerhaus im Garten zum Auftanken hergerichtet.

Eine gute Möglichkeit, Ort und Zeit zu heiligen, besteht darin, die Duftlampe zu nutzen oder Räucherstäbchen abzubrennen, die beruhigend und heilend wirken. An meinem Ort der Heilung habe ich Bilder spiritueller Meister, Kristalle, Fotos und Andenken aufgestellt, die mich an besondere Momente erinnern. Dort bewahre ich auch eine stets aktuelle Liste der Personen auf, die Heilung brauchen.

Manchmal ziehe ich mich aber auch in die Badewanne zurück, zünde ein paar Kerzen an und gieße aromatische Öle ins Badewasser, die mir helfen, mich zu entspannen und zu meditieren.

Übung: *Erfüllen Sie sich mit Licht*

Meditation ist eine ausgezeichnete Methode, um sich zu entspannen und jenen stillen Ort in sich selbst zu entdecken, der so heilsam wirkt. Eine geführte Meditation ermöglicht es Ihnen, mental, physisch und spirituell zur Ruhe zu kommen, indem Sie sich auf ein bestimmtes Thema konzentrieren und es visualisieren.

Dies ist eine einfache Meditations- und Visualisierungsübung, die Sie ausführen können, um Sorgen loszulassen und zu einem positiven Gemütszustand zurückzufinden. Wie alle anderen Meditationen in diesem Buch können Sie auch diese auswendig lernen, aufnehmen, sich vorlesen lassen oder die englischsprachige CD bei *Hearts and Hands* bestellen (siehe dazu Seite 345, Literaturhinweise).

~ Suchen Sie sich für die Meditation ein stilles, friedliches Plätzchen – zum Beispiel Ihren persönlichen Heilplatz.

~ Setzen oder legen Sie sich hin und machen Sie es sich so bequem wie möglich. Wenn Sie mit gekreuzten Beinen sitzen können, ist das in Ordnung, aber am wichtigsten ist es, dass Sie sich wohlfühlen, damit Sie sich ganz auf die Meditation konzentrieren können.

~ Sobald Sie es sich bequem gemacht haben, schließen Sie die Augen und atmen ein paarmal tief durch. Lassen Sie die Luft tief in Ihre Lungen strömen, bis zu dem Punkt, an dem die Sorgen sitzen.

~ Lassen Sie die Schultern sinken und gestatten Sie Ihrem ganzen Körper, sich zu entspannen.

~ Nun werden Sie Ihre Vorstellungskraft einsetzen. Stellen Sie sich vor, Sie wären an einem herrlichen Strand, an dem außer

Ihnen niemand ist. Sie planschen im flachen Wasser herum. Die Sonne scheint Ihnen auf den Rücken und wärmt Sie angenehm.

~ Ihre Füße befinden sich im kühlen Meerwasser. Spüren Sie, wie sich die Zehen in den weichen Sand graben. Spüren Sie Ihre Verbindung zum Strand und zum Meer. Nehmen Sie das Geräusch der Wellen, den Geruch der Algen und die salzige Meeresluft wahr.

~ Stellen Sie sich ein weißes Licht vor, das Ihre Füße umhüllt. Und während es sie umhüllt, beginnen die Füße sich zu entspannen.

~ Sehen Sie, wie dieses Licht Ihren Körper hinaufströmt, und konzentrieren Sie sich nacheinander auf die Füße, die Unter- und Oberschenkel, den Rücken, die Schultern, die Arme, den Nacken und den Kopf.

~ Konzentrieren Sie sich auf das Gesicht und lassen Sie das Licht jegliche Spannung lösen. Lassen Sie die Sorgenfalten auf der Stirn los. Lassen Sie Ihre finstere Miene davonfliegen. Spüren Sie, dass Ihr Gesicht von weißem Licht erfüllt ist.

~ Konzentrieren Sie sich auf den Hals und spüren Sie, wie sich die Nackenmuskeln entspannen. Das Licht löst alle Anspannungen auf, die vielleicht durch die Angst, jemandem die Wahrheit zu sagen, oder durch Krankheiten verursacht wurden.

~ Lassen Sie das Licht durch Luft- und Speiseröhre in die Lungen und den Magen fließen und spüren Sie, wie Ihre inneren Organe weich werden, weil Sie alle Wut loslassen, die Sie dort halten. Entspannen Sie sich weiter.

~ Denken Sie an Ihre Geschlechtsorgane und spüren Sie, wie diese sich entspannen. Erfüllen Sie sie mit Licht und lassen Sie jede Anspannung los.

~ Denken Sie an die Leber, die Milz und die Nieren. Stellen Sie sich diese Organe als gesund und von Licht erfüllt vor.

~ Spüren Sie, dass Ihr ganzer Körper von Licht erfüllt und von Licht umgeben ist. Nehmen Sie sich einen Augenblick lang Zeit, um zu spüren, welche Kraft Ihnen daraus erwächst.

~ Setzen Sie sich nun ins flache Wasser und spüren Sie, wie die Wellen Ihren Körper liebkosen und wie das kühle Meerwasser ihn reinigt. Stellen Sie sich vor, Ihre gesamte Negativität würde von der sanften Bewegung der Strömung hinweggewaschen werden.

~ Bespritzen Sie Ihren ganzen Körper mit Wasser und sehen Sie, wie dadurch alle negativen Gedankenformen weggewaschen werden.

~ Rollen Sie in der Brandung umher und lassen Sie Ihren ganzen Körper vom Salzwasser reinigen.

~ Stehen Sie nun auf und laufen Sie mit großen Schritten den Strand entlang. So gehen Sie von nun an auch durch Ihr Leben: voller Energie, mutig und entschlossen.

~ Betrachten Sie diesen sauberen, herrlichen Strand als Ihr zukünftiges Leben. Nun, da Sie gereinigt sind, werden alle negativen Gedanken, die auf Sie gerichtet sind, und alle negativen Handlungen, die Sie betreffen, von Ihnen abperlen. Sie sind nun so von Licht erfüllt und so voller Selbstvertrauen, dass Sie von nun an nur noch Licht und schöne Erfahrungen anziehen werden, die Ihrem höchsten Wohl dienen.

~ Schließen Sie die Augen und wenden Sie sich der Sonne zu. Sie wissen, dass Sie nun das machtvolle Licht der Sonne anziehen. Spüren Sie, wie die Sonnenenergie Ihr ganzes Wesen erfüllt. Baden Sie im Licht der Sonne und in ihrer Kraft.

~ Visualisieren Sie, dass Sie mithilfe dieser Macht und dieses Lichts alle Hindernisse und Herausforderungen überwinden können. Stellen Sie sich vor, dass das Licht strahlenförmig von Ihnen ausgeht. Sehen Sie sich als ein Wesen mit großer Macht, als ein Wesen reinen Lichts. Nichts kann Ihnen schaden, niemand kann Sie beherrschen, denn Sie sind unbesiegbar.

~ Genießen Sie ein paar Minuten in der Herrlichkeit dieser Macht und Stärke. Sehen Sie, wie alle Ihre Sorgen durch das Licht, das Sie ausstrahlen, zerstört werden.

~ Kehren Sie nun langsam vom Strand in das Zimmer zurück, in dem Sie sich befinden. Bringen Sie Ihr Licht und Ihre Kraft mit zurück.

Ich empfehle, diese Visualisierungsübung regelmäßig alle paar Tage auszuführen oder immer, wenn Sie deprimiert oder gestresst sind. Wenn Sie sie morgens praktizieren, wird sie Ihnen helfen, tagsüber ruhiger und gelassener zu bleiben, sodass stressvolle Situationen keinen so großen Einfluss auf Sie haben. Machen Sie sie am Abend, wird die Übung Sie beruhigen und den Stress des Tages von Ihnen nehmen. Direkt vor dem Schlafengehen ausgeführt, wird Ihnen die Übung helfen, besser zu schlafen.

Wir haben bisher betrachtet, wie unsere negativen Gedanken und Einstellungen unseren Gesundheitszustand und unser Wohlbefinden beeinflussen und was wir dem an Positivem entgegensetzen können. Im nächsten Kapitel werden wir uns nun anschauen, wie wir durch die Negativität anderer Menschen beeinflusst werden und wie wir uns davor schützen und uns davon befreien können.

3 – Negativität in anderen Menschen

Ob es uns nun gefällt oder nicht: Wir sind von Negativität umgeben. In diesem Kapitel werden wir uns zuerst die Menschen in unserer unmittelbaren Nähe anschauen, also Familienmitglieder, Kollegen und Bekannte, die unsere Energie bewusst oder unbewusst beeinträchtigen. Später werde ich Ihnen einige Tipps geben, wie Sie sich davor schützen und davon befreien können.

Die Auswirkungen von Gruppenenergien

Wenn wir uns nicht gerade für ein Leben als Einsiedler entschieden haben, werden wir täglich in Kontakt mit anderen Menschen kommen und daher von ihren Gedanken und ihrem Verhalten beeinflusst werden. Zuerst werde ich Ihnen etwas darüber erzählen, was ich als »passive Negativität« bezeichne. Diese Form der Negativität wird von den Gedanken, Einstellungen und Verhaltensweisen jener Menschen verursacht, die gar nicht die Absicht haben, uns zu schaden oder uns zu stören, die aber viele Probleme mit sich herumschleppen und dadurch eine Reaktion in unserem Gefühlsleben auslösen, wenn sie mit uns in Kontakt kommen.

Wenn Ihr Energiefeld dem einer anderen Person nahe kommt, nehmen Sie gewisse Energien von ihr auf. Ist sie glücklich und fröhlich, dann hebt das auch Ihre Stimmung, aber wenn sie deprimiert und niedergeschlagen ist, werden Sie durch die Negativität in ihrer Aura beeinflusst werden, da diese auf Ihre eigene Aura übergeht. Je sensibler Sie sind, desto mehr werden Sie von anderen Menschen beeinflusst werden. Sie werden auch beeinträchtigt, wenn Sie sich schwach und verletzlich fühlen. Je stärker Sie sind, desto unwahrscheinlicher ist es, dass Sie sich beeinflussen lassen. Allerdings werden die meisten von uns von der Energie größerer Gruppen mitgenommen.

Schauen wir uns doch einmal an, was passiert, wenn wir irgendwohin reisen. Immer wenn wir unser Heim verlassen und öffentliche Verkehrsmittel – Busse, Züge oder Flugzeuge – benutzen, sind wir von Menschen umgeben, deren Verstand unaufhörlich damit beschäftigt ist, Gedanken, also Energie, zu erzeugen. Das wirkt sich besonders stark auf mich aus, wenn ich mich in einem Flugzeug befinde, da ich dann in einem kleinen Raum über längere Zeit hinweg mit Fremden zusammengepfercht bin.

Ich glaube, dies ist der Grund, warum Reisen so anstrengend ist. Wir wissen ja nicht, wer neben uns im Flugzeug sitzt und welchen Energien wir ausgesetzt sind, während wir uns über das Mittagessen hermachen. Am Ende dieses Kapitels finden Sie mehrere Techniken, mit denen Sie sich gegen diese unbekannten Energien schützen können. Ich rate Ihnen dringend, diese Übungen zu machen, bevor Sie sich das nächste Mal auf Reisen begeben.

Manche von Ihnen werden natürlich sensibler sein als andere. Ich kannte eine Heilerin, die den Schmerz der Menschen in ihrer Umgebung spürte, kaum dass sie sich ihrer neuen Kräfte bewusst geworden war. Das Leben wurde für sie fast unerträglich, bis sie lernte, sich wieder etwas zu verschließen und sich nur dann zu öffnen, wenn dies der Kontakt zu einem Klienten nötig machte. Wie ich bereits erwähnt habe, fühle ich die Gefühle anderer Menschen, was bei der Heilung zu einem wichtigen Pluspunkt geworden ist, in einer Menschenmenge aber ein echtes Problem darstellt. Auch ich habe gelernt, mich energetisch von den Menschen zu trennen, die mich umgeben. Sie können dies ebenfalls lernen, ohne unfreundlich zu wirken, indem Sie einfach einen Freiraum für sich reservieren.

Da Sie vielleicht in oder mit großen Gruppen arbeiten, werden Sie lernen müssen sich zu schützen und eine Art Abwehrschirm um sich herum zu errichten. Sobald Sie sich der Wirkung, die Gruppen auf Sie haben können, erst einmal bewusst sind und sich fest vornehmen, sich nicht in das Drama anderer hineinziehen zu lassen, haben Sie den größten Teil der Arbeit bereits geleistet.

Überprüfen Sie in den nächsten Tagen Ihre Reaktionen. Beobachten Sie, wie Sie sich in Gruppen verhalten. Wie geht es Ihnen, wenn Sie einen Raum voller Menschen betreten? Setzen Sie dann die Schutztechniken am Ende dieses Kapitels ein und überprüfen Sie, ob sich etwas verändert hat. Sie werden vermutlich verblüfft sein, wie viel Sie selbst mit den einfachsten Methoden erreichen können.

Kollektive Gedankenformen

Bisher haben wir uns angesehen, wie wir als Individuen durch unsere Gedanken, Gefühle und Einstellungen Gedankenformen erschaffen. Nun wollen wir betrachten, wie Gruppen auf dieselbe Weise kollektive Gedankenformen hervorbringen. Wenn genug Menschen gleich denken und ständig die gleichen Gedanken haben, vereint sich die Energie ihrer Gedanken zu einer kollektiven Gedankenform.

Die Schwingung der Gruppe fungiert wie ein Magnet und zieht an, was zur Gruppe passt. Die Menge an Energie, die durch die Gedanken entsteht, hat offensichtlich mehr Macht (positiv oder negativ) als die Gedankenform eines einzelnen Menschen.

Religionen und Wunder

Positive Gedankenformen entstehen zum Beispiel unter religiös Gleichgesinnten und spirituell Suchenden. Als sich das Christentum ausbreitete, wuchs auch die Energie Jesu. Es entstand eine kollektive Gedankenform, die durch die Liebe und Hingabe von Tausenden Menschen an ihn erschaffen wurde. Stimmt sich ein Individuum auf diese positive Energie ein, kann es die Liebe Tausender anderer spüren, die gleich denken und fühlen. Die Liebe und die Gebete, die im Verlauf von 2000 Jahren an Jesus gerichtet wurden, sind zu etwas beinahe Spürbarem geworden, zu einer so starken Energie, dass einzelne Menschen augenblicklich davon beeinflusst werden, wenn sie nur daran denken.

Wunder können geschehen, wenn Menschen diese machtvolle positive Energie anziehen – entweder indem sie sich auf eine weithin verehrte spirituelle Leitfigur wie Jesus konzentrieren oder indem sie einen Ort aufsuchen, an dem sich gewaltige positive Gruppenenergien angesammelt haben.

Ein solcher Ort ist Lourdes, der berühmte Wallfahrtsort in Südfrankreich, wo vor etwa 150 Jahren eine junge Frau namens Bernadette Visionen der Jungfrau Maria hatte. Seither sind viele Millionen Menschen dorthin gepilgert, um an der Stätte der Vision zu beten und um vom Wasser der Quelle, die dort entspringt, geheilt zu werden. Mit sich brachten sie ihre Verehrung für Maria und Jesus, und die Energie ihrer Gedanken hat sich derart verstärkt, dass dort ein Ort großer Energie und Macht entstanden ist.

Gruppenenergie von Nationen

Eine weitere kollektive Gedankenform ist die ganzer Nationen. In der Vergangenheit war eine solche Gedankenform stets sehr stark und spezifisch. Ein Beispiel dafür ist Japan, ein Land, das sich absichtlich vom Rest der Welt abschottete und daher nicht allzu stark durch andere Kulturen beeinflusst wurde. Japan war bis zu Beginn des 20. Jahrhunderts weitgehend isoliert und konnte so, unbeeinflusst vom Gedankengut anderer Länder, eine eigene Kultur entwickeln. Als Folge davon ist der japanische Charakter einzigartig und klar definiert, und bestimmte, eindeutig festgelegte Verhaltensweisen ließen sich früher bei fast allen Japanern finden.

Viele dieser Eigenschaften und Sitten sind auch heute noch zu finden. Die Japaner sind sehr höflich und sehr rücksichtsvoll. Noch heute verbeugen sie sich vor jenen, die im Beruf oder aufgrund ihrer gesellschaftlichen Stellung über ihnen stehen. Zudem sind sie extrem ordentlich und ihre Gärten sind stets makellos. Das auffälligste Merkmal ist aber wohl, dass individuelle Gedanken und Gefühle gegenüber den kollektiven Gedanken und Gefühlen zweitrangig sind.

Als ich Japan vor sechs Jahren besuchte, dachte ich, dass die Menschen dort sehr kontrolliert wären. Tatsächlich unterdrücken sie meistens ihre persönlichen Gefühle. Sie arbeiten schwer und sind Perfektionisten. Ihre Züge verkehren außerordentlich pünktlich und sollte ein Zug tatsächlich einmal Verspätung haben, wird sich jeder Zugbegleiter bei jedem Reisenden persönlich entschuldigen. Sie sind auch gegenüber ihren Nachbarn sehr rücksichtsvoll, da sie wissen, dass Rücksichtnahme die Voraussetzung für ein harmonisches Leben in beengten Umständen ist.

In der Vergangenheit hat sich die Unterwürfigkeit unter die Interessen der Gruppe aber auch als aggressiver Nationalismus gezeigt, und wie wir wissen, waren viele Japaner nicht nur bereit, ihr Leben für ihr Land zu opfern, sie betrachteten dies auch noch als große Ehre.

Heute hat sich Japan dank seiner modernen Technologie dem Rest der Welt geöffnet und viele der charakteristischen Eigenschaften und Denkweisen seiner Bürger sind weitgehend verschwunden. Aber auch heute noch werden die einzelnen Japaner stark von der kollektiven Energie des Landes beeinflusst, sodass die kollektiven

Gedankenformen Japans wohl noch eine Zeit lang weiterbestehen werden.

Die Energie kollektiver Gedankenformen kann negative wie positive Auswirkungen auf den Einzelnen haben. Wir wollen uns nun anschauen, wie wir durch solche Energien beeinflusst werden.

Kollektive Trauer

Eine der machtvollsten Ausdrucksformen einer kollektiven Energie erlebte ich 1997 anlässlich des Todes von Prinzessin Diana mit. Ich war erstaunt, wie sehr die ganze britische Nation und viele andere Länder davon beeinflusst waren. Ich wusste, dass Diana eine Ikone war und Jugendlichkeit, Schönheit und einen nachahmenswerten Lebensstil verkörperte, aber ich hatte damals keine besonders starken Gefühle für sie. Obwohl ich sie sympathisch fand, war ich sicher keine glühendere Verehrerin von ihr. Dennoch bewegte und schockierte mich ihr Tod tief, und über mehrere Tage hinweg spürte ich Schmerzen im Herzzentrum, in jenem Energiepunkt in der Mitte der Brust, wo wir die starken Gefühle der Liebe spüren. Ich hatte das Gefühl, als hätte ich jemanden mir sehr Nahestehenden verloren.

Es dauerte eine Zeit, bis ich begriff, dass ich die Gefühle der Nation spürte. So viele Menschen waren tief betroffen und traurig, dass die Energie der Trauer ansteckend geworden war und wie ein großer Fluss von einer Aura zur nächsten schwappte, bis die gesamte Atmosphäre um uns herum von Trauer und Leid erfüllt war. Das ganze Land war vereint im Schmerz, und man konnte viele

Menschen, die normalerweise wohl kaum weinen würden, wenn eine Person des öffentlichen Lebens stirbt, öffentlich weinen sehen. Mir schien es, als ob das Herzzentrum der ganzen Nation verletzt worden wäre und ganz England wie ein einziges Wesen fühlte und trauerte. Ich habe mit anderen darüber gesprochen und auch sie haben mir bestätigt, dass sie von der allgemeinen Trauer angesteckt worden waren.

Kollektive Macht

Wir können durch große Gruppen auch inspiriert und erhoben werden. Falls Sie jemals auf einem Rock- oder Popkonzert waren, werden Sie vermutlich auch dieses erhebende Gefühl verspürt haben, das aufgrund der energetisch aufgeladenen Atmosphäre entsteht. Würden Sie dieselben Musikstücke zu Hause oder in einem leeren Saal hören, wäre die Wirkung nicht annähernd so stark.

Ein ähnlicher Effekt kann in einem Sportstadion gespürt werden, wenn Tausende Anhänger ihre Mannschaft oder einen einzelnen Sportler anfeuern. Es geschieht nur zu häufig, dass uns die Atmosphäre regelrecht mitreißt. Unsere Begeisterung verschmilzt mit der Begeisterung der anderen Fans in einem Ausmaß, dass die Atmosphäre fast greifbar wird und elektrisierend wirkt.

Denken Sie einmal über Folgendes nach: Die von einer Gruppe erzeugte Energie ist größer als die Summe der Energie, die von den einzelnen Mitgliedern der Gruppe erzeugt wird. Die Energie vervielfacht sich, wenn sie gemeinsam erzeugt wird, und die Schwingung steigt an, wenn immer mehr Energie hinzugefügt wird. Es gibt dafür sogar eine mathematische Formel, aber wie Sie ja bereits wissen, sind Formeln nicht gerade meine Stärke. Doch sie besagt Folgendes: Wenn zehn Menschen das Gleiche denken, potenziert sich die Energie ihrer Gedanken, und so entsteht eine Menge an Energie, die 100 Mal so groß ist, als wenn 100 Personen individuell den gleichen Gedanken hätten. Dieses erstaunliche Phänomen ist am stärksten, wenn sich die Menschen am selben Ort versammeln. Vielleicht liegt das ja daran, dass sie sich dann alle gleichzeitig konzentrieren und in Harmonie miteinander befinden.

Hearts und Hands, meine Heilorganisation, arbeitet auf ihren Friedensfestivals mit diesem Prinzip der kollektiven Heilenergie. Auf diesen Treffen, die überall auf der Welt veranstaltet werden, sollen so viele Menschen wie möglich zusammengebracht werden. Auf diese Weise können wir eine starke positive Gedankenenergie erzeugen, die wir aussenden, um der Menschheit und dem Planeten Heilung zu bringen.

Sollte eines dieser Festivals in Ihrer Nähe stattfinden, kommen Sie bitte, da jeder Einzelne dazu beiträgt, die Gruppenschwingung zu erhöhen – und zwar nicht nur die Energie der Anwesenden, sondern der ganzen Welt. Jemand sagte mir einmal, wenn wir 144 000 Menschen zusammenbringen würden, könnten wir die Energie des gesamten Planeten Erde und aller seiner Bewohner verändern. Mir gefällt der Gedanke und darauf arbeite ich hin: so viele von uns an einem Ort zu versammeln, dass wir die Schwingung der Erde tatsächlich verändern können. Mit dieser höheren Schwingung stellen sich nämlich auch Gefühle der Liebe ein, und ich habe keinen Zweifel, dass uns diese Liebe auch Frieden bringen wird.

Gruppendominanz

Wenn sich Menschen versammeln, vereinen sich ihre Energien und erschaffen eine neue Lebensform. Die amerikanischen Ureinwohner wussten das, sie nannten diese Lebensform *Manitu*. Wenn eine Gruppe ein eigenes Bewusstsein und einen eigenen Willen hat, besteht immer die Gefahr, dass wir zumindest einen Teil unserer individuellen Macht und unseres eigenen Willens verlieren, wenn wir an diesem neuen Bewusstsein teilhaben. Ich habe schon oft beobachtet, wie sich ein Mensch verändert, wenn er Teil einer Gruppe wird. Zum einen ist er viel leichter zu kontrollieren, sobald er sich auf das neue Gruppenbewusstsein eingestimmt hat, weil sein eigener Wille dadurch geschwächt wird. Er kann durch charismatische Führer viel leichter manipuliert werden und sie können ihm ihren Willen leichter aufzwingen.

Manchmal kann Gruppenenergie durchaus etwas Positives sein, wenn wir zum Beispiel an die Freude denken, die wir auf einem Konzert verspüren oder wenn wir eine inspirierende Rede hören. Ich erinnere mich, dass ich vor lauter Mitgefühl und Liebe geweint habe, als Bob Geldof, der in den 1980er-Jahren die *Live-Aid*-Konzerte organisierte, über das Leiden der Menschen in Äthiopien sprach. Ich war zu Hause und sah mir das Konzert im

Fernsehen an und kann mir nur vorstellen, um wie viel bewegender es gewesen sein muss, live dabei zu sein. Im Zweiten Weltkrieg mobilisierte Winston Churchill die gesamte englische Nation mit seinen Reden und inspirierte die Menschen, ein Ausmaß an Mut, Kraft und Hingabe aufzubringen, zu dem sie allein niemals fähig gewesen wären.

Aber wenn wir unsere Macht an eine Gruppe abgeben, kann das auch sehr negative oder sogar katastrophale Auswirkungen haben. Ein gutes Beispiel dafür ist das, was im Krieg geschieht, wenn Männer ihr normales Leben hinter sich lassen und Soldaten werden. Man kann dieses Phänomen auch in den Massenselbstmorden religiöser Sekten der letzten Jahre sehen, bei denen die Mitglieder vollständig von einer starken Führerpersönlichkeit dominiert wurden. Solche Persönlichkeiten benutzen ihr großes Charisma, um ihre beeinflussbaren Anhänger dazu zu bringen, Handlungen zu begehen, an die sie von selbst nicht einmal denken würden und die ihrem Wohlbefinden extrem abträglich sind.

Wir sollten immer darauf achten, in einer Gruppe an unseren eigenen Werten festzuhalten – ganz gleich wie hehr ihre Ziele auch sein mögen oder wie klein sie auch sein mag. Bewahren Sie sich Ihre Überzeugungen und lassen Sie sich nicht von den Emotionen einer Gruppe mitreißen. Hitler hätte weit weniger Einfluss auf die Deutschen haben können, wenn diese an ihren Werten und Moralvorstellungen festgehalten und sich ihm nicht so bedingungslos unterworfen hätten.

Gruppenterror

Die furchtbaren Taten, die von Mobs wütender Menschen begangen wurden, haben in der Geschichte der Menschheit tiefe Narben hinterlassen. Kürzlich sah ich im Fernsehen, wie eine Glaubensgemeinschaft in Indonesien von der schreienden Menge ihrer Nachbarn überfallen wurde, die ihre Häuser plünderten. Diese Menschen hatten jahrelang Seite an Seite als Freunde gelebt und einander in schwierigen Zeiten beigestanden. Es war schrecklich, mit ansehen zu müssen, wie sich ein Teil von ihnen in einen blutdürstigen Mob verwandelte. Was sie wohl gefühlt haben, als der Frieden wiederhergestellt worden war? Mit welcher Schuld sie wohl den Rest ihres Lebens verbringen werden?

Wir alle haben die Auswirkungen von Tumulten und Unruhen gesehen – entweder im Fernsehen oder als Augenzeugen. Mir wird jedes Mal übel, wenn ich sehe, wie Menschen vollkommen außer Kontrolle geraten. Nicht weil sie der Kontrolle der Behörden entgleiten, sondern weil sie sich selbst nicht mehr unter Kontrolle haben. Viele der schlimmsten Gräueltaten und furchtbarsten Massaker wurden von Mobs begangen, die durch die Manipulationen ihrer Führer zu Gewalt und Aufruhr angestachelt wurden.

Fanatismus entsteht, wenn Individuen eine negative kollektive Gedankenform erschaffen. Diese wird zu einer Gruppenideologie und zu einem Glaubenssystem, in dem der Fokus auf ein bestimmtes Ideal oder Ziel – die ursprünglich durchaus positiv gewesen sein mögen – so absolut wird, dass jede Perspektive verloren geht und jede Toleranz und jedes Mitgefühl für diejenigen, die dieses Ziel oder Ideal nicht teilen, auf der Strecke bleiben.

Die furchtbaren Ereignisse vom 11. September 2001 und das Leid, das dadurch verursacht wurde, waren die direkte Konsequenz des Fanatismus einzelner Individuen. Wir alle haben die Auswirkungen eines fanatischen Gruppenbewusstseins miterleben müssen. Wir haben gesehen, was geschehen kann, wenn die gesunden Werte Einzelner zugunsten fanatischer Ideen ausgelöscht werden.

Wie man sich gegen negative Gruppenenergie wehrt

Was können wir tun? Die meisten Gräueltaten werden irgendwo in weit entfernten Ländern begangen, und wir sehen sie nur im Fernsehen. Sie geschehen nicht bei uns, nicht bei unseren Freunden, nicht in unseren Familien. Aber stimmt das wirklich? Sie werden vielleicht überrascht sein, aber Gruppenzwang gibt es auch bei uns. Und Sie können etwas dagegen tun und etwas bewirken.

Am wichtigsten ist wohl, dass Sie sich nicht den Wünschen und Ansichten anderer unterordnen. Am Arbeitsplatz gibt es immer Menschen, die ihre Meinung lautstark vertreten und wollen, dass andere ihren Ansichten zustimmen. Sie üben subtilen Druck aus, damit wir bei einer Diskussion ihre Meinung übernehmen oder gegen andere Stellung beziehen, obwohl wir es eigentlich besser wissen. Klatsch und Cliquenbildung am Arbeitsplatz besitzen das Potenzial, Negativität zu verbreiten.

Haben Sie schon einmal den Mund gehalten, wenn in der Gruppe über jemanden gelästert wurde, statt aufzustehen und sich dagegen auszusprechen? Haben Sie sich schon einmal an Klatsch und Tratsch beteiligt und etwas Schlechtes über jemanden gesagt, den Sie eigentlich mögen? Haben Sie sich schon einmal am Mobbing beteiligt? Haben Sie schon einmal schlecht über jemanden gedacht, nur weil Sie Gerüchte über ihn gehört hatten? Haben Sie schon einmal zugelassen, dass jemand anderes ungerechtfertigt beschuldigt wird, nur weil Sie von Ihren Freunden dazu ermutigt wurden? Wir alle haben uns schon dem Gruppendruck gebeugt. Denken Sie jetzt einmal daran, welcher Schaden dadurch entstehen kann und wie schuldig Sie sich hinterher gefühlt haben.

Was im Kleinen am Arbeitsplatz geschieht, spiegelt wider, was im Großen in der Welt geschieht. Wenn Sie ab jetzt Ihre eigenen Wertvorstellungen etablieren und daran festhalten, werden Sie nicht nur auf die Menschen in Ihrer Umgebung Einfluss nehmen können, sondern auch auf die gesamte Menschheit. Der »Welleneffekt« breitet sich nämlich weiter aus, als Sie es sich vielleicht vorstellen können. Denken Sie daran, dass die Energie Ihrer Gedanken ein ständig fließender Strom ist, der Auswirkungen auf alle hat, die mit ihm in Kontakt kommen. Da Sie diese Energieströme durch alles erzeugen, was Sie tun und sagen, erschaffen Sie einen starken positiven Energiestrom zum Wohle der ganzen Menschheit – und zu Ihrem eigenen –, wenn Sie Ihren Standpunkt vertreten und für die eintreten, die angegriffen werden.

Individuelle Energien

Nun wollen wir uns anschauen, welchen Einfluss unterschiedliche Individuen auf unsere Energie haben können. Wir werden uns die Negativität ansehen, die von Familienmitgliedern, Freunden und Bekannten erzeugt wird, und untersuchen, wie wir auf ihr Verhalten und ihre Ansichten reagieren.

Familie

Zuerst wollen wir die Form von Energie betrachten, der Sie bei sich zu Hause begegnen. Wenn Sie Ihr Leben mit einem Menschen teilen, der andere Ansichten vertritt als Sie, werden Sie davon beeinflusst werden. Ist er negativ eingestellt und niedergeschlagen, so werden auch Sie deprimiert werden, keine Energie haben oder wütend werden. Ist er hingegen positiv eingestellt und fröhlich, wird das mit Sicherheit auch Ihre Stimmung heben.

Lassen Sie uns nun die positiven Aspekte anschauen, die sichtbar werden, wenn Sie Ihr Leben mit jemandem teilen, der umgänglich und positiv eingestellt ist. Um zu verdeutlichen, welche Auswirkungen unsere Familie auf uns haben kann, werde ich Ihnen von meiner eigenen Familie berichten.

Als Erstes denke ich dabei an meine Stieftochter. Sie ist eine fröhliche junge Frau mit einem sonnigen Gemüt, und sie übt einen sehr starken positiven Einfluss auf uns aus, wenn sie uns besucht oder anruft. Es ist einfach eine Freude, wenn sie da ist. Wir stimmen nicht immer mit allem überein, was sie sagt, aber darum geht es nicht, denn es sind ihre grundlegende Lebenseinstellung und ihre positive Ausstrahlung, die sich auf uns auswirken. Manchmal ist sie, wie jeder von uns, niedergeschlagen, aber diese Phasen dauern nie lange. Ihre optimistische Grundeinstellung ist wunderbar erfrischend. Sie weiß, was sie will, und da sie immer zum Punkt kommt, raubt sie uns auch keine Energie. Vor allem weiß sie ganz genau, was ihr guttut und was nicht.

Meine Mutter hat ebenfalls eine äußerst positive Wirkung auf mich. Sie hat einen entschlossenen, starken Charakter und ist sehr, sehr liebevoll. Sie vertritt ihren Standpunkt und weiß genau, was sie will. Das machte meine Kindheit ziemlich einfach. Wenn sie Regeln aufgestellt hatte, blieb sie auch dabei, was für ein Kind sehr vorteilhaft ist, weil klare Grenzen wichtig sind. Sie hat mir gegenüber eine wunderbare Einstellung, sie hat mir erlaubt, ich selbst zu sein und meine eigenen Entscheidungen zu fällen. Auch hat sie mir nie ihre Ansichten aufgezwängt. Sie hat mich bedingungslos geliebt und dafür nie eine Gegenleistung von mir erwartet.

Das bedeutet natürlich, dass ich mich frei fühle, ihr alles zu geben, ohne Angst haben zu müssen, vereinnahmt zu werden. Viele Mütter glauben, dass Lieben gleichbedeutend mit Erdrücken ist. Aber das größte Geschenk, das wir unseren Kindern geben können, besteht darin, sie ihren eigenen Weg finden zu lassen, sie dabei anzuleiten und zu lieben, aber niemals zu dominieren. Auf diese Weise hat meine Mutter mich stark gemacht und es mir ermöglicht, meinen Weg zu finden.

Mein Mann hat ebenfalls einen starken Charakter. Er ist in seinem Beruf erfolgreich und strahlt Selbstvertrauen aus. Er ist mir gegenüber sehr liebevoll. Aufgrund unserer unterschiedlichen beruflichen Tätigkeiten sind wir häufig getrennt. Auch er erdrückt mich nicht oder versucht mich zu dominieren, stattdessen unterstützt er mich, wo er kann. Er ist geerdet und ausgeglichen und braucht meine Anerkennung nicht, um sich wohlzufühlen. Durch seine Stärke, seine Toleranz und seine lässige Einstellung dem Leben gegenüber fühle ich mich sicher, beschützt und in keiner Weise bedroht. Das erlaubt es mir, zu wachsen und ich selbst zu sein. Wie Sie sehen, bin ich mit den Menschen, die mir am nächsten sind, außerordentlich gesegnet. Zudem habe ich noch weitere Familienmitglieder und Freunde, die gleichermaßen stark und positiv eingestellt sind. Aber nicht alle von uns sind von derartig erhebenden Energien umgeben.

Die folgende Übung soll Ihnen helfen zu verstehen, warum Sie an manchen Tagen optimistisch und voller Energie sind und an anderen erschöpft. Denn sehr häufig reagieren Sie einfach auf die Menschen in Ihrer Nähe. Wenn Sie herausfinden, was Sie unterstützt und was Ihnen Energie entzieht, werden Sie in die Lage versetzt, sich vor negativen Erfahrungen zu schützen, negative Energien zu neutralisieren und positive zu erkennen und zu maximieren.

Übung: Machen Sie den Energietest

~ Schreiben Sie die Namen all jener Menschen auf, mit denen Sie einen Großteil Ihrer Zeit verbringen (Familienangehörige, Freunde und Arbeitskollegen). Schreiben Sie auch die Namen derjenigen auf, die Sie darüber hinaus auf irgendeine Weise beeinflussen.

~ Schreiben Sie die Hauptmerkmale jeder Person auf.

~ Schreiben Sie auf, welche Wirkung jede dieser Personen auf Sie hat – sowohl negativ als auch positiv. Welche emotionale Reaktion lösen sie in Ihnen aus? Welche Charaktereigenschaften bringen sie in Ihnen zum Vorschein? Verhalten Sie sich in der Gesellschaft unterschiedlicher Menschen auf unterschiedliche Weise? Irritieren bestimmte Menschen Sie? Sind Sie auf bestimmte Menschen wütend?

Sobald Sie die guten Aspekte Ihrer Familienangehörigen, Freunde und Arbeitskollegen identifiziert haben, sollten Sie mit ihnen darüber reden. Es ist erstaunlich, wie sehr Menschen aufblühen, wenn man sie ehrlich lobt. Sobald Sie ihre guten Seiten einmal anerkannt haben, werden Sie feststellen, dass sich diese noch verstärken. Die meisten Menschen möchten gefallen und sie möchten mit Sicherheit gemocht werden. Wenn Sie sie ermutigen, werden sie ihr Bestes geben.

Der Umgang mit schwierigen Charaktereigenschaften

Ich werde nun über einige der Merkmale, Einstellungen und Verhaltensweisen schreiben, die Sie zu den Menschen, die Sie kennen, notiert haben. Ich werde positive wie negative Auswirkungen beschreiben und erklären, welche Reaktionen sie bei Ihnen auslösen können. Denken Sie daran, dass viele dieser Merkmale zusammenhängen, so kann zum Beispiel Sturheit ein Ausdruck von Egoismus oder versteckter Angst sein.

Sobald Sie einmal wissen, womit Sie es zu tun haben, können Sie Wege finden, damit besser umzugehen. Indem Sie bestimmte Menschen anders behandeln, können Sie deren negative Wirkung auf Sie beschränken. Möglicherweise ändern sie sogar ihr Verhalten und behandeln auch Sie anders. Versuchen Sie, Mitgefühl zu zeigen und die Dinge aus der Sicht des anderen zu sehen. Das allein kann manchmal schon unsere negative Reaktion abschwächen. Sehen Sie immer das Beste in jedem Menschen. Wenn Sie das Beste sehen, wird das Beste an die Oberfläche kommen.

Wut

Wenn jemand wütend auf sich selbst ist, lässt er das in der Regel an den Menschen in seiner Nähe aus. Das heißt, er wird aggressiv und schwierig sein. Jugendliche sind oft sehr zornig, weil sie ihren Platz in der Welt suchen und dies verständlicherweise sehr schwer und verwirrend finden. Sie müssen viel verarbeiten, werden häufig stark von Gleichaltrigen beeinflusst und stehen unter einem enormen Gruppendruck, wodurch sie fast zwangsläufig in Konflikt mit Eltern und Autoritäten geraten.

Ein wütender Mensch ist häufig vom Leben überfordert und hat das Gefühl, nicht damit fertigzuwerden. Das frustriert ihn, was dazu führt, dass er sich als Versager fühlt und wütend auf sich selbst ist. Wut kann auch eine Reaktion auf eine ungerechte Behandlung oder

Missbrauch in der Kindheit sein. Tiefsitzender innerer Zorn unterscheidet sich von dem spontanen Wutausbruch, den wir alle einmal erleben, wenn etwas nicht so läuft, wie wir es uns vorgestellt haben. Ich spreche hier von der brodelnden Wut, die ohne ersichtlichen Grund plötzlich ausbricht. Männer, die ihre Frauen misshandeln, sind normalerweise sehr zornig und befinden sich ständig in einem Zustand inneren Aufruhrs. Es braucht nur einen kleinen Funken, um sie zum Explodieren zu bringen. Hinter der Wut verbirgt sich aber meistens eine tiefe innere Verletzung.

Negative Reaktion

Auch Sie werden wütend. Sie fangen an, ebenfalls aggressiv zu reagieren und Ihr Gegenüber zu misshandeln. Schimpfworte sind ein Austausch von Energie. Wenn jemand Sie auf diese Weise angreift, raubt er Ihnen eigentlich Ihre Energie. Wenn Sie zurückschlagen, stehlen Sie ihm seine. Dieses »Wie du mir, so ich dir« geht weiter, bis einer von beiden endlich nachgibt. Ein solcher Austausch ist für beide Beteiligte und auch für etwaige Zeugen sehr schmerzhaft, vor allem für Kinder, für die die Eltern die primären Rollenvorbilder ihres zukünftigen Lebens sind.

Positive Reaktion

Halten Sie die andere Wange hin. Erkennen Sie die Verletztheit der anderen Person und empfinden Sie Mitgefühl mit ihr. Sagen Sie den Jugendlichen, dass sie ihre eigenen Werte und Standards finden müssen, und weisen Sie auf die Gefahren des Gruppendrucks hin. Behandeln Sie sie wie Individuen, die etwas Wichtiges zu sagen haben, und hören Sie ihnen zu, auch wenn Sie nicht mit ihnen übereinstimmen.

Bei wütenden Kindern sollten Sie überprüfen, ob sie nicht Lebensmittel essen, auf die sie allergisch reagieren. So können zum Beispiel Produkte, die künstliche Farbstoffe und Konservierungsmittel enthalten, bei Kindern zu Hyperaktivität und Verhaltensstörungen führen.

Wenn Sie Ihr Leben mit einem zornigen Erwachsenen teilen, seien Sie so tolerant wie möglich. Achten Sie auf Ihre Reaktionen. Ohne es zu wissen, können Sie die Ursache der Wut des anderen sein. Wenn Sie ihn verdammen, bringen Sie ihn nur noch mehr gegen sich auf und machen die Situation noch schlimmer. Versuchen Sie, Ihre Einstellung gegenüber diesem Menschen und seinem Verhalten zu ändern. Manchmal reicht das schon aus, damit er sich ändert. Wenn aber seine Wut Ihr eigenes Leben zu sehr beeinträchtigt oder gar gefährdet, dann müssen Sie etwas tun und die Situation beenden.

Es ist praktisch unmöglich, einen anderen Menschen zu ändern. Ein Erwachsener wird sich nur dann ändern, wenn er die Verantwortung für sein Leben übernimmt und sich ändern will. Sich selbst können Sie ändern und sich überlegen, wie viel Sie ertragen können.

Wenn Ihnen ein Thema besonders am Herzen liegt, sagen Sie Ihre Meinung, aber tun Sie es ruhig und gelassen und ohne wütend zu werden. Wenn Sie etwas so sehr aufwühlt, dass Sie nicht in Ruhe darüber sprechen können, warten Sie, bis Sie sich etwas beruhigt haben, und sagen Sie dann, was Sie zu sagen haben. Sollten Sie von jemandem drangsaliert oder dominiert werden, denken

Sie erst einmal in Ruhe über Ihre Situation nach. Vertreten Sie Ihre Interessen dann ganz ruhig. Ihre Argumente und Ihr Standpunkt werden dann nämlich weitaus überzeugender sein, als wenn Sie herumschreien und Ihre Gefühle unkontrolliert herauslassen.

Starrsinn

Menschen, die sehr stur sind, geben nur selten zu, dass sie im Unrecht sind. Sie haben Angst davor zu sagen: »Ich habe meine Meinung geändert«, und von dem einmal Gesagten abzurücken, weil sie fürchten, dass man sie nicht mehr ernst nehmen wird oder weniger von ihnen hält, nur weil sie nachgegeben haben. Sie möchten ihr Gesicht nicht verlieren. Dieser Starrsinn kann möglicherweise ein mangelndes Selbstwertgefühl verbergen, denn wenn wir unserer selbst und unseres Wertes sicher sind, dann sollten wir kein Problem damit haben zu sagen: »Ich habe mich geirrt.«

Negative Reaktion
Sie verbringen zu viel Zeit damit, den anderen ändern zu wollen. Schließlich sind Sie völlig mit den Nerven fertig und werden wütend auf ihn. Je mehr Sie versuchen, ihn zu etwas zu zwingen, desto halsstarriger wird er an seinen Positionen festhalten.

Positive Reaktion
Mein Hund Prince war oft ausgesprochen stur. Wenn ich versuchte, ihn irgendwo hinzubringen, wo er nicht hinwollte, erwies er sich als ebenso störrisch wie ein Maul-

esel. Es gelang mir nur, ihn zum Aufstehen zu bewegen, indem ich ihn sanft ermunterte, sodass er sich sicher fühlte. Sobald er nicht mehr das Gefühl einer Bedrohung hatte, bewegte er sich. Menschen sind genauso. Sie haben häufig Angst vor Veränderungen und bewegen sich lieber nicht vom Fleck, als mit etwas Unbekanntem konfrontiert zu werden.

Manche Menschen sind so stolz, dass sie ständig Angst haben, ihr Gesicht zu verlieren. Weil sie nicht als schwach gelten wollen, halten sie lieber an ihren Ansichten fest, auch wenn man ihnen eine bessere Alternative aufgezeigt hat. Manchmal ist es besser, so jemandem das Gefühl zu geben, gewonnen zu haben, und ihn dann später sanft davon zu überzeugen, einen anderen Weg einzuschlagen.

Der richtige Zeitpunkt ist im Umgang mit Menschen, die sehr stur sind oder felsenfeste Überzeugungen haben, ebenfalls sehr wichtig. Wenn man sie erwischt, wenn sie gerade gute Laune haben, und sie sanft in die richtige Richtung drängt, denken sie, dass es eigentlich ihre eigene Idee war, etwas Neues auszuprobieren. Das ist zwar etwas manipulativ, aber nicht wirklich verwerflich und zudem durch das Ergebnis gerechtfertigt. Schließlich möchten Sie der Person helfen, sich neuen Möglichkeiten zu öffnen.

Übersensibilität

Es ist gut, Gefühle zu zeigen, aber wenn jemand bei jeder Gelegenheit in Tränen ausbricht oder von einem emotionalen Extrem ins andere wechselt, ist es ziemlich schwierig, damit umzugehen. Viele Männer finden es schwierig, im Berufsleben mit Gefühlen fertigzuwerden. Eine emotionale Frau macht den meisten Männern Angst. Natürlich besitzen Frauen nicht das Monopol auf emotional geprägtes Verhalten. Manche Menschen sind aufgrund eines hormonellen Ungleichgewichts sehr emotional oder weil sie Probleme haben. So oder so ist es sehr schwierig für sie, damit klarzukommen.

Negative Reaktion

Sagen Sie der anderen Person nicht, sie solle sich zusammenreißen und aufhören zu weinen. Wenn sie wirklich traurig ist, wird das die Sache nur noch verschlimmern. Jedes Zeichen von Wut oder Frustration wird die Situation ebenfalls schlimmer machen.

Wenn Sie mit einem emotionalen Menschen arbeiten, rate ich Ihnen, sich nicht auf private Angelegenheiten einzulassen. Menschen, die sehr emotional und tendenziell überfordert sind, suchen häufig nach einer starken Schulter, an die sie sich anlehnen können. Wenn Sie einem solchen Menschen zu nahe kommen, können Sie für ihn zu einer Krücke werden, auf die er sich verlassen wird. Das wird ihn aber letztlich noch schwächer machen und auch Ihnen Energie rauben.

Glauben Sie bloß nicht, sie wüssten den Grund für die Emotionen des anderen. Gefühlsausbrüche können durch kleinste Vorfälle ausgelöst werden und einfach wie eine Überempfindlichkeit aussehen, dabei kann sich darunter ein ernsthaftes Problem verbergen. Sie sollten den anderen weder ignorieren noch seinen Zustand einfach abtun, ohne die Hintergründe zu kennen.

Positive Reaktion

Zeigen Sie die ersten Male Verständnis, leihen Sie der anderen Person Ihr Ohr und halten Sie Taschentücher bereit. Stellen Sie nicht zu viele Fragen. Aber wenn der Gefühlsausbruch häufiger vorkommt, schlagen Sie vor, der andere möge doch einen guten Therapeuten aufsuchen. Wenn die Person mit Ihnen arbeitet, bemühen Sie sich herauszufinden, ob die Situation bei der Arbeit für die Ausbrüche verantwortlich ist. Vielleicht ist der Job zu anstrengend oder führt zu Konflikten zu Hause. Zeigen Sie immer Mitgefühl und Verständnis. Weisen Sie auch auf Bachblüten (siehe Kapitel 2) hin und halten Sie am besten ein Fläschchen Notfalltropfen bereit, da diese besonders gut geeignet sind, die Gefühle nach einem Schock wieder zu beruhigen.

Selbstmitleid

Dies ist die anstrengendste Charaktereigenschaft überhaupt. Menschen, die sich selbst leidtun, sind Energieräuber. Sie reden stundenlang über ihre Probleme und lassen Sie dann völlig erschöpft zurück. Natürlich haben wir alle einmal einen Anfall von Selbstmitleid, aber hier rede ich von Menschen, die ständig auf der Suche nach jemandem sind, der sich ihre traurige Geschichte anhört. So können Sie solche Menschen identifizieren:

- Sie erzählen immer wieder dieselben Geschichten, selbst wenn Sie aufmerksam zugehört und Ihr Mitgefühl bekundet haben.
- Sie befolgen nur selten irgendeinen Ihrer Ratschläge.

- Sie erzählen jedem, der bereit ist zuzuhören, dieselbe Geschichte.
- Sie halten sich für Opfer der Umstände und zeigen keine Bereitschaft, Verantwortung für ihr Leben zu übernehmen.

Negative Reaktion

Mitleid scheint eine gute Reaktion zu sein, aber unglücklicherweise ist es nicht sehr hilfreich, da es nur die Unfähigkeit des anderen unterstützt, selbst die Verantwortung für das eigene Leben zu übernehmen. Einen solchen Menschen in Ihr Leben und Ihre Familie zu integrieren, scheint ebenfalls sehr positiv zu sein, hat aber die gegenteilige Wirkung, da die Abhängigkeit nur noch mehr bestätigt wird und nun nicht nur Sie Ihrer Energie beraubt werden, sondern auch noch Ihre ganze Familie.

Positive Reaktion

Hüllen Sie sich in Ihr Ei (siehe dazu die Übung am Ende dieses Kapitels) und schützen Sie sich vor dem Energieverlust. Verhalten Sie sich gegenüber der betreffenden Person bestimmt, aber bleiben Sie dabei freundlich. Kaufen Sie ihr ein Selbsthilfebuch und empfehlen Sie ihr eine Methode, wie sie sich selbst heilen kann. Raten Sie ihr auch, professionelle Hilfe in Anspruch zu nehmen.

Schmollen

Menschen, die ewig schmollen, weil sie beleidigt sind, gehören ebenfalls zu den Energieräubern. Normalerweise wollen sie durch ihr Schmollen Aufmerksamkeit er-

langen und sind deshalb sehr manipulativ. Dennoch sollten Sie sorgfältig darauf achten, ob jemand, der schmollt,
nicht möglicherweise doch ungerecht behandelt wurde.
Gehört die betreffende Person zu einer Familie, in der sie
verbal oder physisch missbraucht wird, zieht sie sich
vielleicht einfach häufig zurück und gilt dann als un-
gesellig. Das ist kein Schmollen, sondern ein psycholo-
gischer Selbstschutzmechanismus, bei dem aus Angst
vor neuen Verletzungen Gefühle ausgeschaltet werden.

Schmollen bedeutet, dass ein Mensch, der nicht bekommt, was er will, anderen durch sein Verhalten deutlich zeigt, dass er beleidigt ist. Wer schmollt, braucht
dafür Publikum. Schmollen ist ein Zeichen von Lau-
nenhaftigkeit und wird von egozentrischen Menschen
gebraucht, die sich keine Gedanken darüber machen,
wie sich ihr Verhalten auf andere Leute auswirkt. Wir
sehen es häufiger in der häuslichen Umgebung als am
Arbeitsplatz.

Negative Reaktion
Sie vergelten Gleiches mit Gleichem, schlagen Türen zu
und fangen selbst an zu schmollen. Das wird Sie aber nur
erschöpfen, und nach meiner Erfahrung wird es zu einem Krieg der Stille führen, bei dem es letztlich darum
geht, wer es am längsten aushalten kann, nichts zu sagen
und in seiner Schmollecke zu hocken.

Positive Reaktion
Sobald Sie sich davon überzeugt haben, dass kein echtes
Problem vorliegt, ignorieren Sie die Vorstellung einfach.
Hüllen Sie sich in Ihr Ei (siehe Seite 151, Kap. 3). Je weni-

ger Aufmerksamkeit der Schmollende bekommt, desto weniger lang wird er sein Spiel durchhalten.

Geltungssucht

Der Begriff beschreibt das Verhalten eines Menschen, der möchte, dass sich alles nur um ihn dreht, und der glaubt, dass nur er wichtig ist. Dies sollte aber nicht mit einem Menschen verwechselt werden, der sich selbst kennt und sich akzeptiert, wie er ist, in seinen guten wie in seinen weniger netten Zügen. Geltungssüchtige langweilen andere Menschen mit ihrer Selbstüberschätzung, sodass sie oft als Snobs gelten. Sie sind selbstsüchtig und denken nur an sich. Sie interessieren sich nicht für die Gefühle anderer, es geht ihnen nur um ihren eigenen Vorteil. Sie müssen jede Diskussion zu ihren Gunsten entscheiden und bei allen Entscheidungen das letzte und entscheidende Wort haben. Sie wissen sofort, wenn Sie einem geltungssüchtigen Menschen begegnen, denn Sie werden schon bald das Gefühl haben, von einer Dampfwalze überrollt worden zu sein.

Tatsächlich bin ich in meinem Leben nur sehr wenigen Menschen begegnet, die ausgesprochen geltungssüchtig waren. Die meisten Menschen, die ich kenne, haben Probleme mit ihrem Selbstwertgefühl; mangelnder Selbstrespekt und fehlendes Selbstvertrauen überwiegen die Geltungssucht. Ich glaube, das heutige Schul- und Gesellschaftssystem erlauben es nicht, dass jemand sein Ego zu sehr aufbläht und sich selbst überschätzt. Der Gruppendruck Gleichaltriger sorgt meistens zudem dafür, dass jedes elitäre Verhalten ziemlich schnell abgebaut wird. Wir werden nicht gerade dazu ermutigt, andere herumzukommandieren und in Eigenlob zu schwelgen. Einige aber schaffen es dennoch.

Negative Reaktion
Sie diskutieren mit solchen Menschen. Das führt aber nur zu Bitterkeit und einer noch schlechteren Atmosphäre. Jemand, der unter Geltungssucht leidet, wird niemals zugeben, dass er im Unrecht ist. Daher ist jede Diskussion reine Zeitverschwendung.

Positive Reaktion
Zeigen Sie Geltungssüchtigen bei jeder Gelegenheit, wie sie sich verhalten. Ich persönlich gehe ihnen aus dem Weg.

Mangelndes Selbstwertgefühl
Menschen mit mangelndem Selbstwertgefühl oder fehlendem Selbstrespekt können anderen viel Energie rauben. Wenn sie fast kein Selbstvertrauen haben, suchen sie ständig nach Bestätigung von anderen, wobei sie sich häufig auch noch in Selbstmitleid ergehen. Die fehlende Liebe zu sich selbst führt häufig zu weiteren Schwierigkeiten. So haben sie oft Probleme damit, Entscheidungen zu treffen, oder sie entwickeln Essstörungen und andere Krankheiten, verlassen sich blind auf die Menschen in ihrer Nähe, erwarten von ihnen moralische und emotionale Unterstützung, können sich nur schwer sozial integrieren und halten sich von allen Gruppenaktivitäten fern. In ihrem Eifer, die Anerkennung anderer zu erlan-

gen, treiben sie sich unbarmherzig an und versuchen, ein unmögliches Maß an Perfektion zu erreichen. All diese Verhaltensmuster sind sehr anstrengend für die Menschen in ihrer Nähe, gleich ob es sich um Familienangehörige oder Arbeitskollegen handelt.

Negative Reaktion
Wenn Sie versuchen, solchen Menschen Entscheidungen abzunehmen, oder zulassen, dass sie von Ihnen abhängig werden, führt das dazu, dass sie noch schwächer und machtloser werden, wodurch ihr Selbstvertrauen noch weiter geschwächt wird. Versuchen Sie vor allem nicht, sich über sie lustig zu machen oder sie herabzusetzen.

Positive Reaktion
Suchen Sie nach Möglichkeiten, wie Sie ihnen helfen können, unabhängig und selbstbewusst zu handeln. Ermutigen Sie jede Form von Kreativität, da Erfolg in jeder Form ihr Selbstwertgefühl stärkt und ihr Selbstvertrauen fördert. Begegnen Sie ihnen mit Respekt und voller Achtung. Ermutigen Sie sie dazu, selbst Verantwortung zu übernehmen. Sagen Sie ihnen, dass sie wichtig sind und dass sie einzigartige Fähigkeiten besitzen.

Ängstlichkeit

Furcht ist ein sehr negatives Gefühl. Sie erzeugt neben Hass das gewaltigste Maß an Negativität. Es ist sehr schwer, mit einer ängstlichen, furchtsamen Person zu leben oder zu arbeiten, weil sie sich nicht weiterentwickeln will und uns dadurch unserer Energie beraubt. Ihr Leben wird durch die Ängste häufig extrem eingeschränkt. Zusätzlich leiden ängstliche Menschen noch unter einem geringen Selbstwertgefühl, sodass sie Panikattacken, Paranoia oder andere ernste psychologische Probleme bekommen können.

Gewisse Ängste haben offensichtliche Ursachen, aber andere sind nicht nachvollziehbar. Manche Ängste können zum Beispiel auch durch ein Trauma ausgelöst werden, beispielsweise weil ein geliebter Mensch gestorben ist, was emotionale Narben hinterlassen hat.

Negative Reaktion

Sie ignorieren die Ängste und sagen der betreffenden Person, sie solle sich gefälligst zusammennehmen. Häufig sind extrem ängstliche Menschen nicht in der Lage, ihre Ängste zu kontrollieren. Daher ist es auch nicht besonders hilfreich, ihnen zu sagen, sie sollen sie überwinden. Auch sollten Sie die andere Person nicht links liegen lassen oder sie gar auslachen. Vor allem Panikattacken sind furchtbare Erlebnisse, die man nicht als reine Einbildung abtun und über die man sich ganz gewiss nicht lustig machen sollte.

Positive Reaktion

Um mit Ängstlichkeit umzugehen, sind Toleranz und Verständnis angebracht. Bieten Sie der betreffenden Person Hilfe an, indem Sie sich ihre Ängste und Sorgen anhören. Wenn Sie das Gefühl haben, sie bräuchte professionelle Hilfe, dann weisen Sie sie diskret auf einen Therapeuten, einen Arzt oder einen Heiler hin. Zu den Methoden der Komplementärmedizin, die Ängste auflösen können, gehören Energieheilung, Akupunktur und Rückführung.

Erdrückende Liebe

Darunter verstehe ich das gewohnheitsmäßige Erdrücken eines Partners oder Kindes durch typisches Gluckenverhalten. Dieses Verhalten sieht man am Arbeitsplatz kaum. Am meisten betrifft es Mütter, die zum Beispiel ständig nach dem Wohlbefinden fragen oder alle Aktivitäten zu kontrollieren versuchen. Auch Sätze wie: »Ich mache mir Sorgen um dich, Liebling!« gehören dazu.

Menschen, die andere mit ihrer Zuwendung erdrücken, scheinen voller Fürsorge zu sein, aber in Wirklichkeit ist ihre »Liebe« überwältigend und erstickend – wie eine weiche Decke, die zwar kuschelig ist, von der man sich aber nicht befreien kann. Diese Art von Liebe ist häufig an Bedingungen geknüpft und sehr manipulativ. Dann heißt es: »O, mach dir keine Sorgen, wenn du nicht kommen kannst. Ich komme schon irgendwie zurecht.« Oder: »Das würdest du nicht tun, wenn dir wirklich etwas an mir läge.« Auf diese Weise entstehen bei den anderen Schuldgefühle. Sie fühlen sich schuldig, weil sie die Liebe nicht in derselben, alles verzehrenden Weise erwidern können. Sie fühlen sich auch schuldig, weil sie am liebsten davonlaufen möchten, bevor sie völlig vereinnahmt werden. Tatsächlich ist es häufig so, dass sich Kinder von solchen Eltern eine Wohnung so weit entfernt wie möglich suchen, sobald sie das entsprechende Alter haben.

Eine Person, die versucht, einen anderen Menschen auf diese Weise zu kontrollieren und zu besitzen, hat üblicherweise ein geringes Selbstwertgefühl und es mangelt ihr an Selbstvertrauen. Entweder ist sie selbst so behandelt worden oder sie ist nicht genug geliebt worden. Sie hat Angst, die Person zu verlieren, die sie mit ihrer Liebe erdrückt, aber genau dazu wird ihr Verhalten führen.

Negative Reaktion
Sie zeigen dem anderen, wie genervt Sie sind und weisen ihn ab. Sie werden wütend und ziehen sich zurück.

Positive Reaktion
Sie gehen sorgsam mit dem Thema um, denn die Person, die Sie erdrückt, ist ja meistens jemand, den Sie lieben und der Ihnen viel bedeutet. Schauen Sie sich ihre Vergangenheit an und versuchen Sie herauszufinden, warum sie sich auf diese Weise verhält. Wenn sie nicht genug geliebt worden ist, versuchen Sie ihr zu erklären, dass Sie sie lieben und dass sie keine Angst haben muss, diese Liebe zu verlieren. Versuchen Sie so behutsam wie möglich zu erklären, dass Sie etwas Raum für sich brauchen und dass ihre Liebe Ihnen manchmal einfach zu viel wird. Erzählen Sie, dass ein Vogel, dessen Käfigtür immer offen steht, singen und fliegen wird, dass aber ein Vogel, dessen Käfigtür immer verschlossen ist, bald aufhören wird zu singen.

Wenn Sie einen solchen Menschen besuchen, hüllen Sie sich vorher in Ihr Ei (siehe Seite 151, Kap. 3).

Zaudern

Zauderer sind Menschen, die sich nicht entscheiden können, weil es ihnen an Selbstvertrauen fehlt. Für sie ist es unglaublich schwierig, Entscheidungen zu fällen, weil sie ständig alle Alternativen neu abwägen müssen. Sie haben den Kontakt zu ihrer Intuition verloren und lassen sich von ihrer Angst davon abhalten, auf ihr Inneres zu hören. Daher empfinden sie alle Möglichkeiten als gleichwertig und trauen ihren Gefühlen nicht zu, zwischen Richtig und Falsch unterscheiden zu können. Häufig machen sie sich auch Sorgen um die Folgen einer Wahl und wie diese in den Augen anderer wahrgenommen werden könnte. Zauderer können einen verrückt machen und stellen die Geduld auf eine harte Probe.

Negative Reaktion

Sie zeigen, wie genervt Sie sind, und treffen Entscheidungen für den Zauderer.

Positive Reaktion

Zauderer sind ängstliche Menschen und werden von einfühlsam mitgeteilten Hilfsangeboten und Ratschlägen profitieren. Hüllen Sie sich auf jeden Fall in Ihr Ei (siehe Seite 151, Kap. 3), damit Ihnen keine Energie geraubt wird. Haben Sie Geduld und zeigen Sie den Unentschlossenen die unterschiedlichen Optionen so klar und so verständlich wie möglich auf. Helfen Sie ihnen herauszufinden, was sie instinktiv bei jeder Option fühlen, statt zu fragen, was sie denken. Ermutigen Sie sie, sich jede Alternative genau anzusehen und sich die möglichen Folgen zu vergegenwärtigen. Raten Sie ihnen, nicht alles kontrollieren zu wollen, sondern loszulassen und sich dem Fluss des Lebens hinzugeben. Versichern Sie ihnen, dass alles, was auch immer dabei herauskommen mag, in Ordnung ist.

Unzuverlässigkeit

Es ist sehr frustrierend, mit unzuverlässigen Menschen zusammenzuarbeiten oder zu leben. Sie sind häufig nicht pünktlich oder vergessen Termine sogar ganz. Wenn man andere immer warten lässt, wird dies als mangelndes Interesse und als egoistisch wahrgenommen – ganz nach dem Motto: »Meine Zeit ist wertvoller als deine.« Häufig können unzuverlässige Menschen nicht Nein sagen und überfordern sich dadurch selbst. Wenn jemand, den Sie kennen, ständig etwas verspricht und dann vergisst, dieses Versprechen einzuhalten, zeigt er Ihnen, dass ihm Ihr Vertrauen gleichgültig ist.

Negative Reaktion
Sagen Sie nicht: »Oh, das ist schon in Ordnung, es war nicht so wichtig«, wenn es Ihnen doch wichtig war.

Positive Reaktion
Sagen Sie dem Betreffenden, dass es nicht akzeptabel ist, Sie immer wieder so zu enttäuschen. Machen Sie klar, dass Sie ein solches Verhalten nicht mehr akzeptieren werden. Erklären Sie ihm, wie es sich anfühlt, immer wieder warten zu müssen, denn manchmal spürt der andere es wirklich nicht. Kaufen Sie ihm ein Buch über Zeitmanagement.

Übereifer

Übereifer ist nicht unbedingt negativ, denn übereifrige Menschen sind häufig die, die etwas bewegen und zum Besseren wenden. Oft sind es ja gerade die Übereifrigen, die eine Situation bereinigen und für einen guten Zweck arbeiten. Dennoch kann ihre Energie für die Menschen, die mit ihnen in Kontakt kommen, sehr ermüdend sein. Sie sind häufig auf der Überholspur des Lebens unterwegs, platzen plötzlich in unser Leben und hinterlassen einen wahren Tsunami an rückläufiger Energie. Solche Menschen haben oft »heilige Kühe«, also Objekte der Verehrung, und heben Menschen und Themen auf ein Podest. Sie sind wie aufgedreht, hyperaktiv, chaotisch und undiszipliniert, und daher ist es sehr schwierig mit ihnen zu leben. Gelegentlich sind sie auch ausgesprochen selbstsüchtig.

Negative Reaktion

Versuchen Sie nicht, mit ihnen zu konkurrieren. Stellen Sie sich ihnen nicht in den Weg, und versuchen Sie nicht, sie aufzuhalten. Versuchen Sie auch nicht, ihnen eine Abfuhr zu erteilen, auch wenn es sehr verlockend sein kann, mal auszuprobieren, ob man jemanden aus der Fassung bringen kann, der sich seiner selbst und seines Weges so sicher zu sein scheint.

Positive Reaktion

Gehen Sie in Deckung! Lassen Sie die Person sie selbst sein und gehen Sie ihr aus dem Weg. Erkennen Sie ihre guten Seiten an und seien Sie tolerant, denn ihr Eifer mag ja im Interesse einer guten Sache sein. Lassen Sie sich aber nicht in ihre Projekte mit hineinziehen, es sei denn, Sie möchten ihr Lakai sein. Da Sie wahrscheinlich mit ihrem extremen Enthusiasmus nicht mithalten können, werden Sie ihr immer nur hinterherhetzen. Hüllen Sie sich in Ihr Ei (siehe Seite 151, Kap. 3) und konzentrieren Sie sich auf Ihr eigenes Leben.

Schützen Sie sich vor negativen Energien

Da wir nun einige der wichtigsten negativen Charaktereigenschaften und Verhaltensweisen identifiziert haben, stellt sich die Frage, wie Sie sich davor schützen können.

Schutzvisualisierungen

So wie alle Gedanken einen Einfluss auf Ihre Energie haben, so wird schon die Absicht, sich zu schützen, Ihr Energiefeld stärken. Es gibt eine Reihe von einfachen Visualisierungsübungen, die Sie anwenden können, um sich zu schützen, wenn Sie störenden und Energie raubenden Einflüssen ausgesetzt sind.

Das Ei

Dies ist eine einfache und doch sehr wirksame Methode, die Aura und Ihren persönlichen Raum vor den emotionalen Ausbrüchen und negativen Gedanken anderer Menschen zu schützen. Es dauert nur ein paar Sekunden, sich das Ei vorzustellen. Ich empfehle Ihnen, dass Sie sich jedes Mal in Ihr Ei begeben, wenn Sie einer der Energieformen begegnen, die ich oben beschrieben habe, oder wenn Sie ein Krankenhaus oder einen anderen Ort aufsuchen, an dem sich viele kranke oder bedürftige Menschen aufhalten.

Übung: Ihr Schutz-Ei

~ Stellen Sie sich vor, Sie würden sich in ein großes Ei hineinbegeben. Betreten Sie es durch eine Tür und schließen Sie diese hinter sich.

~ Das Ei hat dicke Wände, die alle negativen Gefühle ausschließen.

~ Seien Sie sicher, dass diese Wände Sie schützen werden und dass nur Liebe sie durchdringen kann.

~ Fügen Sie so viele Fenster, wie Sie wollen, in die Wände des Eis ein.

~ Wenn Sie sich in einer negativ aufgeladenen Atmosphäre befinden, erneuern Sie das Ei alle paar Stunden. Ansonsten reicht es aus, es jeden Morgen zu visualisieren.

Als Alternative zum Ei können Sie sich auch eine Blase vorstellen: eine große, durchsichtige Blase, die alle Negativität von Ihnen fernhält. Sie können hindurchsehen und positive Energien können in die Blase eindringen, aber alles Negative wird an ihrer Oberfläche abprallen.

Das Garagentor

Diese Visualisierungsübung bietet vor allem Schutz vor Wutausbrüchen. Wenn Sie plötzlich sehen, dass ein sehr wütender Mensch auf Sie zukommt oder seine Wut gegen Sie richtet, stellen Sie sich ein automatisches Garagentor vor, das vor Ihnen zufällt. So errichten Sie eine effektive Barriere gegen den negativen Energiefluss, bevor er Ihr Energiefeld erreichen kann. Dies ist auch eine gute Methode, die Sie beim Autofahren einsetzen können, wenn Ihnen jemand zum Beispiel den Finger zeigt. Indem Sie nicht auf die Wut des anderen reagieren, schwächen Sie diese bereits ab.

Die goldene Pyramide

Diese Schutztechnik können Sie für sich selbst oder für andere Menschen einsetzen. Sie ist besonders gut geeignet, wenn Sie sich in eine potenziell schwierige Situation begeben, in der Aggressionen, Hass, Wut oder Eifersucht vorherrschen. Diese Technik kann Sie auch vor Flüchen und anderen übersinnlich wirksamen Angriffen beschützen (siehe dazu Kapitel 6). Stellen Sie sich vor, Sie wären in einer goldenen Pyramide. Versuchen Sie, sich diese Pyramide dreidimensional vorzustellen. Wenn das nicht geht, visualisieren Sie, dass Sie in einem goldenen Dreieck stehen. Wenn Sie diese wunderbare Methode für die Sicherheit Ihrer Liebsten nutzen wollen, visualisieren Sie sie in einer goldenen Pyramide. Das ist lohnenswert, wenn sie sich auf Reisen begeben oder wenn Sie sie in speziellen Situationen vor Schaden bewahren wollen.

Der silberne Mantel

Stellen Sie sich vor, Sie würden einen silbernen reflektierenden Mantel anziehen. Das wird Sie vor negativen Energieströmen schützen und unbesiegbar machen.

Kristalle und Amulette

Kristalle können uns vor allen möglichen Formen negativer Energie schützen. Sie können uns helfen, die schädlichen Auswirkungen von Mobiltelefonen und Elektrosmog zu neutralisieren. (Wir werden uns diese potenziell schädlichen Dinge später anschauen.) Da Kristalle ein eigenes Energiefeld und daher eine eigene Schwingung haben, können sie negativen Feldern und Strahlen entgegenwirken. Jede Kristallart hat eine spezielle Schwingung und wirkt sich auf unterschiedliche Weise auf die Atmosphäre aus. Nachfolgend führe ich einige Kristalle auf, die durch ihre subtile, aber kraftvolle Ausstrahlung Negativität abwehren können:

- Ägirin
- Schwarzer Turmalin
- Jaspis
- Gagat
- Malachit
- Rauchquarz

Bevor Sie einen Kristall benutzen, sollten Sie ihn erst reinigen und dann aufladen. Es gibt verschiedene Möglichkeiten, Kristalle zu reinigen.

- Waschen Sie den Kristall in einer Mischung aus Mineralwasser und Steinsalz und lassen Sie ihn mehrere Stunden oder über Nacht darin liegen. Schütten Sie das Salzwasser anschließend fort.
- Waschen Sie den Kristall im Meer, in einem Fluss oder unter einem Wasserfall.
- Legen Sie den Kristall mindestens 24 Stunden lang in die Erde.

- Legen Sie den Kristall in strömenden Regen. Bei Gewitter ist es sogar noch besser, da der Kristall dadurch gereinigt und zugleich stark aufgeladen wird.
- Halten Sie den Kristall in den Rauch eines Räucherstäbchens. Sandelholz und Salbei sind besonders gut geeignet, um Negativität aufzulösen.
- Wurde ein Kristall intensiv gebraucht, legen Sie ihn in eine Schüssel mit Meersalz und lassen Sie ihn dort mehrere Tage lang liegen. Werfen Sie das Salz anschließend fort.

Sobald der Kristall einmal gereinigt ist, spülen Sie ihn unter fließendem Wasser noch einmal ab. Anschließend können Sie ihn auf unterschiedliche Weise wieder aufladen:

- Legen Sie den Kristall einige Stunden lang in die Sonne.
- Setzen Sie ihn einem Gewitter aus – es sei denn, Sie haben ihn auf diese Weise bereits gereinigt.
- Setzen Sie ihn über Nacht dem Licht des Mondes aus. Besonders gut ist dafür das Licht des Vollmonds geeignet.
- Legen Sie ihn mehrere Stunden lang auf einen großen Bergkristall.
- Laden Sie ihn mithilfe eines Heilsymbols auf (siehe dazu Kapitel 2).

Sie sollten alle Kristalle, die Sie an sich tragen oder in Ihrer Wohnung oder im Büro haben, mindestens einmal im Monat reinigen und neu aufladen. Tun Sie das nicht, werden sie bald voll negativer Energie sein und die Atmosphäre nicht mehr effektiv reinigen können.

Übung: Schützen Sie sich mit einem Bergkristall

Sie können einen Bergkristall so programmieren, dass er Sie beschützt und alle negativen Energien in Ihrer Umgebung auflöst.

~ Reinigen Sie den Kristall und laden Sie ihn auf wie oben beschrieben.

~ Nehmen Sie ihn dann in die Hand und machen Sie eine positive Aussage wie »Alle negativen und gestörten Energien werden abgewehrt.« Sagen Sie dies dreimal.

~ Tragen Sie den Kristall in einer Tasche bei sich oder legen Sie ihn neben das Bett.

~ Reinigen, laden und programmieren Sie den Kristall alle drei Monate neu.

Reinigen Sie sich von negativer Energie

Wenn es Ihnen unmöglich ist, sich vor der Verunreinigung durch negative Energien zu schützen, finden Sie hier Möglichkeiten, wie Sie sich wenigstens reinigen können. Sie werden wissen, dass Sie betroffen sind, wenn Sie müde, erschöpft oder ganz allgemein »neben der Spur« sind.

Bei mir ist es so, dass ich plötzlich ganz benebelt bin und überhaupt keine Lust habe, irgendetwas zu tun. Meine Glieder werden schwer und ich fühle mich, als ob ich einen Kater hätte. Möglicherweise bekommen Sie aber auch Kopfschmerzen oder es überfällt Sie unerklärlicherweise eine plötzliche Unruhe. In Ihrem Kopf dreht sich alles und Sie können nicht schlafen. Es wäre im

Falle einer negativen Energie, die Sie erwischt hat, auch ziemlich normal, wenn Sie sich schwer fühlen, besonders im Schulterbereich, so als ob Sie plötzlich eine schwere Last zu tragen hätten.

Es gibt verschiedene Möglichkeiten, sich selbst und die Umgebung von solchen Energien zu reinigen. Probieren Sie sie aus und entscheiden Sie sich dann für die Methode, die Ihnen am meisten zusagt. Machen Sie es sich zur Gewohnheit, sich regelmäßig zu reinigen, um zu verhindern, dass sich negative Energien ansammeln können.

Salzbäder

Falls Sie besonders schlimm von negativen Energien betroffen sind, können Sie sich mit einem Salzbad wunderbar reinigen. Meersalz ist am besten geeignet, aber Bittersalz geht auch. Das Salz zieht die negativen Energien aus Ihrem Energiefeld und nimmt sie auf. Ein Salzbad ist dann besonders gut, wenn Sie ein gewalttätiges oder verstörendes Erlebnis hatten. Falls Sie Heilerin sind oder in der Pflege arbeiten, ist ein Salzbad sehr gut geeignet, um die Energien der Menschen, für die Sie sorgen, fortzuwaschen. Auch nach einer längeren Reise ist ein Salzbad angesagt.

Räuchern

Jedes Mal, wenn ich einen meiner Freunde in seiner Wohnung in Hongkong besuche, lässt er mich im Eingang stehen und räuchert mich von Kopf bis Fuß mit

Salbei. Mein Freund ist ein amerikanischer Ureinwohner und folgt mit dieser alten Reinigungstechnik, die in Ritualen und bei Zeremonien eingesetzt wird, der Tradition seiner Vorfahren. Der Rauch ist das Reinigungsmittel und auch wenn das Räuchern ziemlich penetrant sein kann und nicht nach jedermanns Geschmack ist, so stellt es doch die effektivste und schnellste Reinigungsmethode von Negativität dar, die ich kenne.

Sie können Salbei in natürlich belassener Form in vielen Naturkostläden kaufen. Er sollte nicht getrocknet und gemahlen sein wie der Salbei, der zum Kochen verwendet wird. Man kauft ihn in Form von zusammengebundenen Zweigen ein. Sie zünden den ganzen Bund an und lassen ihn glimmen. Dann wedeln Sie mit dem glimmenden Bund und fächern sich den Rauch zu oder lassen dies von einem Freund für Sie tun. Sie sollten eine Schüssel darunterhalten, um glimmende Stückchen aufzufangen. Die amerikanischen Ureinwohner benutzen dafür traditionellerweise die Muschel einer Abalone.

Sie können das Räuchern auch anwenden, um bestimmte Gegenstände zu reinigen, die negative Energie enthalten könnten: zum Beispiel Ihre Kleidung, Ihr Auto oder sogar Ihr ganzes Haus. Fächern Sie den Rauch des glimmenden Salbeis in alle Räume, während Sie durch das ganze Haus gehen, und achten Sie besonders gut auf die Ecken, in denen sich häufig negative Energie ansammelt (siehe auch Kapitel 4).

Reinigende Duftöle

Bestimmte Duftöle besitzen hervorragende Reinigungs-
qualitäten. Sie können sie in speziellen Duftlampen verwenden, wo sie in etwas Wasser geträufelt werden und
dann verdampfen; im Badewasser, wo sie sich besser vermischen, wenn sie in etwas Milch geträufelt werden;
oder als Raumspray, wobei sie einfach mit Wasser gemischt in eine Sprühflasche gegeben werden. Es gibt viele Öle, aber ich empfehle speziell die folgenden, die überall erhältlich sind:

• *Zedernholz:* löst Angstzustände und Stress auf und ist
in einer Duftlampe zu verwenden.

• *Eukalyptus:* besonders gut geeignet, um den Kopf
freizubekommen. Träufeln Sie einige Tropfen auf Ihr
Kopfkissen oder auf ein Papiertaschentuch, das Sie
nachts neben sich legen. Sie können auch einige Tropfen
in einen Inhalator geben, um Verstopfungen der Nase zu
lösen.

• *Wacholder:* Wacholder reinigt hervorragend von ne-
gativen Energien. Träufeln Sie ein paar Tropfen auf
Handgelenke und Hände, streichen Sie dann mit den
Händen durch die Aura bis zu den Füßen hinunter.
Atmen Sie den Duft tief ein.

• *Limone:* Auch Limone löst Negativität sehr gut auf.
Ich benutze ein Limonenduschgel und fühle mich hinterher stets sauber und erfrischt.

- *Orange:* Orange ist sehr erfrischend. Sie können dieses Öl als Badezusatz verwenden oder in einer Duftlampe verdampfen lassen, um Ihre Wohnung zu reinigen.

- *Salbei:* Wie die Salbeibüschel so ist auch das Öl, das aus diesem Gewächs gewonnen wird, ein sehr wirkungsvolles Reinigungsmittel. Es wirkt stimulierend. Verwenden Sie Salbeiöl in einer Duftlampe oder geben Sie einige Tropfen in einen Inhalator.

- *Sandelholz:* Sandelholz ist nicht nur für seine reinigenden Eigenschaften bekannt, es riecht auch besonders gut. Verwenden Sie es in einer Duftlampe in Ihrer Wohnung oder am Arbeitsplatz.

Fließendes Wasser

Im Sommer ist es wunderbar reinigend, sich unter einen Wasserfall zu stellen und die Gifte negativer Gedankenformen abzuwaschen. Auch wird Sie ein solches Bad wie nichts anderes revitalisieren. In der kälteren Jahreszeit wird eine Dusche reichen müssen.

Reiben Sie dabei zunächst etwas Meersalz auf die Haut, streichen Sie dann eines der oben genannten Duftöle, das Sie mit einer Trägersubstanz wie Mandelöl vermischt haben, über den ganzen Körper. Schrubben Sie Ihren Körper unter der Dusche ab und stellen Sie sich dabei vor, dass Ihr ganzes Wesen gereinigt wird. Wenn Sie sich auf diese Absicht konzentrieren, wird Ihre tägliche Dusche nicht nur eine körperliche Reinigung, sondern auch eine spirituelle, mentale und emotionale sein.

Kristalle zum Ausgleichen der Chakras

Alle Kristalle und Edelsteine helfen, emotionale Blockaden zu lösen. Jene Kristalle, die wir uns bereits im Abschnitt über den energetischen Schutz angeschaut haben, helfen uns auch, unser persönliches Energiefeld zu reinigen. Allerdings gibt es eine spezifische Methode, mit der wir Kristalle nutzen können, um unser ganzes Wesen wieder ins Gleichgewicht zu bringen – über die Chakras.

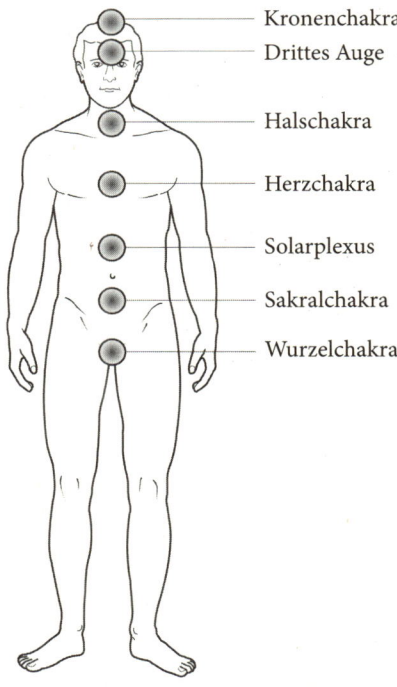

Es gibt sieben Chakras (Energiezentren) im Körper,
vom Kronenchakra auf dem Schädeldach bis zum Wurzelchakra
am Ende der Wirbelsäule.

Der Körper besitzt sieben Hauptenergiezentren, die als Chakras bezeichnet werden. Das Wort *Chakra* stammt aus dem Sanskrit und bedeutet so viel wie »Rad«. Wie der Name schon andeutet, sind die Chakras Bereiche wirbelnder Energie, und wenn sie sich in einem vollkommenen Gleichgewicht befinden, bewegen sie sich in einer perfekten Kreisbahn.

Aber die Chakras können gestört und aus dem Gleichgewicht geraten sein, wenn wir negativen Energien ausgesetzt werden – entweder von innen heraus oder von außen. Es kommt sehr selten vor, dass jemand perfekt ausgeglichene Chakras hat – außer vielleicht ein paar erleuchtete Wesen wie Jesus oder Buddha –, aber wir können daran arbeiten, sie wieder ins Gleichgewicht zu bringen.

Kristalle sind ganz wunderbar dazu geeignet, unsere Chakras zu reinigen, weil ihre Schwingungen allen negativen Energien entgegenwirken und sie neutralisieren, sodass unsere Energiezentren wieder ins Gleichgewicht gebracht werden. Viele Kristalle sind für die Arbeit an den einzelnen Chakras geeignet, aber ich habe hier einige ausgesucht, die Sie problemlos in einem Stein- und Kristallgeschäft finden sollten. Sie brauchen nur kleine Kristalle, schon ein Zentimeter im Durchmesser reicht aus.

Nachstehend finden Sie eine Liste der Chakras und der entsprechenden Kristalle, die Sie benutzen können, um Ihre Energiezentren zu reinigen und ins Gleichgewicht zu bringen.

Kronenchakra

Position: Schädeldach

Kristall: Bergkristall. Dieser Stein schenkt Ihnen Harmonie und Kraft. Er ist ein machtvoller Heilkristall, weil er Sie mit den universellen Energien verbindet. Er wird die Kraft Ihres Energiefeldes vergrößern und es ausdehnen.

Drittes Auge

Position: auf der Stirn etwas erhöht zwischen den Augenbrauen

Kristall: Amethyst. Ein friedvoller Stein, der den Verstand zur Ruhe bringt und Ihnen beim Meditieren hilft.

Halschakra

Position: unter der Luftröhre in der Vertiefung zwischen den Schlüsselbeinen

Kristall: Blauer Achat. Ein beruhigend und kühlend wirkender Stein, der gut für die Knochen ist und die Kommunikation unterstützt.

Herzchakra

Position: in der Mitte der Brust

Kristall: Rosenquarz, der Sie dafür öffnet, Liebe zu geben und zu empfangen. Nach dem Verlust eines geliebten Menschen kann er helfen, das Herz zu heilen. Mit ihm können Sie auch unterdrückte Gefühle besser zum Ausdruck bringen.

Solarplexus-Chakra

Position: in der Magengrube

Kristall: Zitrin. Bringt neben Glück und Reichtum auch

inneren Frieden und Ruhe und löst negative Energien auf.

Sakralchakra
Position: knapp unter dem Bauchnabel
Kristall: Karneol ist ein guter Heiler des unteren Körperbereichs. Er wird den Zorn anderer Menschen abwehren und hilft mit, tief sitzende Muster und Einstellungen zu verändern und die aufgrund traumatischer Erlebnisse entstandene Negativität aufzulösen.

Wurzelchakra
Position: am unteren Ende der Wirbelsäule
Kristall: Schwarzer Turmalin stärkt Ihr Immunsystem und wehrt negative Energien sehr wirksam ab.

Übung: Mit Kristallen die Chakras ausgleichen

~ Reinigen Sie die Kristalle vor dem Gebrauch und laden Sie sie auf wie oben beschrieben.

~ Begeben Sie sich an einen ruhigen Ort und legen Sie entspannende Musik auf.

~ Legen Sie sich hin und platzieren Sie die entsprechenden Kristalle auf den einzelnen Chakras. Am effektivsten wirken die Kristalle, wenn sie direkt auf der Haut am richtigen Ort liegen. Sie können sie aber auch auf die Kleidung legen, vorausgesetzt diese ist aus Baumwolle oder anderen natürlichen Geweben. Natürlich können Sie den Bergkristall nicht auf das Kronenchakra auf dem Schädeldach legen, aber Sie können ihn so auf den Boden legen, dass er Kontakt mit dem Schädeldach hat. Den Kristall für das Wurzelchakra legen Sie am unteren Ende der Wirbelsäule unter den Körper.

~ Sobald die Kristalle platziert sind, entspannen Sie sich vollkommen und lassen die Kristalle ihr Werk verrichten.

~ Denken Sie daran, die Steine hinterher zu reinigen.

Apachentränen

Besagter Freund, der amerikanische Ureinwohner, der mir zeigte, wie man mit Salbei räuchert, machte mich auch mit den Apachentränen bekannt. Apachentränen, die aus Obsidian bestehen, sind kleine, runde, fast schwarze Steine aus vulkanischem Glas, die man in Flussläufen findet, wo sie durch das ständige Rollen im Wasser glatt geschliffen worden sind. Die amerikanischen Ureinwohner nutzten sie, um negative Gedanken, Trauer und Sorgen aufzulösen. Sie pflegten eine dieser Tränen mit in die Wüste zu nehmen, sie über die Schulter zu werfen und dabei gleichzeitig das Problem loszulassen. Das können auch Sie tun, und falls Sie keine Wüste in der Nähe haben, empfehle ich Ihnen, die Tränen ins Meer oder in einen Fluss zu werfen. Das bedeutet natürlich auch, dass die Chance geringer ist, dass ein anderer Ihre Sorgen aufsammelt.

Übung: Probleme loslassen

~ Nehmen Sie eine Apachenträne in die Hand.

~ Stellen Sie sich vor, dass Ihre Probleme oder Sorgen auf den Stein übergehen.

~ Werfen Sie den Stein in dem Wissen über die Schulter, dass Sie Ihre Last endgültig losgeworden sind.

Es gibt viele gute Bücher über Steine und Kristalle auf dem Markt, aber als Einstiegslektüre empfehle ich Ihnen *Der Steinschlüssel* von Sofia Sienko (Windpferd 2002).

Ein Symbol, um negative Energien loszulassen

Dieses Auflösungs-Symbol wird Ihnen helfen, Blockaden und belastende Gedankenformen loszuwerden. Sie können es entweder für sich selbst oder für andere anwenden. Das Symbol kann mit dem Ausstreichen der Aura kombiniert werden, das im zweiten Kapitel beschrieben wurde. Das sollte Ihnen helfen, sich zu entspannen, Stress abzubauen, wieder ins Gleichgewicht zu kommen und Klarheit zu gewinnen.

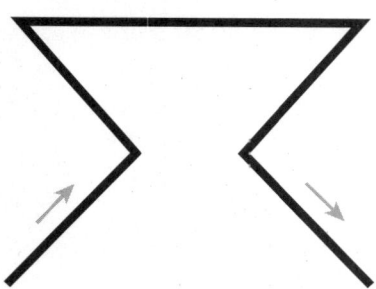

Um Energieblockaden aufzulösen, zeichnen Sie das Auflösungs-Symbol dreimal über dem betroffenen Bereich in die Luft.
Bei einer verstopften Nase zeichnen Sie es vor der Nase; bei Kopfschmerzen oder Benommenheit zeichnen Sie es vor dem Gesicht.

Übung: Negative Energien mithilfe des
Auflösungs-Symbols neutralisieren

~ Streichen Sie sich ein paar Minuten lang von Kopf bis Fuß durch die Aura. Setzen Sie Ihre Hände dabei wie einen Kamm ein. Schütteln Sie die negative Energie immer wieder über einer Schüssel mit Salzwasser aus.

~ Zeichnen Sie das Auflösungs-Symbol dreimal vor sich in die Luft.

~ Legen Sie die Hände nacheinander auf die Chakras. Beginnen Sie mit dem Wurzelchakra und enden Sie mit dem Kronenchakra. Lassen Sie die Hände jeweils ein paar Minuten auf den Chakras liegen.

Sie können diese Übung auch mit der Übung zur Ausgleichung der Chakras mit Kristallen kombinieren. Wenn Sie die Hände über die Kristalle legen, wird das ihre Wirksamkeit noch verstärken.

Persönliche Grenzen setzen

Obwohl wir alle durch die Lebensenergie miteinander verbunden sind, so ist doch jeder von uns einzigartig – und damit wir das auch bleiben, müssen wir uns unsere Individualität bewahren. Um das erreichen zu können, müssen wir verhindern, dass uns die Menschen in unserer Umgebung zu sehr beeinflussen: Wir müssen unsere Individualität klar definieren. So wie Tiere ihr Territorium markieren, so müssen auch wir dafür sorgen, dass unsere Aura und unser persönlicher Raum geschützt sind.

Wir haben uns bereits verschiedene Möglichkeiten angesehen, wie wir unser persönliches Energiefeld schützen können. Der wirksamste Schutz besteht allerdings darin, uns über unseren individuellen Status, unsere persönliche Essenz und unsere einzigartige Identität vollkommen klar zu sein und dies gegenüber anderen zum Ausdruck zu bringen.

Öffnen Sie sich für Ihr inneres Selbst

Der Schlüssel zur Etablierung einer starken Identität besteht darin, Kontakt mit der Intuition aufzunehmen, weil diese Ihnen sagen wird, was wirklich richtig für Sie ist. Sie verbinden sich mit Ihrer Intuition, indem Sie sich Ihren Gefühlen und Sinnen öffnen. Lernen Sie den Unterschied zwischen Richtig und Falsch (oder Selbsttäuschung) kennen, indem Sie darauf achten, wie Ihr Körper reagiert, wenn Sie eine Entscheidung treffen. Schließlich werden Sie augenblicklich wissen, wenn Sie eine für Sie richtige Wahl getroffen haben.

Bei einer Entscheidung, die für Sie richtig ist, werden Sie sich stark fühlen, während Sie sich bei einer, die nicht ganz richtig für Sie ist, schwach fühlen, ein Flattern im Bauch spüren oder andere Zeichen von Nervosität.

Bringen Sie Ihre Gefühle und Gedanken klar und entschlossen zum Ausdruck – allerdings ohne dabei engstirnig, rechthaberisch oder dogmatisch zu werden – und folgen Sie stets Ihrer Intuition. Auf diese Weise werden Sie eine eigene Identität etablieren. So werden starke ätherische Grenzen für all Ihre Körper – physisch, mental, emotional und spirituell – aufgebaut, wodurch eine hochwirksame Barriere zwischen Ihrem Energiefeld und den Energien anderer Menschen und der Umwelt errichtet wird.

Respektieren Sie sich

Zum Prozess der Errichtung starker persönlicher Grenzen gehört auch, dass Sie sich um sich selbst kümmern und sich selbst jederzeit respektieren. Das beinhaltet, dass Sie gelegentlich Nein zu den Forderungen anderer Menschen sagen müssen. Das kann zu Hause durchaus schwierig sein, besonders wenn es um die Menschen geht, die Sie lieben und die bestimmte Bedürfnisse haben. Aber wenn Sie all Ihre Liebe anderen Menschen geben, schwächen Sie sich selbst. Lieben Sie, helfen Sie und sorgen Sie für andere Menschen, so viel Sie können, aber reservieren Sie immer auch Zeit und Energie für sich selbst.

Um dieses Kapitel abzuschließen, biete ich Ihnen die folgende Visualisierungsübung in drei Teilen an. Sie brauchen dafür einen Stift, Papier, Bunt- oder Wachsstifte.

Übung: Umfassende Reinigung und Stärkung

Stufe 1

Im ersten Teil der Übung setzen Sie Ihre Intuition ein, um sich Ihre Aura vorzustellen und um jede Form von Negativität zu spüren, die Sie entweder von anderen Menschen oder von Ihren eigenen Denkmustern und Angewohnheiten angenommen haben.

~ Nehmen Sie Stift und Papier und zeichnen Sie einen Umriss Ihres Körpers.

~ Zeichnen Sie einen zweiten Umriss um den ersten, der darstellen soll, wie Sie sich Form und Größe Ihrer Aura vorstellen.

~ Haben Sie das Gefühl, irgendwo in Ihrer Aura würden sich Blockaden oder störende Gedankenformen befinden? Falls ja, zeichnen Sie diese an den betreffenden Stellen in der Aura ein.

~ Malen Sie die Aura nun in den Farben aus, die sie Ihrer Intuition nach hat. Falls Sie Probleme damit haben sollten, nehmen Sie die erste Farbe, die Ihnen in den Sinn kommt. Denken Sie nicht darüber nach, sondern reagieren Sie automatisch und instinktiv. Färben Sie auch die Blockaden und Gedankenformen ein.

Stufe 2

Bei der folgenden Visualisierungsübung werden Ihr Geist und Ihre Absicht alle Blockaden und alle Negativität aus Ihrer Aura entfernen.

~ Suchen Sie sich einen ruhigen Ort, an dem Sie nicht gestört werden können. Setzen Sie sich bequem in einen Sessel. Entspannen Sie sich.

~ Schließen Sie die Augen und atmen Sie bis tief in die Lungenspitzen hinein. Atmen Sie langsam aus und erneut ein.

~ Spüren Sie, wie Ihre Füße immer schwerer werden. Sie fühlen sich an, als ob sie magnetisch am Boden kleben würden.

~ Gestatten Sie Ihrem ganzen Körper, sich zu entspannen und weich zu werden.

~ Stellen Sie sich vor, Sie wären von einer wunderschönen violetten Flamme umgeben.

~ Halten Sie eine Zeit lang inne und lassen Sie die Flamme alle Negativität aus Ihren Gedanken herausbrennen. Schauen Sie zu, wie die Flamme alles verzehrt, was Sie in den letzten Tagen beschäftigt hat.

~ Lenken Sie die Flamme auf die Blockaden und Gedankenformen, die Sie in Ihrer Aura festgestellt und nachgezeichnet haben.

~ Warten Sie ein paar Minuten, um ganz sicherzugehen, dass die Aura wirklich vollkommen geläutert ist.

~ Sehen Sie, wie ein Strahl weißen Lichts vom Himmel herabkommt und Ihre Aura und Ihren ganzen Körper erfüllt. Atmen Sie dieses Licht ein. Baden Sie darin. Gehen Sie vollkommen in ihm auf.

~ Schauen Sie nun nach unten und stellen Sie sich vor, dort würde ein wunderschöner silberner Mantel liegen. Heben Sie ihn in dem Wissen auf, dass er Sie vor der Negativität anderer Menschen schützen wird. Legen Sie den Mantel um.

~ Nun, da Sie einen so wirksamen Schutz haben, spüren Sie, wie Sie stärker werden und mehr Selbstvertrauen gewinnen. Nun können Sie sich gegen alles behaupten und niemand kann Sie mit seinen Gedanken und Gefühlen negativ beeinflussen. Sie sind vollständig vor jeder Form von Negativität geschützt.

~ Atmen Sie ein paar Minuten lang tief ein und aus, bevor Sie dann langsam die Augen wieder öffnen.

Stufe 3

~ Nehmen Sie ein zweites Blatt Papier zur Hand und zeichnen Sie, wie Sie sich Ihre Aura jetzt vorstellen. Sie sollte nun frei von Blockaden und negativen Stellen sein. Sollten doch noch einige vorhanden sein, wiederholen Sie Stufe 2 in den nächsten Tagen, bis Ihre Aura klar ist.

~ Zeichnen Sie nun zwei dicke Umrisse um die Aura, die die Grenzen Ihres persönlichen Raums anzeigen.
~ Sagen Sie zu sich selbst, dass diese Grenzen nicht nur dazu da sind, Sie vor Negativität zu schützen, sondern auch um sicherzustellen, dass Sie jederzeit Raum und Energie für sich selbst reservieren.

Bis jetzt haben wir uns angeschaut, wie sich unsere eigenen negativen Gedanken, Einstellungen und Verhaltensweisen und die anderer Menschen auf unser Wohlbefinden auswirken. Aber nicht nur Menschen können einen negativen Einfluss auf uns haben, es gibt viele Quellen negativer Energie in unserer Umwelt. In den folgenden Kapiteln werden wir uns diese ansehen und überlegen, wie wir sie am besten kontrollieren oder von uns fernhalten können.

4 – Negative Energien in Gegenständen und an Orten

Negative Geschehnisse können ihre Spuren in Gegenständen und an Orten hinterlassen. In diesem Kapitel möchte ich zeigen, wie persönliche Gegenstände – zum Beispiel Schmuck – durch die Stimmungen und Einstellungen ihres Besitzers beeinflusst werden und auf welche Weise negative Gedankenformen Spuren in Gebäuden und anderen Aspekten unserer materiellen Umwelt hinterlassen können.

Energie in Gegenständen

Meine Großmutter starb zwar noch vor meiner Geburt, aber dennoch habe ich eine so starke Verbindung zu ihr, dass ich das Gefühl habe, sie sehr gut zu kennen. Im Laufe der Jahre hat mir meine Mutter viele Geschichten über sie und ihre starke Persönlichkeit erzählt. Als junge Frau heiratete sie einen erfolgreichen Landwirt, mit dem sie einige glückliche Jahre verbrachte. Die beiden beschlossen, eine Familie zu gründen, und hatten neben meiner Mutter bald noch zwei gesunde Jungen. Aber dann kam es zu einer Katastrophe: Der Geschäftspartner meines Großvaters verschwand mit all ihren Ersparnissen, sodass er Bankrott anmelden musste, woraufhin die Familie fast völlig mittellos war.

Der Verlust seines geliebten Bauernhofs brach meinem Großvater das Herz und meine Großmutter musste sich schnell überlegen, wie sie Geld verdienen konnte, um die Familie durchzubringen. Es waren schwere Zeiten, die Weltwirtschaftskrise gegen Ende der 1920er-Jahre, und keiner von beiden konnte auf eine Ausbildung zurückgreifen. Aber meine Großmutter war eine gute Köchin und es gelang ihr, ein Restaurant zwischen London und Brighton zu pachten. Weil sie schwer arbeitete und fest entschlossen war, die Familie durchzubringen, wurde das Unternehmen ein großer Erfolg. Das Restaurant floriert bis auf den heutigen Tag, auch wenn es nicht länger im Besitz meiner Familie ist.

Energie in Schmuckstücken

Eines der wenigen Besitztümer, das meine Mutter von meiner Großmutter erbte, war ein in Gold gefasster Topas in Tropfenform, den sie in meiner Jugend an mich weitergab. Von diesem Augenblick an fühlte ich mich noch enger mit meiner Großmutter verbunden. Wann auch immer ich den Topastropfen in die Hand nahm, fühlte ich mich getröstet und auf irgendeine Weise beschützt. Ich konnte die Nähe meiner Großmutter spüren und erkannte schon bald, dass sie eine meiner Geistführerinnen war.

Einmal hörte ich in meinem Kopf ihre Stimme, die mich auf der Autobahn vor einem Unfall warnte, sodass ich einem anderen Auto gerade noch rechtzeitig ausweichen konnte. Ich hörte sie auch sagen, wann ich meinen Mann kennenlernen würde. Dies waren allerdings nur vereinzelte Vorfälle und es dauerte sehr lange, bis ich richtig mit meiner Großmutter kommunizieren konnte. Tatsächlich gelang mir dies erst vor etwa zehn Jahren, als sie mir sagte, dass ich anfangen solle, heilerisch zu arbeiten. Seither ist es für mich einfach, mit ihr zu sprechen. Ich habe immer noch den Topastropfen, den ich immer dann trage, wenn ich mich ihr besonders nahe fühlen möchte.

Der Topas dient als Brücke zwischen uns, weil die Energie meiner Großmutter immer noch in dem Schmuckstück weilt. Wenn ihn jemand, der sehr feinfühlig ist, in die Hand nehmen würde, würde diese Person auch meine Essenz spüren und Dinge über mich wissen. Diese Fähigkeit, auf hellsichtige Weise Informationen aus Schmuckstücken oder anderen Gegenständen zu gewinnen, wird als Psychometrie bezeichnet. Ich suchte einmal einen libanesischen Wahrsager auf, der mir erstaunlich genaue Informationen gab, indem er meine Uhr anfasste.

Wenn Sie ein geschätztes Schmuckstück haben, das Ihnen von einem Familienmitglied vererbt wurde, also etwas, das die andere Person häufig getragen oder in ihrer Nähe gehabt hat, dann werden Sie vermutlich ihre Nähe spüren, wenn Sie es in der Hand halten oder tragen und sich ihren Energien öffnen. Das kann ein wahrhaft himmlisches Erlebnis sein.

Schmuckstücke absorbieren aber auch die Energien traumatischer Ereignisse oder intensiver emotionaler Erfahrungen. So werden Ihre Besitztümer einen Teil Ihrer Traurigkeit annehmen, wenn Sie über längere Zeit traurig sind. Kristalle, Edelsteine, Gold und Silber absorbieren Energien sehr leicht, sodass Sie, wenn Sie Schmuck aus zweiter Hand kaufen, dessen Ursprung Sie nicht sicher kennen, möglicherweise mehr nach Hause bringen, als Sie gedacht hatten. Ich rate Ihnen dringend, jedes gebrauchte Schmuckstück gründlich zu reinigen, bevor Sie es tragen. Das können Sie mit verschiedenen Methoden tun, die ich später in diesem Kapitel beschreiben werde.

Es ist auch möglich, die Energie eines Gegenstandes durch Intention zu verändern. Um das zu illustrieren, werde ich Ihnen nun von einem Vorfall berichten, der sich zutrug, als ich in den Zwanzigern war. Diese Geschichte zeigt, wie ein wunderschönes Schmuckstück dadurch verunreinigt werden kann, dass es in falsche Hände gerät.

Gegen Ende zwanzig lernte ich einen Mann kennen, den ich hier Michael nennen will. Wir waren einfach gute Freunde und gingen ein paarmal miteinander aus. Er war kein glücklicher Mensch, da er sich erst kürzlich von seiner vorigen Freundin getrennt hatte. Tatsächlich war er wegen der Trennung extrem verbittert.

Kurz davor hatte auch ich mich von meinem ersten Mann getrennt. Eines Tages erwähnte ich Michael gegenüber, dass ich in meinen Ehering Edelsteine einsetzen lassen wollte, um ihn als Schmuckring zu tragen. Da ich meinen Exmann immer noch gern hatte, dachte ich, dies wäre ein schönes Andenken an unsere gemeinsame Zeit.

Michael sagte, er kenne einen befreundeten Juwelier,

der dies für mich machen würde. Da es eine gute Idee zu sein schien, übergab ich ihm den Ring. Sobald ich es getan hatte, wurde mir plötzlich übel, und ich überlegte mir, ob ich nicht einen Fehler begangen hatte. Tatsächlich sollte ich bald herausfinden, dass dies stimmte.

Kurz darauf begann ich nämlich unter plötzlich auftretenden Kopfschmerzen zu leiden, die ich meiner beruflichen Überlastung zuschrieb. Aber sie wurden immer schlimmer, sodass ich bald jeden Abend vollkommen erschöpft war. Mein Energieniveau nahm von Tag zu Tag ab. Da ich keine Ahnung hatte, wodurch dies verursacht wurde, machte ich einfach in der Hoffnung weiter, die Situation würde sich irgendwann schon bessern. Mein Leben war ziemlich gut, da ich glücklich war und mich an den Alltag als geschiedene Frau gewöhnt hatte. Ich hatte einen interessanten Beruf und war dabei, mir einen neuen Freundeskreis aufzubauen. Michael sah ich wegen eines Vorfalls, über den ich später berichten werde, nicht mehr. Allerdings hatte er immer noch meinen Ring und ich rief ihn von Zeit zu Zeit an, um ihn daran zu erinnern, ihn mir zurückzugeben.

Eines Abends schlugen ein paar Freunde vor, dass wir doch einem Club für Singles beitreten sollten. Das schien mir eine gute Idee zu sein und wir gingen gemeinsam zu einer Veranstaltung in einem Londoner Hotel. Es hörte sich alles sehr vielversprechend an und die Organisatoren baten diejenigen von uns, die Interesse hatten, aber die Anmeldeformulare noch nicht ausgefüllt hatten, doch noch zu bleiben. Vermutlich wollten sie herausfinden, ob wir wirklich als Mitglieder geeignet wären.

Als ich an die Reihe kam, strich der junge Mann, der

mein Anmeldeformular gelesen hatte, mit der Hand darüber. Heute weiß ich, dass er ein Medium war und mich auf hellsichtige Weise überprüfen wollte. Er sah mich an und fragte: »Geht es Ihnen gut?« Ich spürte, wie mich ein kalter Schauer durchlief. »Nicht wirklich«, antwortete ich. Ich erzählte ihm von den Kopfschmerzen und meinem Mangel an Energie. Er sagte, er würde gern noch etwas bleiben, die Kopfschmerzen wegmachen und mir helfen. Da er vertrauenswürdig und authentisch zu sein schien, nahm ich sein Angebot an.

Er sagte mir, dass seiner Meinung nach irgendjemand einen negativen Einfluss auf mich ausübte. Weiter sagte er, er glaube, diese Person habe zweifelhafte Absichten und ein verborgenes Motiv. Sofort dachte ich an Michael. Als ich seinen Namen erwähnte, spürten wir beide, wie uns die Haare zu Berge standen, was ein klassischer Hinweis darauf ist, dass wir mit der Energie dunkler Mächte in Berührung gekommen waren.

Er fragte mich, ob ich irgendetwas von Michael dabeihatte. Als ich daraufhin meine Handtasche öffnete, spürten wir beide eine starke negative Energie. Ich leerte sie auf dem Tisch aus und mein Gesprächspartner fuhr mit der Hand über den Inhalt. Dann zog er zwei Blatt Papier heraus: zwei kurze Mitteilungen, die Michael mir geschrieben hatte.

Er nahm eine Metallschüssel und verbrannte die Briefe. Der Gestank war zwar furchtbar, aber die Atmosphäre fühlte sich augenblicklich reiner an. Dann fuhr er mit der Hand noch einmal über meine Sachen und sagte, in meinem Tagebuch wäre noch etwas. Wir sahen hinein und fanden hinten eine Seite, auf die Michael seinen Namen und seine Adresse geschrieben hatte. Der Mann riss die Seite heraus, und als er auch sie verbrannte, fühlte ich mich schon viel besser.

Dann riet er mir, nach Hause zu gehen und vor dem Schlafengehen das Vaterunser zu beten, da mich dies beschützen würde. Weiter sagte er, er und seine Freunde würden eine Kerze für mich anzünden und darum beten, dass Michaels Einfluss über mich gebrochen würde. Er bestätigte mir, dass Michael meinen Ring benutzte, um mir Energie und Kraft zu entziehen. Seiner Meinung nach war Michael an okkulten Aktivitäten beteiligt.

Ich fuhr nach Hause und obwohl ich ziemlich aufgewühlt war, schlief ich gut. Den ganzen nächsten Tag über ging es mir gut, bis mich gegen 17 Uhr eine extreme Müdigkeit überkam. Am Abend rief mich der junge Mann an und entschuldigte sich dafür, dass die Kerze, die er für mich angezündet hatte, um 17 Uhr unbemerkt ausgegangen war. Jetzt wollte er eine Bienenwachskerze anzünden, die hoffentlich länger brennen würde. Nachdem eine Woche lang Kerzen für mich gebrannt hatten und Gebete für mich gesprochen worden waren, war ich von Michaels Einfluss frei und die Kopfschmerzen und die Müdigkeit waren verschwunden.

Ich hörte einen Monat lang nichts von Michael, bis er mich gänzlich unerwartet anrief und fragte, ob ich am Wochenende etwas mit ihm unternehmen wolle. Er erinnerte mich daran, dass am Wochenende Halloween war, und schlug vor, dass wir uns mit einer Gruppe seiner Freunde treffen könnten, die einen Hexenzirkel abhalten wollten. Ich muss wohl kaum erwähnen, dass ich seine Einladung mit aller Deutlichkeit ablehnte.

Ein Ring ist ein machtvolles Symbol, mit dem man Liebe und Verbundenheit anzeigt, aber Michael und seine Kollegen hatten dies offensichtlich pervertiert und benutzten den Ring, um mir meine Energie zu stehlen. Kurz nach dieser Absage erhielt ich den Ring in einem Briefumschlag zurück, aber seine Energie fühlte sich so schrecklich an, dass ich ihn so schnell wie möglich loswerden wollte. Die Moral dieser Geschichte ist, dass man vorsichtig sein sollte, wenn man einen persönlichen Gegenstand, der einem am Herzen liegt, einem anderen Menschen übergibt. Wenn Sie es dennoch tun, rate ich Ihnen dringend, ihn hinterher zu reinigen, indem Sie ihn mit Salbei räuchern.

Antiquitäten und Möbel

Vor einigen Jahren war ich ganz besessen von der Idee, genug Geld zu haben, um mein Heim mit Antiquitäten zu füllen. Heute ziehe ich neue Dinge vor, weil sie frisch sind, und halte nicht mehr so viel von alten Möbeln, auch wenn ich noch einige wunderbare alte Stücke besitze, die ich aus China mitgebracht habe. Wie Schmuck können auch Antiquitäten die Energie ihrer früheren Besitzer speichern. Wenn Sie dennoch Antiquitäten oder gebrauchte Möbel kaufen möchten, können Sie diese mit ein paar einfachen Schritten überprüfen, um sicherzugehen, dass sie keine negativen Energien in sich tragen.

Übung: *Gegenstände auf Energien untersuchen*

~ Um sich zu schützen, stellen Sie sich vor, Sie wären von einer violetten Flamme umgeben.
~ Stellen Sie sich neben den Gegenstand und berühren Sie ihn.
~ Konzentrieren Sie sich auf ihn und schließen Sie die Augen, um Ablenkungen auszuschließen.
~ Öffnen Sie sich der Energie des Gegenstands und achten Sie darauf, ob sich Ihre Gefühle in irgendeiner Weise verändern.

Wenn Sie nichts vollkommen Positives spüren, sollten Sie das Stück nicht kaufen. Wenn Sie im Geschäft nichts Negatives spüren, werden Sie wahrscheinlich auch zu Hause nichts wahrnehmen. Die Energie eines Gegenstandes verändert sich nicht, wenn Sie ihn nach Hause bringen – auf jeden Fall wird sie sich dadurch nicht verschlechtern. Wenn überhaupt, dann wird die Atmosphäre Ihres Hauses das Energieniveau des Gegenstands anheben und ihn wirklich zu Ihrem Besitz machen. Wenn Sie das Gefühl haben, Antiquitäten oder gebrauchte Möbel, die Sie besitzen, hätten eine negative Ausstrahlung, dann sollten Sie diese mit brennendem Salbei oder Räucherstäbchen reinigen.

Kunstgegenstände und Bastelarbeiten

Alles Handgemachte wird die Stimmung desjenigen aufnehmen, der es geschaffen hat. Aus diesem Grund berühren uns bestimmte Kunstwerke auch so stark. Bilder oder Skulpturen, die förmlich danach schreien, von uns gekauft zu werden, besitzen eine Anziehungskraft, die eine Kombination aus Farbe, Form, Komposition und der positiven Energie des Künstlers ist. Die Gefühle, die er bei der Erschaffung hatte, sind in der Farbe, dem Stein oder Holz gespeichert. Handgemachte Gegenstände wie Bilder oder Schnitzereien sind ja deshalb so wunderbare Geschenke für Familienmitglieder und Freunde, weil man die Essenz des Künstlers in dem Geschenk spürt.

Reinigen Sie Ihre Einkäufe

Wann immer Sie etwas Gebrauchtes kaufen, gleich ob Schmuck, antike Möbel oder Küchengeräte, sollten Sie es reinigen, bevor es seinen Platz in Ihrem Heim findet. Ist der Gegenstand aus Porzellan oder Glas, können Sie ihn einfach mit Wasser waschen, dem Sie einen Tropfen Wacholderöl hinzugefügt haben. Ein größerer Gegenstand kann mit einer Sprühflasche besprüht werden, in der sie Wasser mit ein wenig Wacholder- oder Salbeiöl gemischt haben, oder Sie können ihn mit Salbei oder Räucherstäbchen (Sandelholz eignet sich dafür sehr gut) räuchern, bis der Gegenstand vollständig vom Rauch erfüllt und umhüllt ist.

Die Energie von Gebäuden und Landschaften

Haben Sie jemals ein Haus betreten und sich auf der Stelle deprimiert gefühlt? Falls ja, haben Sie wahrscheinlich die negative Energie der früheren oder jetzigen Bewohner gespürt. Die Gefühle, Stimmungen und Gedanken von Menschen können über sehr lange Zeit in einem Gebäude gespeichert sein. Hat sich jemand, unmittelbar bevor Sie einen Raum betreten, darin gestritten, so werden Sie auch dies möglicherweise spüren.

Wenn Sie sich ein Haus ansehen, das Sie kaufen möchten, sich aber unerklärlicherweise davon abgestoßen fühlen, könnte dies daran liegen, dass die Besitzer dort unglücklich waren. Bei jedem Umzug in ein neues Haus sollten Sie die Atmosphäre sorgfältig prüfen und so viel wie möglich über die bisherigen Bewohner herausfinden. Ein Gebäude wird traumatische Ereignisse bewahren, besonders wenn diese mit Gewalt verbunden sind, und eine niedrige Schwingung annehmen, sodass es sich kalt und düster anfühlt. Später werde ich Ihnen zeigen, wie Sie die Energie eines Gebäudes überprüfen können.

Natürlich kann ein Gebäude auch ausgesprochen positive Energien speichern. Als ich mir unser Haus in Burley zum ersten Mal ansah, dachte ich spontan: »Was für ein glückliches Haus!« Und als ich die bisherigen Eigentümer kennenlernte, konnte ich auch verstehen, warum. Sie waren eine wunderbare Familie, standen sich sehr nahe und waren sehr glücklich miteinander. Jeder nahm regen Anteil an den anderen, und sie hatten herrliche Pferde. Da die Tochter des Hauses eine sehr erfolgreiche Springreiterin war, waren die Pferde ein fester Bestandteil ihres Lebens.

Das einzige Zimmer des Hauses, das sich nicht so gut anfühlte, war das Esszimmer, das sie kaum jemals benutzten. Ich glaube, sie lagerten dort die Sättel. Sie waren eine »Küchenfamilie«, bei ihnen spielte sich alles – selbst die Feste – in der großen Küche ab. Dieser Teil des Hauses wirkte besonders einladend auf mich, und man konnte die Freundlichkeit des Hauses und seiner Besitzer schon spüren, sobald man durch die Tür trat.

Energie und Baumaterialien

Die Struktur eines Wohnhauses und jedes anderen Gebäudes wird die Gedankenform seiner Bewohner bewahren. Die Mauersteine, das Holz, der Gips und ganz besonders Natursteine wirken wie Überträger und Magneten und speichern die Energie aller Gefühle und Ereignisse, die sich innerhalb der Wände abspielen.

Mir ist aufgefallen, dass Naturstein und Marmor Energien in größerem Maß aufnehmen als Mauersteine. Holz ist ein gutes Baumaterial, da es sich etwas von seinem eigenen Leben bewahrt und einen beruhigenden Einfluss auf die Energien im Haus ausübt. Ich persönlich liebe Holzhäuser und finde es sehr schade, dass ihr Bau kaum gefördert wird. In Finnland oder Russland ist es vollkommen normal, Häuser ganz aus Holz zu bauen. Diese Häuser sind extrem gemütlich und sehr warm.

Tragische Ereignisse aus der Vergangenheit

Nicht nur Gebäude werden durch die Energie negativer Gefühle oder schockierender, gewalttätiger oder traumatischer Ereignisse beeinflusst, selbst auf ganze Landschaften wirken diese sich aus. Einmal besuchte ich das Schlachtfeld von Spion Kop in Südafrika. Normalerweise suche ich solche Orte nicht auf, aber meine Eltern hatten mich auf eine Reise zu allerlei »Sehenswürdigkeiten« mitgenommen.

Wie viele Männer seiner Generation interessierte sich mein Vater für Militärgeschichte und Kriegsdenkmäler, und meine Mutter hatte an dieser Schlacht vor allem deshalb Interesse, weil ihr Vater – mein Großvater – nur durch eine interessante Kombination verschiedener Umstände nicht dabei gewesen war. Er diente in der britischen Armee und hatte sich als Offizier beworben. An dem Tag, an dem er getestet werden sollte, hatte er allerdings so furchtbare Kopfschmerzen, dass er die Prüfung nicht ablegen konnte. Als Konsequenz daraus trat er aus der Armee aus. Kurz darauf wurde sein früheres Regiment nach Südafrika entsandt, wo es bei Spion Kop auf die Buren traf. Die Schlacht endete für die Engländer in einer Katastrophe und das Regiment wurde nicht nur stark dezimiert, sondern erlebte auch eine der verheerendsten Niederlagen seiner Geschichte. Und Spion Kop war ein Name, der meiner Familie viel bedeutete.

Als wir aus dem Auto stiegen und in die kalte, karge und deprimierende Landschaft hinaustraten, begann ich zu zittern und fühlte mich während unseres gesamten Aufenthalts dort ganz furchtbar. Ich konnte die Verwüstung, die Angst und den Schrecken der Schlacht spüren, weil die ganze Atmosphäre dieses Ortes davon erfüllt war. Es war ein schrecklicher Platz und wir waren alle froh, als wir ihn wieder verließen.

Grausamkeit, Schmerz und Leid hinterlassen ihre Eindrücke an jedem Ort, an dem Menschen gelitten haben. Zwar habe ich keines der Konzentrationslager des Zweiten Weltkriegs besucht, aber mir wurde von Leuten, die dort waren, gesagt, dass diese Orte furchtbare Erinnerungen bewahren, und zwar nicht nur in den Fotografien und den Relikten dieser Zeit, in der diese furchtbaren Dinge geschahen, sondern in der Atmosphäre der Gebäude und der gesamten Umgebung.

Sie werden vermutlich nicht nur die Kälte und Finsternis solcher Orte spüren, Sie werden vielleicht sogar erleben, dass sich Ihre Nackenhaare aufstellen. Das ist immer ein untrügliches Zeichen dafür, dass besonders niedrige Schwingungen präsent sind. Möglicherweise sehen Sie sogar Visionen vergangener Ereignisse, die ihre Eindrücke hinterlassen haben, oder Sie hören Geräusche aus der Vergangenheit. All dies sind Zeichen von Energiemustern, die immer noch an diesen Orten gespeichert sind.

Ein Gebäude, das vom Pech verfolgt wurde

Gewisse Orte oder Gebäude scheinen ihren Bewohnern nichts als Pech zu bringen. Eines Tages fuhr ich mit meiner Mutter durch Cotswold, einen besonders schönen und malerischen Teil Zentralenglands. Wir waren den ganzen Tag unterwegs gewesen und es begann bereits zu dämmern, als ich mich gedrängt fühlte, durch eine gewundene Straße zu fahren. An ihrem Ende stand ein großes, heruntergekommenes Gebäude, das wie ein altes, in einem überwucherten Garten liegendes Herrenhaus aussah.

Wir gingen eine Weile dort herum, aber schon bald begannen wir uns unwohl zu fühlen. Es wurde allmählich dunkel und wir fingen an uns zu fürchten. Das Haus und der Garten waren nicht nur düster, sie wirkten auch traurig und trostlos. Schnell stiegen wir wieder ins Auto, fuhren die Straße ein Stück nach oben, bevor wir anhielten, um die Geschichte dieses Hauses in unserem Reiseführer nachzuschlagen.

Im Buch lasen wir, dass an einem Weihnachtsabend vor vielen Jahren die Tochter des Hauses ihren Geburtstag feierte und das Haus voller Gäste war. Sie beschlossen, verstecken zu spielen, und die Tochter lief davon, um sich ein Versteck zu suchen. Überall im Haus wurde nach ihr gesucht, aber sie war nicht zu finden, sodass man bald anfing, sich Sorgen zu machen. Schließlich wurde sie in einer alten Truhe gefunden, in der sie sich verborgen hatte und die nun tragischerweise zu ihrem Sarg geworden war: Der Deckel war zugefallen, sodass sie erstickt war. Ein Volkslied mit dem Titel *The Mistletow Bow* wurde über den traurigen Vorfall geschrieben.

Das Haus bewahrte aber noch eine andere tragische Erinnerung in seinen Mauern. Im 17. Jahrhundert, während des englischen Bürgerkriegs, hielt ein Diener den Herrn des Hauses in einer geheimen Kammer in der Mitte des Hauses versteckt. Unglücklicherweise wurde dieser Diener getötet, und da außer ihm niemand von dem Versteck wusste, starb auch der Lord.

Kein Wunder, dass sich das Haus so trostlos und düster angefühlt hatte, und es überraschte uns kaum, dass es schließlich nicht mehr bewohnt worden und zu einer Ruine zerfallen war. Da die Energien eines tragischen Ereignisses ein weiteres gefördert hatten, wollte niemand ein drittes riskieren.

Das Zimmer im alten Gasthof

Vor vielen Jahren hatte ich einen Freund, dessen Mutter Haushälterin eines früheren Gasthofs im südenglischen Portsmouth war, einem wunderbaren alten Haus direkt an der Strandpromenade im ältesten Teil dieses uralten Hafens. Die Mutter meines Freundes schätzte sich sehr glücklich, sich um das Gebäude kümmern zu dürfen, das von einer großen Spedition gekauft worden war, um dort Veranstaltungen für das Management und für Großkunden durchzuführen.

Sie hatte nur ein Problem. Der alte Gasthof war wunderbar restauriert worden und fühlte sich zum größten Teil warm und freundlich an, aber es gab einen Raum mit Blick auf den Hafen, den sie stets verschlossen halten musste, weil sich der Hund immer hineinschlich und mitten auf dem Teppich sein Geschäft verrichtete – jedes Mal genau an derselben Stelle. In diesem Raum, so erzählte sie mir, war das letzte tödliche Duell Englands ausgetragen worden. Der Tod eines der Duellanten hatte offensichtlich eine negative Energie im Zimmer hinterlassen, die so stark war, dass der Hund jedes Mal die Kontrolle über seinen Darm verlor.

Aktive negative Energien an Orten

Bis jetzt habe ich mich darauf konzentriert zu beschreiben, auf welche Weise Ereignisse der Vergangenheit einen negativen Eindruck in Gebäuden und an Orten hinterlassen. Man könnte dies als »inaktive« Negativität bezeichnen, da die Ursache nicht mehr aktiv ist. Wir spüren zwar die Nachwirkungen, aber wir waren nicht dabei, als die negativen Schwingungen hinterlassen wurden. Nun aber wollen wir uns anschauen, wie wir damit umgehen, wenn wir aktiven dunklen, niedrigen Energien begegnen, die gerade entstehen.

Wenn wir in die Nähe eines Ortes kommen, an dem es immer wieder zu Gewalt, Grausamkeit, Schmerz oder Missbrauch irgendeiner Art kommt – physisch, mental oder verbal –, werden wir davon, je nachdem wie feinfühlig wir sind, mehr oder weniger stark beeinflusst, weil die Orte, an denen derartige Ereignisse stattfinden, verseucht sind. Wenn Sie berufsmäßig mit solchen Orten zu tun haben, sind Sie diesen Einflüssen ausgesetzt, selbst wenn sich diese nicht während Ihrer Anwesenheit ereignen. Daher sollten Sie sich schützen (wie auf Seite 151, Kap. 3 beschrieben) und sich nach einem Aufenthalt dort gründlich reinigen.

Aktive negative Energie in Städten

Jeder Akt von Gewalt wird die Schwingungsfrequenz eines Ortes senken. Ich bin sicher, auch Sie kennen Stadtteile, in denen Sie abends lieber nicht spazieren gehen würden, weil Sie sich dort bedroht fühlen. In den meisten Großstädten gibt es Orte, von denen man sich einfach fernhält und an denen man die Angst und die Bedrohung fast körperlich spüren kann. Häufig hängt dies mit einer hohen Kriminalitätsrate, Glücksspiel oder Prostitution zusammen. Wenn Sie sich in einem solchen Stadtteil unwohl fühlen, dann ist es sicherlich klug, auf Ihre Intuition zu hören und sich von ihm fernzuhalten.

Sie können sich normalerweise darauf verlassen, dass Ihre Intuition Ihnen sagt, ob Sie in Gefahr sind oder nicht. Sie werden spüren, dass Sie sich schon unwohl fühlen, wenn Sie sich nur in der Nähe eines solchen Ortes befinden.

Einer meiner Freunde fuhr vor Kurzem mit einem Bekannten durch einen Londoner Stadtteil. Er bat seinen Freund, das Auto anzuhalten, damit er sich an einem Kiosk etwas kaufen konnte. In der kurzen Zeitspanne, die er brauchte, um vom Auto zum Kiosk und zurück zu kommen, wurde er Zeuge von drei kriminellen Vorfällen. Er sah, wie eine Frau ein Auto aufbrach, er beobachtete in einer Gasse einen Kampf, und er bekam mit, wie eine Gruppe junger Männer aus einem Geschäft stürmte, in dem sich wohl ein weiterer Vorfall ereignet haben musste.

Als er wieder im Auto ankam, war er vollkommen erschöpft. Er schlief während der nächsten halben Stunde, dann bat er seinen Freund, noch einmal anzuhalten, da ihm übel geworden war. Er wurde von einem kurzen, aber heftigen Brechanfall geschüttelt, nach dem er sich vollkommen geschafft fühlte. Mein Freund erzählte mir, dass es so schien, als ob sein Körper all das Negative, das er gesehen und aufgenommen hatte, loswerden und sich davon reinigen wollte. Anschließend schlief er während der ganzen Rückfahrt und dann noch einmal vier Stunden zu Hause. Sein ganzes Wesen musste sich heilen, nur weil er der Gewalt in dieser Stadt nahe gekommen war.

Aktive negative Energie in Gebäuden

Woher wissen wir, ob sich in einem Gebäude negative Energie befindet? Es kann sichtbare Anzeichen wie Schimmel oder Feuchtigkeit geben, bestimmte Zimmer können ohne ersichtlichen Grund kälter sein als andere, das ganze Haus mag kälter als die Umgebung sein. Ein markantes Absinken der Temperatur ist für mich immer ein erster Hinweis. Man bekommt selbst bei laufender Heizung Gänsehaut oder es laufen einem kalte Schauer den Rücken herunter. Vielleicht spürt man auch diese »Spinnweben«, die ich bereits beschrieben habe. Im Extremfall kann es passieren, dass sich die Nackenhaare oder die Haare auf den Unterarmen aufstellen.

Wahrscheinlich werden Sie sich auch emotional anders fühlen. So können Sie plötzlich fürchterlich traurig oder deprimiert werden oder unerklärlicherweise Angst bekommen. Wörter wie »dunkel«, »trostlos« oder »deprimierend« fallen Ihnen ein, wenn Sie das Gebäude oder ein bestimmtes Zimmer beschreiben sollen.

Negative Energien in Gebäuden und an Orten auflösen

Es gibt vieles, das Sie tun können, um einen Ort von negativen Energien zu reinigen. Denken Sie immer daran, dass das Licht stärker ist als die Finsternis und dass die hohen Schwingungen positiver Energie die niedrigen Schwingungen negativer Energie überwinden. Die folgenden Methoden eignen sich für Räume und Orte, an denen Sie sich länger aufhalten oder die Sie sogar bewohnen. Sie setzen hohe Schwingungen ein, entweder durch Blütenessenzen, Kristalle oder Klänge. Ich habe sie alle ausprobiert und festgestellt, dass sie gut funktionieren. Schon allein die Absicht, die Atmosphäre aufzuhellen, bringt Sie ein gutes Stück voran.

Reinigen

Als Erstes sollten Sie den Ort gründlich reinigen. Wischen Sie Staub, waschen Sie Wände und Böden und beseitigen Sie Schmutz und Spinnweben, besonders in den Ecken. Streichen Sie die Wände in hellen, fröhlichen Farben und wählen Sie entsprechende Dekorationen aus. Später in diesem Kapitel werden Sie noch mehr über das Reinigen und Auflösen erfahren.

Räuchern

Salbei ist ein Kraut, das auf sehr wirksame Weise reinigt. Getrocknet brennt es gut und erzeugt viel Rauch. Die Räucherzeremonien der amerikanischen Ureinwohner beinhalten, dass der Rauch von einem glimmenden Bündel Salbeizweige in alle Ecken des Hauses gefächelt wird. Räuchern Sie möglichst das ganze Haus, alle Winkel, auch Schränke, Dachböden und Keller.

Räucherstäbchen

Räucherstäbchen können ebenfalls zum Räuchern benutzt werden. Es gibt sie in verschiedenen Duftkombinationen, die allesamt sehr angenehm riechen, auch wenn manche von ihnen wohl etwas zu stark und überwältigend sein können. Räucherwerk gibt es auch zu kleinen Kegeln gepresst, die dann in einem Weihrauchgefäß verbrannt werden, das hin und her geschwungen wird, sodass sich der Rauch im ganzen Haus verteilt. Die katholischen Priester haben diese Methode seit Jahrhunderten benutzt, um die Kirchen vor dem Gottesdienst zu reinigen. Sandelholz ist ebenfalls sehr gut geeignet, um Räume zu reinigen, und Lavendel kann ein Gefühl des Friedens und der Entspannung vermitteln.

Natürliche Raumsprays

Natürliche Sprays statt der synthetischen, die gern verkauft werden, sind ideal zur Reinigung geeignet. Es gibt sie in Sprühflaschen, die einen feinen Nebel verteilen. Sie enthalten Kristallessenzen oder essenzielle Öle (oder beides), die alle negativen Energien auflösen. Gewisse Mischungen sind speziell dafür gedacht, Räume zu reinigen. Ich reinige meinen Heilraum vor und nach jeder Sitzung mit einem Raumspray. Auf Reisen nehme ich immer einen Spray mit, damit ich mein Hotelzimmer reinigen kann.

Duftöle

Die effektivste Methode, einen Raum mit Duftölen zu reinigen, besteht darin, die Öle in einer mit Wasser gefüllten Duftlampe zu erhitzen. Man kann auch nur das Öl erhitzen, aber werden ein paar Tropfen in Wasser gegeben, wird der Dampf die Essenz über einen längeren

Zeitraum in alle Ecken des Raumes tragen. Wacholder, Salbei, Sandelholz und Pfefferminze eignen sich besonders gut zur Reinigung. Sie können natürlich auch fertige Mischungen kaufen, die speziell dafür gedacht sind, Räume zu klären.

Musik

Jede Form erhebender Musik wird die Atmosphäre eines Raumes verändern und sein Schwingungsniveau anheben. Suchen Sie sich etwas aus, das Ihnen persönlich gefällt – ganz gleich, ob es sich um Pop, Garage Rock, Rhythm and Blues oder Klassik handelt. Bestimmte Stücke klassischer Musik scheinen besonders gute heilende Eigenschaften zu haben, zum Beispiel *Ave Maria* von Gounod oder Beethovens *Pastorale*.

Chanting

Das Singen von Mantras ist besonders effektiv, um die Schwingungsfrequenz eines Gebäudes anzuheben. Manche buddhistische Mönche tun beinahe nichts anderes, wobei natürlich jedes Mantra eine andere Botschaft zu vermitteln und einen anderen Zweck zu erfüllen hat. Sie können CDs kaufen, auf denen Mönche Mantras singen, um einen energetischen Schutzwall für die Bewohner eines Gebäudes zu errichten.

Ich persönlich mag das Mantra *Om Mani Padme Hum* besonders, denn es enthält einen wunderbaren Segen, der negative Gefühle und Einstellungen auflöst und die Atmosphäre eines Raumes beinahe augenblicklich ver-

ändert. Ich habe auch eine CD mit Gregorianischen Ge-
sängen, die eine sehr alte westliche Form des Chantings
darstellen. Sie können sich natürlich auch Ihr eigenes
Mantra ausdenken, das auf Ihre Bedürfnisse und Ihre
Situation zugeschnitten ist. Singen Sie einfach eine Me-
lodie mit einer positiven Stimmung und dazu vielleicht
Worte mit einer positiven Aussage. Die Schwingungen
werden einen starken erhebenden Effekt nicht nur auf
den Raum, sondern auch auf Sie haben.

Glocken, Zimbeln und Klangschalen

Glocken und Zimbeln haben ein breites Schwingungs-
spektrum und können einen Raum sehr schnell beeinflussen. In vielen esoterischen Buchläden können Sie
Zimbeln kaufen, wie sie die buddhistischen Mönche bei
ihren Zeremonien gebrauchen. Diese Mönche benutzen
auch Klangschalen, deren Ränder mit einem Holzklöppel gerieben werden, bis wunderschöne Schwingungen
durch den Raum hallen.

Gehen Sie in alle Ecken des Hauses und lassen Sie dort
die Glocken, Zimbeln oder Klangschalen ertönen. Dabei
können Sie eine Affirmation oder eine Anrufung zum
Wohle des Gebäudes sprechen. So können Sie zum Beispiel die Energien der Gesundheit, des Reichtums und
der Harmonie herbeirufen. Der Klang Ihrer Worte wird
von den Schwingungen der Glocken, Zimbeln oder
Klangschalen durch das ganze Haus getragen werden.

Kristallschalen

Ein weiteres ausgezeichnetes Mittel, um die Atmosphäre zu reinigen, sind Kristallschalen. Diese werden aus winzigen Bergkristallsplittern hergestellt und erzeugen einen erstaunlichen Ton, der noch lange widerhallt, wenn man mit einem mit Leder bezogenen Klöppel über den Rand der Schale streicht.

Klatschen

Eine ganz einfache Möglichkeit, stagnierende Energien aufzulösen, die sich in den Ecken und Winkeln eines Gebäudes angesammelt haben können, besteht darin, in die Hände zu klatschen. Tun Sie das mehrmals und sagen Sie dabei eventuell auch Ihre Anrufungen oder Affirmationen auf.

Salz

Salz zieht negative Energien an und nimmt sie auf. Daher ist Salz eine sehr nützliche Substanz, um ein Haus energetisch zu reinigen. Waschen Sie entweder die Wände und Böden mit Wasser, in dem Meersalz aufgelöst wurde, oder streuen Sie Salzkristalle in die Kanten und Ecken jedes Zimmers und lassen Sie sie dort einen Tag lang liegen, bevor Sie sie wieder auffegen.

Symbole

Es folgen zwei Symbole, die Sie bereits kennen und die Sie ebenfalls benutzen können, um Ihre Wohnung oder

Ihren Arbeitsplatz energetisch zu reinigen. Das erste Symbol (Loslassen) löst alle Gedankenformen auf, das zweite (Heilen) bringt Licht und die hochfrequente Schwingung der Liebe in einen Raum.

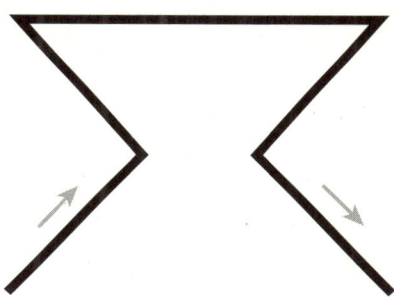

Das Symbol des Loslassens

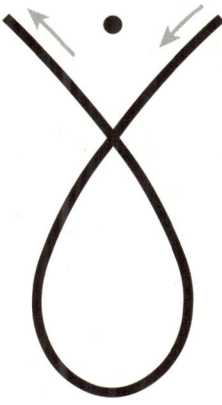

Das Symbol des Heilens

Übung: *Einen Raum mit dem Loslasssymbol und dem Heilsymbol reinigen*

~ Zeichnen Sie das Loslasssymbol in jeder Ecke des Raumes dreimal in die Luft. Dadurch werden alle negativen Energien aufgelöst.

~ Zeichnen Sie nun das Heilsymbol dreimal in die Luft.

~ Halten Sie die Handflächen einige Augenblicke lang auf die Ecken gerichtet und stellen Sie sich weißes Licht vor, das aus Ihren Händen strömt und den Raum erfüllt.

Segnungen

Wenn einer meiner Bekannten oder Freunde in ein neues Haus zieht, rate ich ihm immer, eine Segnung durchzuführen oder mich eine solche durchführen zu lassen.

In vielen Kulturen wird dies ganz selbstverständlich getan. Im alten Britannien beispielsweise hängte man Kräuter in den Hauseingang und ein Priester weihte jedes neue Gebäude. Selbst heute kennen wir bei Großprojekten noch die Zeremonie der Grundsteinlegung oder bei Privathäusern die des Richtfests, die ebenfalls Formen der Segnung darstellen. Sollten Sie das Glück haben, Ihr eigenes Haus entwerfen und bauen zu können, rate ich Ihnen, das Grundstück vor Baubeginn zu segnen.

Übung: Ein Haus segnen

Ich beschreibe nun eine einfache Haussegnungszeremonie, die ich vor Jahren von meinem Reiki-Meister erlernte. Ich glaube, sie ist japanischen Ursprungs, und ich weiß, dass sie eine wunderbare Wirkung auf die Energie und Atmosphäre von Häusern hat. Sie können sie auch bei Ihrem Haus anwenden.

Stufe 1
Legen Sie die folgenden Gegenstände auf einem Tablett bereit.

~ Eine Blume als Symbol für Leben und Glück. Jede Blume ist dafür geeignet, aber eine rosafarbene Rose, die Liebe symbolisiert, passt besonders gut.
~ Eine Schüssel mit gesegnetem Wasser, mit dem Sie das Haus segnen werden. Wenn Sie kein heiliges Wasser bekommen können, stellen Sie Ihr eigenes her, indem Sie das Heilsymbol dreimal über dem Wasser in die Luft zeichnen und dann die Hand über das Wasser halten, damit es die heilende Energie aufnehmen kann.
~ Eine kleine Schüssel mit Salz, um Reichtum zu symbolisieren.
~ Eine kleine Schüssel rohen Reis, um Nahrung zu symbolisieren.
~ Eine angezündete Kerze, um das Licht und das Göttliche zu symbolisieren.
~ Ein brennendes Räucherstäbchen in einem Halter, um die Energien des Hauses zu reinigen.

Stufe 2
Gehen Sie nun zu den vier Ecken des Hauses oder segnen Sie dann die vier Ecken jedes Raumes.

~ Verbeugen Sie sich in jeder Ecke des ersten Raumes.

~ Zeichnen Sie das Heilsymbol dreimal in die Luft und richten Sie die Handflächen auf die Ecken, um die heilende Energie dorthin zu projizieren.

~ Tauchen Sie die Blume in das gesegnete Wasser und bespritzen Sie damit die Ecken.

~ Halten Sie das Tablett in die Höhe, so als ob Sie seinen Inhalt der Ecke opfern wollten.

~ Wiederholen Sie den Vorgang in jeder Ecke.

~ Stellen Sie sich dann in die Mitte des Raumes und sagen Sie: »Ich rufe Frieden, Liebe, Reichtum, Gesundheit und Glück in dieses Haus!« Sie können natürlich auch eigene Worte benutzen. Ich habe diese Zeremonie auch in Büros durchgeführt, wobei ich die Worte natürlich etwas angepasst habe. Wenn Sie die vier Ecken des Hauses segnen, sprechen Sie die Worte in der Mitte des Hauses.

Das Harmoniesymbol wird benutzt, um die Segnung eines Raumes zu bekräftigen und zu verstärken.

~ Zeichnen Sie anschließend das Harmoniesymbol dreimal in die Luft.

~ Gehen Sie in den nächsten Raum und wiederholen Sie den Vorgang.

Stufe 3

~ Wenn Sie das ganze Haus gesegnet haben, stellen Sie das Tablett in die Mitte des Hauses (oder so zentral wie möglich). Lassen Sie das Räucherstäbchen und die Kerze brennen, bis sie von selbst erlöschen. Die Blume können Sie in einer Vase stehen lassen, bis sie verwelkt ist.

Ein Haus entgiften

Sie müssen keine emotionalen Traumata erlitten haben, um die Atmosphäre Ihrer Wohnung zu beeinflussen. Negative Energien können sich sehr viel leichter ansammeln. Wenn Sie zulassen, dass Ihr Haus oder Ihre Wohnung unaufgeräumt und mit dem Müll des alltäglichen Lebens vollgestopft ist, werden dessen Energien das Haus langsam, aber sicher vergiften.

Das wird sich wiederum auf Sie persönlich auswirken, da Ihr Haus ein Spiegel Ihrer selbst ist. Unordentliche Schränke, die vollgestopft mit Dingen sind, die Sie nie brauchen, spiegeln Ihre geistige Verfassung wider. Daher sollten Sie jetzt die Vergangenheit loslassen und voranschreiten.

Frühjahrsputz für die Wohnung ist Frühjahrputz für Ihr Leben

Ich rate meinen Klienten häufig, in ihrem Haus einen Frühjahrsputz durchzuführen – also eine gründliche Aufräum- und Reinigungsaktion –, da sie auf diese Weise symbolisch zeigen, dass sie bereit sind, ihr Leben zu reinigen und zu entgiften. Indem Sie die Reste der Vergangenheit wegwerfen, erschaffen Sie einen Raum für neue, aufregende Dinge – neue Projekte, neue Chancen oder neue Menschen – in der Gegenwart.

Ich bin von Natur aus ein Eichhörnchen, also ein Sammler, aber ich habe mich im Laufe der Jahre dazu gezwungen, periodisch eine Wegwerfaktion zu starten, und mir geht es immer sehr gut, wenn ich damit fertig bin. Ich empfehle Ihnen, das Prinzip anzuwenden, nur das zu behalten, was Ihnen wirklich wichtig ist und was Sie regelmäßig benutzen. Der viktorianische Dichter und Maler William Morris schrieb: »Habe nichts in deinem Haus, das du nicht für schön hältst oder von dem du nicht weißt, dass es nützlich ist.«

Wenn ich ein Kleidungsstück ein paar Jahre lang nicht getragen habe, dann ist es unwahrscheinlich, dass ich es überhaupt noch einmal tragen werde. Entweder ist es aus der Mode gekommen oder der Kauf war von Anfang an ein Fehler. Sie greifen in Ihrem Kleiderschrank automatisch nach den Sachen, die Ihnen gefallen und die Ihnen stehen. Falls Sie Kleider haben, die Ihnen nie gefallen haben oder die Sie langweilen, trennen Sie sich von ihnen. Bringen Sie sie in einen Secondhandshop, sodass sich jemand anderes an ihnen erfreuen kann. Sie nützen niemandem, wenn Sie sie irgendwo im hintersten Winkel Ihres Kleiderschranks verstauben lassen. Falls sie sehr teuer waren, rufen sie wahrscheinlich sogar noch Schuldgefühle in Ihnen hervor.

Reinigen Sie die gesamte Wohnung. Saugen Sie Staub, wischen Sie Staub und bringen Sie das ganze Haus auf Hochglanz. Reinigen Sie auch die Fenster, damit so viel Licht wie möglich einströmen kann. Verpassen Sie Türen und Wänden einen neuen Anstrich, falls das nötig ist. Schauen Sie sich die Vorhänge und Möbel daraufhin an, ob sie möglicherweise alt oder abgewetzt sind. Sollte das der Fall sein und sollten Sie es sich leisten können, kaufen Sie neue Möbel in Farben, die Ihnen wirklich gefallen, und nicht in Farben, die praktisch sind und zu allem passen. Bringen Sie Licht und Leben in Ihr Heim, indem Sie auch ein paar Pflanzen kaufen.

All dies wird das Energieniveau Ihres Hauses anheben und dazu beitragen, die Schatten der Vergangenheit aufzulösen. Sie werden es nicht bereuen, sich die Mühe gemacht zu haben, und Sie werden spüren, dass Sie viel mehr Energie haben, wenn Sie sich umschauen und sehen, wie aufgeräumt, sauber und ordentlich Ihr Heim ist. Während Sie also Ihr Haus oder Ihre Wohnung entgiften, entgiften Sie auch sich selbst auf spiritueller Ebene.

Sie werden erstaunt sein, wie wirksam eine solche Aufräum- und Reinigungsaktion ist. Eine meiner Klientinnen beispielsweise beklagte sich, dass sie das Gefühl hatte festzustecken. Sie war häufig müde und lethargisch, suchte aber verzweifelt nach einem Weg, ihr Einkommen aufzubessern. Da sie sich schon eine Zeit lang in diesem Zustand befunden hatte, war ich der Ansicht, dass etwas

Energisches angebracht wäre. Ich schlug vor, dass sie ihr Haus entgiften solle, was sie sofort in Angriff nahm.

Es war zwar schwer für sie, in Gang zu kommen, da es ihr an Elan und Energie fehlte, aber nachdem sie einmal angefangen und das Durcheinander beseitigt hatte, merkte sie, dass sie bereits viel mehr Energie hatte. Als sie mit dem Aufräumen und Neudekorieren des Hauses fertig war, hatte sie auch eine neue Einnahmequelle erschlossen und das Geld begann ihr zuzufließen. Heute lebt sie in einem tollen Haus, hat ihre Lebenslust wiedergefunden und Geldsorgen sind kein Thema mehr für sie.

Feng Shui – den Energiefluss lenken

Wir haben uns bisher die negativen wie positiven Schwingungen in Wohnungen und Gebäuden angeschaut. Aber wir werden auch dadurch beeinflusst, wie die Energie um uns herum fließt. Ein gründlicher Frühjahrsputz wird helfen, stagnierende Energien im Haus zu beseitigen, aber nun wollen wir uns ansehen, wie wir den allgemeinen Energiefluss dauerhaft verbessern können.

Die Art und Weise, wie Energie durch unser Haus strömt, wird sich auf den Fluss unseres Lebens auswirken. Wenn wir Bereiche in unseren Wohnräumen haben, in denen die Energie stagniert, wird ein Bereich unseres Lebens dies widerspiegeln. Dann werden auch wir in bestimmten Bereichen blockiert sein, Mühe haben, uns zu konzentrieren oder zerstreut sein. Wie wir bereits gesehen haben, spiegelt Unordnung in unserem Haus unseren Geisteszustand wider.

Die Kunst, die Energie eines Gebäudes oder einer Landschaft so zu lenken und zu verändern, dass diejenigen, die dort leben oder arbeiten, optimal davon profitieren können, wird als Feng Shui bezeichnet. Feng Shui hat seinen Ursprung in China und ist heute in der ganzen Welt verbreitet. Es ist mittlerweile sehr populär und zu einem veritablen Geschäftszweig geworden. So gibt es viele Firmen, die Feng-Shui-Meister konsultieren, um ihre Erfolgschancen zu optimieren. In Hongkong wird kein Wohnhaus oder Bürogebäude gebaut, ohne dass ein Feng-Shui-Meister die Konstruktion und den Innenausbau überwacht.

In Repulse Bay, wo ich eine Zeit lang lebte, gibt es einen großen Wohnblock, der an einem Hang mit Blick aufs Meer gebaut wurde. Das Gebäude hat eine große leere Fläche im Innern, das den Energien des Berggeistes, den die örtliche Bevölkerung als Drachen bezeichnet, erlauben soll, zum Meer zu kommen. Man glaubt, es würde Unglück bringen, wenn der Drache in seiner Bewegungsfreiheit hin zum Meer eingeschränkt würde.

Meine erste Erfahrung mit Feng Shui hatte ich in Malaysia. Ein paar Tage nach unserem Einzug in unser dortiges Haus gab es ein besonders schweres Gewitter. Das Wasser überflutete die Straßen, floss durch das Tor, stieg die Auffahrt hoch und drang dann ins Büro an der Seite des Hauses ein. Als meine Haushälterin das sah, meinte sie nur: »O, Sie haben Glück.« Offenbar war es so, dass Wasser, das in das Büro drang, einen wahren Geldsegen nach sich ziehen würde. Ich fand das interessant, denn ich hatte bereits beschlossen, dort Computerkurse für die anderen ausländischen Frauen abzuhalten. Die Klassen waren dann tatsächlich sehr gut besucht, und bis ich sie aus anderen Gründen aufgab, stets ausgebucht.

Ich kenne viele Menschen, die mehr Glück hatten und reicher wurden, nachdem sie die Möbel umstellten und einfache Feng-Shui-Methoden anwendeten. Wenn Sie sich für Feng Shui interessieren, empfehle ich Ihnen, ein Buch von einem Kenner der Materie zu kaufen. Nachfolgend gebe ich Ihnen aber schon einmal einige Tipps und Hinweise, wie Sie den Energiefluss in Ihrer Wohnung verbessern können. Ich habe sie alle selbst ausprobiert.

Der Eingangsbereich

Dies ist der Eingang Ihres Heimes und die Schnittstelle zwischen Ihrem Bereich und dem Rest der Welt. Sie sollten ihn stets aufgeräumt und so sauber wie möglich halten. Zeigen Sie der Welt ein strahlendes Gesicht! Stellen Sie dort nicht zu viele Dinge auf, über die man stolpern könnte. Ich empfehle zudem gern, dort zwei Figuren chinesischer Tempelwächter aufzustellen, die Glück bringen und das Haus beschützen. Sie sind in vielen esoterischen Läden erhältlich.

Der Flur

Eine Statue oder Schnitzerei als Zeichen des Willkommens ist eine schöne Begrüßung. Elefanten, die zur Tür schauen, sollen Glück verheißen. Halten Sie auch den Flur aufgeräumt und sauber und machen Sie ihn so attraktiv wie möglich.

Das Schlafzimmer

Stellen Sie das Bett nicht unter ein Fenster oder in die Nähe der Tür. Sie werden besser schlafen, wenn Sie nicht in der Nähe von Türen oder Fenstern sind, vom Bett aus aber einen ungehinderten Blick darauf haben. Psychologisch betrachtet wird dies die unbewusste Angst mildern, jemand könnte des Nachts, wenn Sie am verletzlichsten sind, den Raum betreten und Sie könnten weder flüchten noch sich verteidigen. Allerdings ist es besser, wenn das Bett nicht direkt zur Tür hin ausgerichtet ist, da dies – wieder psychologisch gesehen – einem Einbrecher ermöglichen würde, Sie zuerst zu sehen, bevor Sie ihn sehen können. Die Liegefläche sollte etwas erhöht sein, damit die Energie frei unter Ihnen hindurchfließen kann.

Wichtig ist auch, was wir am Bett haben. Ich habe festgestellt, dass sich Bücher, Zeitschriften und Zeitungen störend auf meinen Schlaf auswirken. Normalerweise hatte ich mindestens sechs Bücher gleichzeitig herumliegen: Einige las ich gerade, andere hätten weggeräumt werden müssen und weitere wollten noch gelesen werden. Außerdem hatte ich immer einen Stapel interessanter Artikel, die nur darauf warteten, dass ich sie mir anschaue.

Da ich früher in manchen Nächten sehr unruhig schlief und immer wieder einmal aufwachte, beschloss ich, den Nachttisch leer zu räumen. Seither schlafe ich viel besser. Die Energie der Worte und Gefühle, die in den Büchern zum Ausdruck kamen, wirkten sich negativ auf mich aus. Ich weiß, das klingt ziemlich verrückt, aber Bücher besitzen eine energetische Ladung und die wird sowohl vom Autor als auch von den Inhalten beeinflusst.

Sie sollten das Schlafzimmer von allem freihalten, was die Harmonie des Zimmers stört. Da Sie in diesem Raum friedlich schlafen und sich entspannen möchten, sollten Sie dort keine Computer oder sonstigen Geräte haben, die Sie an die Arbeit erinnern. Fragen Sie sich: Was erwarte ich von meinem Schlafzimmer? Ganz gleich ob Sie Romantik, Sex, Entspannung, erholsamen Schlaf oder alles zusammen wollen, werden gedämpftes Licht, Kerzen, Duftlampen sowie sanfte Farbtöne und weiche Stoffe diesen Erwartungen besser gerecht als Computer, Fernsehgeräte oder Zeitungen.

WC und Badezimmer

Ob Gäste-WC oder Badezimmer, Sie sollten die Türen immer geschlossen halten und den Toilettendeckel herunterklappen. Wenn Sie den Deckel offen lassen, wird das Geld möglicherweise aus Ihrem Leben weggespült werden.

Allgemein

Scharfe Ecken und Kanten, die in die Mitte eines Raums zeigen, werden immer als schlechtes Feng Shui betrachtet, da die spitze, messerscharfe Energie als Aggression oder Widerstand in Ihrem Leben gilt. Pflanzen stellen eine gute Möglichkeit dar, Ecken, die in einen Raum hineinzeigen, abzuschirmen. Sollte die Ecke eines Nachbarhauses auf Ihr Haus gerichtet sein, sollten Sie Kakteen in das betreffende Fenster stellen, um die aggressive Energie abzuwehren.

Frei sichtbare dicke Balken gelten ebenfalls als Energieblocker. Setzen Sie sich nicht darunter und hängen Sie etwas daran, um sie visuell und psychologisch aufzulockern. Feng-Shui-Experten empfehlen dafür zum Beispiel das Bagua-Symbol, das in diesem Kapitel noch beschrieben wird, oder ein paar Bambusflöten. Im nächsten Abschnitt finden Sie zudem noch eine Liste mit Gegenständen, die die Energie Ihres Hauses verbessern können. Vermeiden Sie es, Ecken mit allem möglichen Kram vollzustellen.

Gegenstände, die das Energieniveau einer Wohnung anheben können

Nachfolgend führe ich einige der Gegenstände auf, die Sie einsetzen können, um das Energieniveau von Räumen anzuheben und negativen Einflüssen entgegenzuwirken.

• *Kristallkugeln:* Wenn Sie Kristallkugeln in ein Fenster hängen, bricht sich das Licht der Sonne darin und farbige Prismen werden sichtbar.

• *Schnittblumen:* Ich glaube, eine der besten Möglichkeiten, Ihre Wohnung zu energetisieren und die Atmosphäre zu verbessern, besteht darin, Schnittblumen aufzustellen, weil diese Leben und Farbe ins Haus bringen.

- *Zimmerpflanzen:* Grüne Gewächse und blühende Pflanzen bringen ebenfalls Leben ins Haus, besonders wenn sie in den Ecken aufgestellt werden. Sie sollten Pflanzen mit runden Blättern wählen, die nach oben wachsen. Stachelige Blätter gelten ebenso wie scharfe Ecken als schlechtes Feng Shui.

- *Bilder:* Hängen Sie Bilder auf, die Glück, Freude und Erfolg symbolisieren. Worte, die in schöner chinesischer Kalligrafie geschrieben wurden, können bereits fertig gerahmt in Esoterikläden und großen Kaufhäusern gekauft werden.

- *Wasser:* Fließendes Wasser bringt Leben und Aktivität in einen Raum, beispielsweise mittels eines Zimmerbrunnens.

- *Windspiele:* Windspiele erzeugen wunderbare Klänge, wenn der Wind sie bewegt.

Ihr Heim und Ihr Leben

Jeder Teil des Hauses repräsentiert einen anderen Aspekt Ihres Lebens. Um herauszufinden, welcher Bereich zu welchem Aspekt gehört, können Sie ein Feng-Shui-Raster (Bagua) zeichnen.

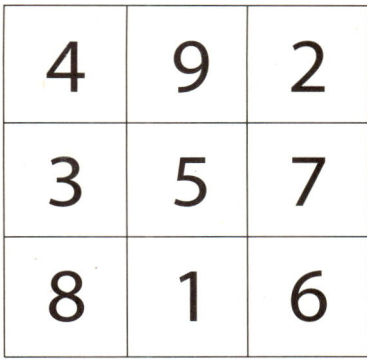

4	9	2
3	5	7
8	1	6

Eingang

Das achteckige Bagua-Symbol wird im Feng Shui verwendet,
um zu bestimmen, welcher Teil Ihres Lebens im Zusammenhang mit
welchem Bereich Ihres Hauses oder Ihrer Wohnung steht.

Übung: Wie korrespondiert Ihr Haus mit Ihrem Leben – das Bagua

~ Zeichnen Sie einen Grundriss Ihres Hauses, Ihrer Wohnung oder Ihres Büros mit dem Eingang oder der Tür, die Sie am häufigsten benutzen, ganz unten.

~ Unterteilen Sie den Grundriss in acht gleich große Teile. Zeichnen Sie einen Kreis um den Grundriss und teilen Sie ihn in neun gleich große Teile. Der Eingang ist im ersten Teil ganz unten.

~ Bezeichnen Sie den Eingang als 1. Gehen Sie im Uhrzeigersinn weiter und nummerieren Sie jedes Teilstück nach der Feng-Shui-Methode in folgender Reihenfolge: 8, 3, 4, 9, 2, 7, 6. Nummer 5 befindet sich direkt in der Mitte des Grundrisses.

Die einzelnen Teilstücke repräsentieren Folgendes:

1. *Ihre berufliche Karriere und Ihre Lebensreise,*
   physisch und spirituell
   Wenn Sie sich um den Eingang Ihres Hauses kümmern, kümmern Sie sich um Ihre Karriereaussichten.
   Platzieren Sie etwas im Eingangsbereich, das für Sie
   Erfolg symbolisiert, zum Beispiel das Bild eines Menschen, den Sie für erfolgreich halten, oder eine blühende Blume.

8. *Kontemplation, Studium und inneres Wissen*
   Dieser Teil des Hauses kann Ihre innere Entwicklung
   hin zu größerer Selbsterkenntnis und innerem Frieden fördern. Daher ist er ein guter Ort zum Meditieren. Sie sollten ihn so aufgeräumt wie möglich halten,
   damit Sie mit Ihrem inneren Selbst entspannt umgehen können.

3. *Ahnen und Familie*
   Dieser Bereich repräsentiert Ihre Beziehungen zu Familienangehörigen, Vorfahren und Autoritäten.

4. *Glückliche Fügungen, Reichtum und Fülle*
   Dieser äußerst wichtige Bereich in Ihren Wohnräumen symbolisiert die Fülle, die in Ihr Leben kommen
   will: Wohlstand, Glück, Wohlbefinden – all das Gute,
   das Sie sich für sich selbst wünschen. Halten Sie die
   Schwingung in diesem Bereich hoch. Ein Zimmer-
   brunnen wird den Energiefluss unterstützen und Blumen und Pflanzen wie zum Beispiel ein Geldbaum

werden diesen Raum ebenfalls bereichern. Stellen Sie alles, was Sie verstärken möchten, auf Augenhöhe oder höher, damit es Wachstum, Blühen und positive Schwingungen repräsentiert. So können Sie Beispiele des Reichtums und Überflusses wie einen Stapel neuer Münzen oder das Bild eines glücklichen Menschen dort aufstellen.

Achten Sie darauf, dass nichts vor den Fenstern steht und halten Sie sie sauber, damit so viel Licht wie möglich einströmen kann. Wenn Sie Kristalle in die Fenster hängen, bringen diese das ganze Lichtspektrum ins Zimmer. Sie sollten die Toilette möglichst nicht in diesem Bereich haben. Falls doch, halten Sie den Deckel und die Tür stets geschlossen und hängen Sie einen Spiegel außen an die Tür, um störende Energien zurückzuwerfen. Verschönern Sie den Bereich, so gut Sie können.

9. *Erleuchtung, Ansehen und Ruhm*
Dieses Teilstück liegt dem Eingang direkt gegenüber am anderen Ende des Hauses. Es hat mit spiritueller Erleuchtung zu tun und damit, wie andere Sie sehen. Wenn Sie nach Erfolg streben, stellen Sie hier Gegenstände auf, die für Sie Erfolg repräsentieren.

2. *Beziehungen und Ehe*
Um sicherzustellen, dass die Beziehung zu Ihrem Partner harmonisch ist, sollten Sie diesen Teil des Hauses aufgeräumt und freundlich halten.

7. *Kreativität und Kinder*

Alle Ihre Schöpfungen – gleich ob es sich dabei um Ideen, Projekte, Kunstwerke oder auch Kinder handelt – entstehen in diesem Teil des Hauses. Hier können Sie der Welt Ihre Absicht offenbaren und sich selbst bestätigen, dass Sie alles erschaffen können, was Sie brauchen.

6. *Helfer und Freunde*

Sorgen Sie für eine heitere Atmosphäre in diesem Teil des Hauses oder der Wohnung, damit Sie all die Hilfe erhalten, die Sie brauchen. Widmen Sie diese Ecke Ihren Geistführern und Engeln, indem Sie das Bild eines Engels aufhängen oder eine kleine Statue aufstellen, die Ihren spirituellen Führer oder Meister darstellt.

5. *Einheit und Gesundheit*

Dies ist das Zentrum des Hauses. Halten Sie diesen Bereich aufgeräumt und sauber, da er Ihr physisches Wohlbefinden repräsentiert. Die Treppe befindet sich häufig in diesem Teil von Häusern. Sorgen Sie in so einem Fall dafür, dass der Raum unterhalb der Treppe so ordentlich und aufgeräumt wie möglich ist.

Meine persönliche Erfahrung

Interessanterweise hatte ich das Feng Shui meines Hauses in Burley verändert, ohne mir dessen bewusst zu sein. Als wir einzogen, beschloss ich, die Seitentür, die durch einen kleinen Flur in die Küche führt, als Eingang zu benutzen, damit wir als Landbewohner nicht immer mit unseren nassen Gummistiefeln durch das ganze Haus laufen mussten. Ich verschloss die Eingangstür sogar ganz und stellte einen kleinen Schrank davor, damit alle gezwungen waren, auch wirklich die Seitentür zu benutzen.

Indem ich den Eingang verlegte, hatte ich die gesamte Ausrichtung der acht Feng-Shui-Teilstücke verändert. Daher war die Bedeutung der einzelnen Bereiche für uns anders als für die vorherigen Besitzer.

Ursprünglich war das Teilstück, das mit Reichtum korrespondierte, eine dunkle, außen völlig überwachsene Ecke des Hauses gewesen, die innen eine Toilette hatte. Dies war ein Bereich, den niemand mochte, und den ich auch vollständig umbaute. Jetzt aber hatte ich den für Reichtum zuständigen Teil ohnehin in das Foyer verlegt. Außerhalb dieses Raumes hatte ich einen großen Teich mit einem Wasserfall einbauen lassen, der das Wasser symbolisch in diese Ecke des Hauses fließen lässt. Ohne mir dessen bewusst zu sein, hatte ich also das Feng Shui des Hauses und damit auch unsere finanzielle Situation stark verbessert. Außerdem ließ ich noch einen weiteren Brunnen außerhalb der dunklen Ecke des Hauses bauen, die nun zum Kontemplationsbereich geworden war, und ließ Fenster einbauen, um Licht hineinzulassen.

Tatsächlich ist es so, dass die Karriere meines Mannes enorme Fortschritte gemacht hat, seit wir dieses Haus gekauft haben, wodurch sich unsere finanzielle Situation erheblich verbessert hat. Ich glaube, mein inneres Wissen hat damals ebenfalls große Fortschritte gemacht.

Ich bin fest von der Wirksamkeit des Feng Shui überzeugt und gebe das Wissen, das ich darüber besitze, bei jeder Gelegenheit weiter. Es gibt noch viele andere Möglichkeiten, Feng Shui anzuwenden, um den Energiefluss Ihres Heimes oder Ihres Arbeitsplatzes zu verbessern, und es gibt viele gute Bücher zu diesem Thema. Wie bei allen anderen Formen der Energiearbeit auch wird alles, was Sie in Ihrem Heim oder an Ihrem Arbeitsplatz tun, jeden Aspekt Ihres Lebens beeinflussen. Sie werden erstaunt sein, was dabei alles herauskommt.

Gedenkstätten

Ich möchte dieses Kapitel mit einigen Bemerkungen darüber abschließen, wie wir Orte heilen können, an denen sich ein besonders schreckliches Ereignis zugetragen hat. Ich bin überzeugt, dass es wichtig ist, dort etwas Schönes zu schaffen, das den Schrecken des Ereignisses ausgleicht. Eine Möglichkeit besteht darin, einen Baum oder Busch an der Stelle des Unfalls oder der Katastrophe zu pflanzen. Das wird dazu beitragen, dass neues Leben in diesen Ort strömt.

Ein Gedenkgarten ist eine weitere wunderbare Möglichkeit, Respekt für die Menschen zu zeigen, die dort ihr Leben verloren haben – oft im Interesse einer guten Sache. Ich kann mir zum Beispiel für den Ort in New York, an dem bis zum September 2001 die Zwillingstürme des World Trade Centers standen, nichts Heilsameres vorstellen, als dort einen wunderschönen Garten anzulegen, der New York als Ganzes bereichern wird und ein Platz der Heilung für die Trauernden sein kann.

Aber nicht nur vergangene und gegenwärtige negative

Energien hinterlassen Eindrücke in unserer Umgebung. Im folgenden Kapitel werde ich zwei andere Umweltfaktoren betrachten, die möglicherweise unserer Gesundheit und unserem Wohlbefinden abträglich sind: die gefährlichen elektrischen Energien, die uns in diesem technologischen Zeitalter umgeben, und negative Energien, die die Erde selbst erzeugt.

5 – Elektromagnetische und Erdenergien

Wir wollen uns nun ansehen, auf welche Weise die Menschen den stillen Äther stören, indem sie negative Energie in Form von elektromagnetischen Wellen aussenden. Wie wir noch sehen werden, gibt es Möglichkeiten, den Gefahren dieses elektromagnetischen Stresses entgegenzuwirken und mit diesen Schwingungen zu leben. Wir werden zudem betrachten, dass die Erde selbst auch nicht immer friedlich und ruhig ist, sondern eigene negative Energien aussendet, die uns beeinflussen können. Ich werde Ihnen aber zu all dem auch zeigen, wie Sie sich davor schützen können.

Elektromagnetischer Stress

Mit dem Begriff »elektromagnetischer Stress« werden die schädlichen Auswirkungen elektromagnetischer Strahlung beschrieben, die durch Hochspannungsmasten, Umschaltstationen, Stromleitungen und Sendemasten, durch Fernsehgeräte, Computer, Mikrowellenherde, Mobiltelefone und Fernmeldeanlagen erzeugt wird. Einige der wissenschaftlichen Artikel und Studien zu diesem Thema sind äußerst beunruhigend. Die folgenden Erkrankungen treten vermehrt auf, wenn Menschen über längere Zeiträume elektromagnetischer Strahlung ausgesetzt sind:

- Leukämie, Gehirntumore und andere Krebsarten
- Enzephalitis
- Erschöpfungszustände und Lethargie
- Allergien
- Migräne
- Nebenhöhlenentzündungen
- Gelenkschmerzen
- Lernstörungen
- Gedächtnisverlust

Was mich am meisten beunruhigt, ist das scheinbar völlig fehlende Interesse seitens der Behörden und der Mangel an offiziellen Informationen, mit denen die Öffentlichkeit gewarnt wird. Es scheint mir, als seien die Regierungen nicht bereit, ihre Sorge zuzugeben, weil sie Angst haben, dass wir in Panik geraten, während die großen Energiegesellschaften offensichtlich Angst um ihre Profite haben. Ich bin aber der festen Überzeugung, dass die Öffentlichkeit besser über die möglichen gesundheitlichen Risiken gewisser moderner Technologien, Geräte und Stromquellen informiert werden sollte.

Ein Problem besteht darin, dass einige Menschen stärker auf die schädlichen Auswirkungen elektromagnetischer Strahlung reagieren als andere. Nicht jeder wird krank, nur weil er in der Nähe von Hochspannungsleitungen lebt.

Aber Menschen, die bereits ein schwaches Immunsystem haben, weil sie unter Stress leiden, krank sind, genetische Schwächen oder mentale und emotionale Probleme haben, sind dafür wesentlich anfälliger.

Aufgrund dieser unterschiedlichen Reaktionen ist es für die Behörden schwierig, definitive Schlussfolgerungen zu ziehen und genau zu bestimmen, wer in die Risikogruppe fällt und wer nicht. Dadurch lässt sich wohl auch ihr Zögern erklären, uns über die potenziellen Gefahren aufzuklären. Wir sollten daher selbst die Verantwortung für unser Wohlergehen und das unserer Familien übernehmen, uns über die Gefahren elektrischer Geräte, Mobiltelefone, Fernsehgeräte, Computer und so weiter informieren und die notwendigen Schritte unternehmen, ihnen entgegenzuwirken. Hier ist eine Liste mit Dingen, die Sie selbst unternehmen können.

• Beteiligen Sie sich an Bürgerinitiativen und unterstützen Sie Petitionen an die Behörden, die fordern, dass keine Sendemasten neben Schulen und in Wohngebieten aufgestellt werden, dass keine Häuser mehr in der Nähe von Hochspannungsmasten gebaut werden und dass die Behörden die Öffentlichkeit besser unterrichten.

• Schreiben Sie an den Abgeordneten Ihres Wahlkreises, damit er das Thema im Bundestag einbringt.

• Ergreifen Sie eigene Vorsichtsmaßnahmen, um sich in Ihrem Haus zu schützen. Tun Sie, was Ihnen möglich ist.

• Stärken Sie Ihr Immunsystem und Ihre Gesundheit und behandeln Sie Ihren Körper respektvoll und fürsorglich. Mit anderen Worten: Machen Sie sich so stark wie möglich.

Nun wollen wir uns die Hauptursachen elektromagnetischer Strahlung genauer anschauen und überlegen, was wir tun können, um deren Auswirkung zu neutralisieren und uns davor zu schützen.

Hauptquellen

Die Strahlung von Strommasten, Kraftwerken, Umspannstationen, über- und unterirdischen Stromleitungen und Sendemasten ist viel zu stark, um neutralisiert werden zu können. Daher kann ich Ihnen nur raten, sich ihr nicht auszusetzen. Kaufen Sie kein Haus, das in der Nähe von Strom- oder Sendemasten steht, und wehren Sie sich gegen Pläne, derartige Anlagen in Wohngebieten und in der Nähe von Schulen zu bauen.

Fernsehgeräte

Insgesamt gesehen geben all unsere Fernsehgeräte eine große Menge Strahlung an die Atmosphäre ab. Ein einzelnes Gerät wird aber nur jemanden schädigen, der sich über längere Zeit in seiner unmittelbaren Nähe aufhält. Da Kinder besonders anfällig für elektromagnetischen Stress zu sein scheinen, sollten sie nur aus sicherer Entfernung fernsehen, in einem Mindestabstand von anderthalb bis zwei Metern.

Schalten Sie das Gerät ab, wenn es nicht in Betrieb ist. Lassen Sie es nicht im Stand-by-Betrieb stehen. Eine neuere Untersuchung hat ergeben, dass alle Fernsehgeräte in England, die im Stand-by-Betrieb laufen, zusammen so viel Strom verbrauchen und so viel Strahlung abgeben wie eine Kleinstadt. Ich rate Ihnen besonders, in Ihrem Schlafzimmer keinen Fernseher aufzustellen.

Computer

Allen, die berufsbedingt oder zum Spaß stundenlang vor dem Computer hocken, rate ich, Kristalle zu kaufen, die die negative Strahlung absorbieren. Ich habe Obsidian, Turmalin und einen Kristall (Apophyllit) auf meinen Computer gestellt. Apophylliten, die zur Familie der Silikate gehören und in Zentralindien gefunden werden, sind besonders wirksam, wenn es darum geht, die schädlichen Strahlungen von Fernsehgeräten, Computern und anderen Elektrogeräten zu absorbieren. Fragen Sie in Ihrem örtlichen Esoterikladen nach diesen und anderen Kristallen oder Apparaten, die für diesen Zweck geeignet sind.

Denken Sie daran, die Kristalle häufig zu reinigen, da sie sonst ihre Wirksamkeit verlieren werden. Versuchen Sie parallel dazu, den Gebrauch des Computers zu minimieren, und schalten Sie ihn aus, wenn Sie ihn nicht benutzen. Sie sollten nach Möglichkeit auch keinen Computer im Schlafzimmer haben. Wenn es aber unbedingt notwendig ist, stellen Sie einen Wandschirm oder etwas Ähnliches zwischen den Computer und das Bett.

Mobiltelefone

Während ich dieses Buch schreibe, erscheinen in den Medien immer mehr Berichte über die Gefahren von Mobiltelefonen, besonders für Kinder und Jugendliche. Es gibt Hinweise darauf, dass Menschen, die über längere Zeit ein Mobiltelefon nutzen, ein überdurchschnittlich großes Risiko aufweisen, Gehirnschäden zu erleiden oder Gehirntumore zu entwickeln. Einer Untersuchung zufolge kann die von den Mobiltelefonen ausgehende

Strahlung sogar die Fähigkeit der weißen Blutzellen beeinträchtigen, Krankheitserreger zu bekämpfen.

Fest steht, dass Mobiltelefone bei manchen Menschen Kopfschmerzen, Übelkeit, Gedächtnisverlust und mentalen Stress hervorrufen. Es scheint auch, dass sie genauso gefährlich sind, wenn sie sich im Stand-by-Betrieb befinden. Von den Symptomen sind Männer anscheinend stärker betroffen als Frauen, da Frauen ihre Telefone eher in der Handtasche und nicht in einer Hosen- oder Jackentasche oder am Gürtel bei sich tragen. Schädliche Strahlung kann jeden Teil des Körpers angreifen, nicht nur den Kopf. Es ist eine Ironie, dass die Strahlung der Mobiltelefone geringer wird, je näher man einem Sendemast kommt. Das Telefon strahlt stärker, wenn es nach einem Signal von einer weiter entfernten Sendeanlage suchen muss.

Um Problemen vorzubeugen, empfehle ich unbedingt, dass Sie den Gebrauch von Mobiltelefonen auf ein Minimum begrenzen und wann immer möglich Freisprechanlagen nutzen.

Steckdosen

Die elektrischen Leitungen, Schalter und Steckdosen, die wir alle in unseren Wohnungen haben, sind vergleichsweise harmlos, es sei denn, Sie würden mit dem Kopf direkt vor einer Steckdose liegen. Aber manche Menschen sind auch gegenüber diesen elektrischen Feldern empfindlich.

In ihrem Buch *Healing Sick Houses* erzählen Ron und Ann Proctor die Geschichte einer Frau, die durch die elektrischen Leitungen in ihrem Haus sehr krank wurde.

Schließlich löste ihr Mann das Problem, indem er einen Kristall auf den Sicherungskasten stellte. Sie können die Strahlung von Steckdosen auch neutralisieren, indem Sie sie mit Aluminiumfolie abdecken.

Neonröhren

Diese Form elektrischen Lichts verschmutzt die Atmosphäre durch ihre Strahlung stärker, als es normale Glühbirnen tun, wie übrigens auch die neuen Energiesparlampen. Vermeiden Sie diese Art von Lichtquelle in Ihrem Heim, besonders in Zimmern, in denen Sie viel Zeit verbringen.

Radiowecker

Diese harmlos aussehenden Geräte sind gefährlicher, als Sie möglicherweise denken, denn sie erzeugen ein starkes elektromagnetisches Feld direkt neben dem Kopf. Ich rate Ihnen daher, sich einen altmodischen, mechanischen Wecker zuzulegen. Ich habe alle elektrischen Uhren aus meinem Haus verbannt. Diese Art von Vorsichtsmaßnahme sollte Ihnen leichtfallen und wird Ihnen praktisch keine Umstände machen.

Mikrowellen

Mikrowellen, die durch die Atmosphäre übertragen werden, sind eine Plage, aber die einzige Möglichkeit, sich vor ihnen zu schützen, besteht darin, nicht in der Nähe von Sendemasten zu wohnen. Die Mikrowellenherde, die wir zu Hause benutzen, sind relativ harmlos, solange Sie nicht direkt vor ihnen stehen, wenn sie in Betrieb sind.

Allgemeine Vorsichtsmaßnahmen

Es scheint so, dass elektromagnetische Felder keine große Gefahr darstellen, wenn wir in Bewegung sind und uns durch sie hindurchbewegen. Dem größten Risiko sind wir ausgesetzt, wenn wir längere Zeit innerhalb eines solchen Strahlungsfeldes zubringen, zum Beispiel wenn wir längere Zeit am selben Ort sitzen oder schlafen. Daher sollten Sie besonders im Schlafzimmer und dort, wo Sie abends sitzen, darauf achten, dass Sie Steckdosen mit Aluminiumfolie abdecken und alle Elektrogeräte abschalten, wenn diese nicht gebraucht werden.

Wenn Sie sich Sorgen machen und glauben, dass Sie möglicherweise von der Strahlung von Stromleitungen, Strommasten und so weiter betroffen sind, oder wenn Sie Ihr Haus einfach einmal überprüfen lassen möchten, können Sie einen Spezialisten kommen lassen, der die Strahlung in und um Ihr Haus misst. Außerdem gibt es Firmen, die sich darauf spezialisiert haben, das Ausmaß der elektronischen Verschmutzung und die Stärke elektromagnetischer Felder zu messen.

Luftverschmutzung

Die Elektrogeräte, die wir im Haushalt und am Arbeitsplatz benutzen, verschmutzen auch unsere Atemluft. Die Atmosphäre enthält positive und negative Ionen, also elektrisch aufgeladene Moleküle. Grundsätzlich, ohne ins Detail gehen zu wollen, besteht Sauerstoff aus negativen Ionen und Stickstoff aus positiven. Damit die Luft uns nützt, muss ein Gleichgewicht zwischen positiven und negativen Ionen bestehen. Wenn die negativen Ionen aus irgendeinem Grund weniger werden, atmen wir weniger Sauerstoff ein. Aber wenn wir weniger Sauerstoff im Blut haben, können wir nicht nur schlechter denken, sondern bekommen auch Atem- und andere Probleme. Typische Symptome, die auftreten können, wenn die Atemluft zu wenig negative Ionen enthält, sind:

- Asthma
- Bronchitis
- Depressionen und Angstzustände
- Schwindelgefühle
- Heuschnupfen
- Kopfschmerzen
- Hoher Blutdruck
- Verminderte physische und geistige Funktionen
- Nebenhöhlenentzündungen
- Hautausschlag

Statik

Bestimmte, die Luft verschmutzende Stoffe verringern und »ersticken« die negativen Ionen, sodass der Sauerstoffgehalt der Luft absinkt. Zu den größten Verschmutzern gehören alle Arten von Sprays, Staub und Staubmilben, der Ausstoß aus Fabrikschornsteinen, Rauch und Autoabgase. Eine andere wesentliche Ursache, warum sich negative Ionen verringern, ist allerdings statische

Elektrizität. Statik entsteht auf ganz natürliche Weise, beispielsweise bei Gewittern, aber heute gibt es noch viele andere, von Menschen erzeugte Ursachen. Gewisse Fasern laden sich statisch auf, wie jedermann weiß, der schon einmal einen elektrischen Schlag bekommen hat, als er auf einen Nylonteppich trat. In unserem modernen Zeitalter sind die Hauptquellen statischer Aufladung die Elektrogeräte, besonders Klimaanlagen, Computer und Fernsehbildschirme.

Die statischen Ladungen, die sich in einem Computermonitor oder einem Fernsehgerät bilden, ziehen negative Ionen an und neutralisieren sie, sodass eine Zone mit geringerem Ionengehalt entsteht. Das ist besonders gefährlich für Menschen, die lange vor dem Monitor sitzen. Es gibt sogar eine Erkrankung, die VODS (Video Operator Distress Syndrome) heißt. Zu den Symptomen gehören Kopfschmerzen, Schwindel, Erschöpfungszustände, Hautausschlag und Atemwegsprobleme. Zudem zieht das Ionen-Ungleichgewicht Staub und andere Schmutzpartikel an, die sich auf dem Bildschirm und der davor sitzenden Person niederlassen.

Wie man der Verringerung negativer Ionen entgegenwirkt

Was können wir tun, um uns gegen die Verringerung der negativen Ionen im Allgemeinen und gegen VODS im Besonderen zu wappnen? Zunächst einmal können wir unsere Sauerstoffaufnahme auf folgende Weise verbessern:

Verbringen Sie mehr Zeit in der Natur

Bäume, Pflanzen und Blumen erzeugen während ihrer gesamten Existenz Sauerstoff. Das sollten Sie sich zunutze machen und so viel Zeit wie möglich in der freien Natur verbringen. Sie können natürlich auch Pflanzen und Blumen in Ihr Heim und an Ihren Arbeitsplatz bringen. Das wird die Umgebung nicht nur attraktiver und visuell ansprechender machen, sondern auch dazu beitragen, Ihre Atemwegsprobleme zu lindern. Natürlich sollten Sie, wenn Sie unter Heuschnupfen leiden, nicht gerade Pflanzen wählen, die einen großen Pollenausstoß haben.

Mehr Wasser trinken

Wasser ist eine wunderbare Sauerstoffquelle. Trinken Sie daher viel Wasser, am besten Mineralwasser oder gefiltertes Leitungswasser. Ich habe einen Wasserspender in meiner Küche aufgestellt, damit ich daran denke, mehr Wasser zu trinken. Er war nicht sehr teuer, und ich kaufe das Mineralwasser immer gleich in großen Mengen im Supermarkt, um die Kosten zu senken. Seit wir den Wasserspender haben, trinkt die ganze Familie mehr Wasser, weil es so sichtbar zur Verfügung steht. Sie können natürlich auch Sauerstofftabletten kaufen, die Sie dem Wasser beifügen, um mehr Sauerstoff aufzunehmen.

Bewegen Sie sich mehr

Regelmäßige Bewegung wird den Blutkreislauf verbessern, wodurch die Lungen mehr Sauerstoff aufnehmen können und er besser im ganzen Körper verteilt wird. Von Bewegung im Freien, besonders im Grünen, wo es noch genug Sauerstoff gibt, profitieren Sie mehr als von Bewegung in einem geschlossenen Raum, wie zum Beispiel einem Fitnesscenter. Bei gutem Wetter und wenn mir danach ist, gehe ich spazieren oder laufe durch den Wald in der Nähe meines Hauses. Nachdem ich mich von der Anstrengung erholt habe, geht es mir eindeutig besser als nach einem Lauf auf dem Laufband im Fitnessstudio.

Ionisiergeräte
Es gibt Geräte auf dem Markt, die negative Ionen erzeugen. Gewissen Untersuchungen zufolge können sie die Symptome, unter denen Computerbenutzer leiden, deutlich verringern. Ein anderes nützliches Gerät ist eine Ionenmatte, die negative Ionen an das Wasser abgibt, das Sie daraufstellen. Sie können eine solche Matte auch unter Lebensmittel stellen, um sie länger frisch zu halten.

Durch die moderne Technologie verursachte negative Energien

Ich habe bereits erwähnt, dass eines der Probleme bei der Auswertung wissenschaftlicher Studien in Bezug auf elektromagnetischen Stress darin besteht, dass nicht alle Menschen gleich stark betroffen sind, selbst wenn sie unter denselben Umständen leben, also zum Beispiel in der Nähe von Hochspannungsmasten oder Umspannstationen. Warum aber werden manche Menschen krank, andere hingegen nicht? Im Folgenden führe ich einige Gründe auf, warum Sie möglicherweise empfindlicher auf elektromagnetischen Stress reagieren als andere Menschen.

* *Genetische Faktoren:* Möglicherweise ist in Ihrer Familie bereits vermehrt Krebs aufgetreten. Dann werden auch Sie eine größere Wahrscheinlichkeit haben, daran zu erkranken.
* *Geschwächtes Immunsystem:* Vielleicht sind Sie erschöpft oder Ihr Immunsystem ist durch Krankheit, emotionale Probleme oder Stress geschwächt.
* *Negative Einstellung:* Unter Umständen neigen Sie zu Depressionen oder haben eine negative Einstellung. Vielleicht rechnen Sie ja sogar fest damit, krank zu werden. Möglicherweise haben Sie unterschwellig immer Angst um Ihre Gesundheit und vor der Zukunft.

Was können Sie tun?

Sie können nur wenig an Ihrer genetischen Veranlagung ändern, aber die beiden anderen Punkte können Sie beeinflussen. Ergreifen Sie die Initiative und nehmen Sie sich fest vor, physisch, geistig und gefühlsmäßig so stark wie möglich zu werden. So verringern Sie das Risiko, Opfer dieser Umweltgefahren zu werden. Sie können so viele Probleme wie möglich angehen, indem Sie meine Vorschläge befolgen, Bücher und aufklärende Artikel lesen und herausfinden, was der neueste Stand der Forschung ist und welche Produkte und Nahrungsergänzungsmittel Ihnen zur Verfügung stehen, um Erkrankungen vorzubeugen. Ganz allgemein können Sie sich ebenso fest vornehmen, eine optimistische Einstellung gegenüber dem Leben einzunehmen.

- Konzentrieren Sie sich immer auf das Gute in allem und allen.
- Erkennen Sie, wie sehr Sie gesegnet sind, statt darüber zu jammern, was Ihnen alles fehlt.
- Genießen Sie das Leben. Gehen Sie es gemütlich an und nehmen Sie sich Zeit für die schönen Dinge.
- Kümmern Sie sich um Ihre Gesundheit. Ernähren Sie sich gut und bewegen Sie sich regelmäßig.

Der Menschheit ist es gelungen, sich in den vielen tausend Jahren ihrer Existenz an viele umweltbedingte Veränderungen und Bedrohungen anzupassen. Es gibt keinen Grund, warum uns das nicht auch heute gelingen sollte. Unser Körper wird stärker werden, weil wir gegen neue Bedrohungen kämpfen, und unsere Gene werden sich verändern, um besser mit den neuen Umweltbedingungen und Gefahren umgehen zu können. So haben Wissenschaftler zum Beispiel herausgefunden, dass viele von uns ein Gen besitzen, das uns gegen die Pest schützt, die im Mittelalter einen großen Teil der Bevölkerung dahingerafft hat. Menschen mit diesem Gen scheinen auch gegen den HI-Virus immun zu sein. Daher ist es wahrscheinlich, dass wir unser Immunsystem so verändern und anpassen können, dass wir auch mit den neuen gesundheitlichen Bedrohungen fertigwerden.

Natürlich können wir auch unseren Verstand gebrauchen, um uns Gegenmaßnahmen auszudenken – was wir miteinander hier ja gerade tun. Es hat immer ein Heilmittel für gesundheitliche Gefahren gegeben, wir müssen es nur finden. Schließlich – und das ist am wichtigsten – können wir mithilfe unseres freien Willens entscheiden, was für uns als Individuum gut ist. Und wir können Verantwortung für unsere Gesundheit übernehmen.

Ein positiver Ausklang

Ich möchte diesen Teil über die negativen Auswirkungen der modernen Technologie positiv ausklingen lassen. Zunächst einmal sollten wir uns all der Vorteile bewusst sein, welche die technologischen Neuerungen uns gebracht haben. Computer- und Lasertechnologien, die bei Operationen eingesetzt werden, haben ebenso wie Röntgengeräte und andere Diagnostikinstrumente viele Leben gerettet. Sie verschmutzen zwar die Atmosphäre mit elektromagnetischer und anderer Strahlung, aber sie tun uns auch viel Gutes. Man sollte sie daher nicht verteufeln, denn dann wird sich nicht nur die Strahlung negativ auswirken, sondern auch die Angst davor.

Denken Sie stets daran, dass die Energie Ihrer Ängste eine negative Gedankenform erschafft, welche die negativen Wirkungen der Strahlung noch verstärkt. Es ist doch eine Ironie des Schicksals, dass elektromagnetische Felder heute zum Beispiel bei der Heilung von Arthritis, Durchblutungsproblemen, Migräne, Schlafstörungen, Bluthochdruck und vielen anderen gesundheitlichen Problemen eingesetzt werden.

Mit einer positiven und vernünftigen Einstellung gegenüber dem technologischen Fortschritt können wir den größtmöglichen Nutzen aus ihm ziehen und ein glückliches, gesundes Leben führen. Daher möchte ich Ihnen hier noch andere Quellen positiver Energie in

Erinnerung rufen, die die beste Medizin und den besten Schutz vor allen Formen von Negativität darstellen:

- Freude und Lachen
- Liebe
- Liebevoller, erfüllender Sex
- Universelle Energie, die Sie durch das Heilsymbol anziehen können
- Licht
- Musik
- Die Schönheit der Natur
- Gutes Essen

Negative Erdenergien

Nun wollen wir uns die potenziell schädliche negative Energie anschauen, die von der Erde selbst erzeugt wird. Die Erde ist ein Lebewesen und besitzt daher ein Energiefeld. Sie leidet unter Stress und Energiestörungen genauso wie wir, und es gibt Orte, an denen die Energien der Erde stagnieren, weil sie blockiert sind. Die Störungen, die durch derartige deformierte Energien erzeugt werden, bezeichnen wir als geopathischen Stress.

Was genau ist das? Manchmal wird geopathischer Stress durch natürliche Ursachen wie seismische Bruchlinien oder Risse an den Stellen der Erdkruste verursacht, die schwach sind und unter großer Spannung stehen. Diese Spannung führt schließlich zu Vulkanausbrüchen und Erdbeben. Aber wir Menschen erzeugen durch unsere fehlende Rücksichtnahme auf die Umwelt ebenfalls Probleme: wenn wir einen Damm oder ein

Kraftwerk bauen, wenn wir Minenstollen in den Boden treiben oder einen Steinbruch anlegen, Giftmüll in einen Fluss kippen, das Meer verschmutzen oder eine neue Müllhalde in Betrieb nehmen. Der Bau von Häusern und Straßen wirkt sich ebenfalls auf den natürlichen Fluss der Erdenergie aus und kann zu »Krankheiten« führen, von denen wir dann wiederum betroffen sind. Wir wollen uns nun einige der möglichen Zusammenhänge genauer anschauen.

Die Energiebahnen der Erde

So wie wir Meridiane haben, durch die die Energie in und um unseren Körper und unsere Aura strömt, so hat auch die Erde Energiebahnen, die demselben Zweck dienen. Diese Bahnen formen ein Netzgitter auf der Erdoberfläche. Die Bahnen des Hartmann-Gitters verlaufen von Nord nach Süd und von Ost nach West, während die des Currie-Gitters diagonal verlaufen. Zugvögel orientieren sich auf ihren langen Flügen an diesen Bahnen, und Landtiere nutzen sie, um Wasser und Weideplätze zu finden.

Leylinien

Einige dieser Energiebahnen sind besonders wichtig. Man könnte sie mit energetischen Autobahnen vergleichen. Diese als Leylinien bezeichneten Energiebahnen sind sehr machtvoll und üben großen Einfluss auf die Natur und uns aus. Wo sich Leylinien kreuzen, werden die positiven Energien verstärkt, sodass eine sehr hohe

Schwingungsfrequenz entsteht, die wiederum ein ganz spezielles spirituelles Umfeld erzeugt.

Das Ergebnis ist eine äußerst verfeinerte Atmosphäre, besonders dort, wo die Bahnen sehr stark sind. Die Luft ist fein und voller Licht, und es ist leichter, mit anderen Dimensionen, den ätherischen Welten und den höheren Ebenen der geistigen Welt in Kontakt zu treten. Dort können wir auch Gott näher kommen. Aus diesem Grund sind an den Kreuzungen starker positiver Leylinien häufig Orte der Andacht und heilige Stätten errichtet worden.

Eine der bekanntesten Leylinien in England ist die sogenannte Michael-und-Maria-Linie, die im Südwesten in Cornwall beginnt und quer durch das Land verläuft, um in Norfolk im Osten zu enden. Überall entlang dieser Linie befinden sich Kirchen und andere uralte Kultstätten. Viele der Kirchen wurden zu Ehren des heiligen Michael oder der Jungfrau Maria benannt, daher auch der Name der Leylinie. Eine andere Linie verläuft durch die prähistorischen Stätten Avebury und Stonehenge und durch die mittelalterliche gotische Kathedrale von Salisbury – alles Orte außergewöhnlich hoher spiritueller Energie.

Aufgrund der Energie dieser besonderen Orte ist es nicht ungewöhnlich, dass die christlichen Kirchen auf den dortigen früheren Kultstätten errichtet wurden. Unsere Vorfahren konnten die Erdenergien deutlich spüren und wussten intuitiv, wo sie ihre heiligen Plätze zu errichten hatten. Dies liegt vermutlich daran, dass sie in viel engerem Kontakt mit der Natur lebten, als wir es heute tun. Wir sind mit so vielen Dingen beschäftigt und verbringen unsere Zeit nicht mehr damit, ums Über- leben zu kämpfen, zu jagen oder Nahrung anzubauen. Unser moderner Lebensstil und unsere modernen Tech- nologien fordern von uns, dass wir uns nicht nur um unsere Familien, unsere Nachbarschaft oder unser Dorf kümmern, sondern dass wir auch Interesse an nationalen und globalen Vorgängen zeigen.

Mit anderen Worten: Wir interessieren uns für ein weitaus größeres Spektrum, als es unsere Vorfahren ta- ten, aber ironischerweise bedeutet das eben auch, dass wir unsere enge Verbindung mit der Natur verloren ha- ben. Unsere Vorfahren lebten im Einklang mit ihrer Um- gebung. Sie kannten jeden Felsen, jeden Fluss, jedes Tal und jeden Baum in ihrer unmittelbaren Nähe. Alles be- saß seine eigene Energie, seinen eigenen Geist, daher waren unsere Vorfahren weitaus spiritueller und suchten sich die Orte sorgfältig aus, an denen sie ihre Häuser und heiligen Stätten errichteten. Heute suchen wir ein Haus vor allem nach Kriterien wie Nähe zur Autobahn oder zum nächsten Bahnhof, nach der Verfügbarkeit unbe- bauten Landes und natürlich aufgrund finanzieller Über- legungen aus.

Negative Energiebahnen

In der Frühzeit der Menschheitsgeschichte waren die Energiebahnen generell positiv geladen und nutzten da- her allen. Wasser, das über sie hinwegfloss, nahm die po- sitive Ladung auf und verbreitete hochfrequente Schwin- gungen überall im Land. Im Laufe der Zeit sind manche dieser Energiebahnen allerdings ganz oder zum Teil gestört worden, sodass sich ihre Polarität von positiv zu negativ verändert hat. In den meisten Fällen sind diese Veränderungen von Menschen verursacht worden. Wie wir bereits gesehen haben, verändern negative Ereignisse die Energie eines Ortes. Starke Einwirkungen oder Veränderungen der natürlichen Landschaft stören das natürliche Gleichgewicht und dadurch auch den Fluss der Energiebahnen. Orte, an denen die Erdenergie durch den Menschen gestört wurde, gibt es dabei viele:

- Minen, Steinbrüche, Öl- und Gasfelder
- Straßen und Autobahnen
- Dämme, Wasserwerke und umgeleitete Flüsse
- Kraftwerke, Strom- und Sendemasten, Sendeanlagen
- Überirdische und unterirdische Stromleitungen
- Große Bauprojekte wie Einkaufszentren, Bürogebäude, Fabriken, Wohnsiedlungen
- Tunnel und Unterführungen
- Unfälle wie Flugzeugabstürze und Autounfälle
- Explosionen durch Bomben oder Sprengungen
- Orte menschlicher Grausamkeit und menschlichen Elends wie Konzentrationslager, Folterkammern, Gefängnisse, Arbeitslager, Waisenhäuser
- Orte der Gier und Ausbeutung wie die Fabriken der Vergangenheit, Gebäude von Firmen, die absichtlich Menschen oder die Umwelt ausbeuten, wie manche Textilunternehmen, Minengesellschaften oder Holzfällerunternehmen
- Friedhöfe und Krematorien (dies deshalb, weil so viele Menschen Angst vor dem Tod haben, die sie an diesen Orten zum Ausdruck bringen)
- Krankenhäuser

- Orte, an denen schwarze Magie und andere schädliche okkulte Praktiken ausgeübt werden
- Orte, an denen es zu Massensterben gekommen ist, wie Schlachtfelder
- Orte, an denen Geister herumspuken (unerlöste Seelen)

Durch all diese Dinge kann die positive, nützliche Energie einer Linie in negative verwandelt werden. Sollte eine dieser negativen Energiebahnen – besonders wenn sie sehr stark ist – über Ihr Grundstück verlaufen, wird sich das auf irgendeine Weise auf Sie auswirken. Wie stark hängt allerdings von Ihrer Empfindsamkeit und vom Zustand Ihres Geistes, Ihrer Gefühle und Ihres Körpers ab.

Wenn sich negative Energiebahnen kreuzen

Wenn sich zwei starke Leylinien kreuzen, die eine negative Ladung haben, wird sich die Atmosphäre des Ortes verändern. Statt uns den Kontakt mit dem Positiven, dem Licht, der geistigen Welt, der Erleuchtung und dem Göttlichen zu ermöglichen, wird dieser Ort unter dem entgegengesetzten Einfluss stehen und uns in Kontakt mit den dunklen Aspekten der geistigen Welt bringen. Die Energie dort wird dunkel und die Schwingungsfrequenz wird niedrig sein. Diese Form der Energie kann die verlorenen Seelen Verstorbener anziehen, besonders wenn diese sehr zornig sind. Das werden wir uns im nächsten Kapitel noch genauer ansehen. Und der Ort wird auch jene unter den Lebenden anziehen, die sich zu diesen dunklen Energien hingezogen fühlen, dabei auch Schwarzmagier und die Anhänger anderer dunkler Künste.

Wasser als Energieträger

Wasser besitzt ein »Gedächtnis«, denn die Teilchen, aus denen Wasser besteht, weisen Energiefelder auf, die Energie aufnehmen und sie von einem Ort zum anderen transportieren können. Fließen Bäche oder Flüsse beispielsweise durch eine Landschaft, die durch negative Energie stark verseucht ist, wird dadurch die gesamte Länge des Baches oder Flusses beeinträchtigt werden. Denken Sie dabei auch daran, dass es viele unterirdische Wasserläufe gibt. Wenn ein solcher Wasserlauf durch Ihr Land oder unter Ihrem Haus hindurchfließt, werden auch Sie von dieser Energie beeinflusst werden.

Die Auswirkungen negativer Erdenergien

Jeder von uns kann ab und an Orte aufsuchen, die von geopathischem Stress bedroht sind, zum Beispiel am Arbeitsplatz, im Krankenhaus, in der Schule, im Einkaufszentrum oder in öffentlichen Gebäuden. Da wir aber alle unterschiedlich feinfühlig sind, wird nicht jeder von uns im selben Maße betroffen sein. Die Auswirkungen können sich zum Beispiel folgendermaßen zeigen, in Ihrem Privatleben durch:

• Schlappheit und Energiemangel
• Depressionen oder Niedergeschlagenheit
• Das »Pechvogelsyndrom«: So können zum Beispiel

alle Bewohner eines bestimmten Gebäudes finanzielle Probleme haben, im Beruf Schwierigkeiten zeigen, ganz allgemein vom Pech verfolgt sein und das Gefühl haben, dass ihnen immer nur Schlimmes widerfährt und nie etwas Gutes, so sehr sie sich auch bemühen.

- Ein geschwächtes Immunsystem: Dann geht es Ihnen so, dass Sie jeden Virus und jede Bazille einzufangen scheinen, die herumschwirren.
- Unpässlichkeit, Erkrankungen und schwere Krankheiten
- Schlaflosigkeit
- Angstzustände bis hin zu Panikattacken
- Reizbarkeit
- Zwietracht und Reibungen unter den Menschen, die im selben Gebäude leben oder arbeiten, also zum Beispiel Familienangehörige oder Arbeitskollegen

In Ihrem Heim oder am Arbeitsplatz:
- Probleme, einen Raum zu heizen oder es sich darin gemütlich zu machen.
- Ein Raum fühlt sich dunkel und abweisend an.
- Bestimmte Teile eines Raumes scheinen kühler und weniger einladend als andere.
- Wandfarben und Tapeten halten nicht, fangen an zu schimmeln oder sich zu verfärben.
- Probleme mit Gas, Wasser, Strom, Telefon
- »Krankes-Gebäude-Syndrom«: Die Bewohner eines Gebäudes haben Mühe, sich dort wohlzufühlen, leiden häufig unter Erschöpfungszuständen und werden oft krank.

In der Umgebung:

- Blumen wachsen in bestimmten Teilen des Gartens nicht so gut wie in anderen.
- Bestimmte Bäume und Büsche sterben ab, blühen nicht oder bringen kein Obst hervor.
- Moos verbreitet sich rasch.

Negative Energielinien aufspüren

Wenn Sie vermuten, dass Ihr Haus oder Ihr Arbeitsplatz von geopathischem Stress betroffen sind, stehen Ihnen verschiedene Möglichkeiten zur Verfügung, dies genauer zu prüfen. Im Folgenden einige der wirksamsten Methoden.

Dowsing

Die althergebrachte Methode, negative Energien aufzuspüren, wird als Wünschelrutengehen oder mit dem englischen Wort *Dowsing* bezeichnet. Mich hat dieses System, mit dem man das Unsichtbare ergründen kann, schon immer fasziniert, und ich frage mich, ob es wirklich nur Zufall ist, dass mein Mädchenname Dowse lautet. Mithilfe von Werkzeugen wie Wünschelrute oder Pendel können wir Dinge finden, die wir mit unseren normalen Sinnen nicht entdecken können.

Es gibt verschiedene Möglichkeiten des Dowsing, die unterschiedliche Hilfsmittel benutzen, meist Wünschelrute oder Pendel. Die Methode ist jahrhundertealt und hat sich als außerordentlich erfolgreich erwiesen. So wurde sie zum Beispiel benutzt, um unterirdische Wasser- und Ölquellen, Gold- und Edelsteinvorräte, archäologische Ruinen, verlorene Dinge und natürlich Leylinien aufzuspüren. Tatsächlich können Sie Dowsing für so ziemlich alles benutzen. Ich habe Dowsing sogar eingesetzt, um herauszufinden, ob meine Klienten Lebensmittelallergien, Nahrungsunverträglichkeiten oder Vitaminmangel haben.

Als ich in Kuala Lumpur in Malaysia lebte, hatte ich einen Geist im Haus, der gern Schabernack trieb. Einmal versteckte er einen außergewöhnlichen Diamantring, den ich ziemlich häufig trug. Eines Tages wurde mir bewusst, dass ich den Ring schon eine ganze Weile nicht mehr gesehen hatte. Ich suchte überall und stellte das ganze Haus auf den Kopf. Erfolglos suchte ich an all den Orten, wo der Ring erwartungsgemäß sein könnte.

Dann beschloss ich, mein Pendel zu Hilfe zu nehmen. Das Pendel ist mein liebstes Dowsing-Instrument. Ich zeichnete einen Plan des Hauses und mithilfe des Ausschlussverfahrens entdeckte ich, dass sich der Ring auf dem obersten Regal meines Kleiderschranks befand. Ich musste einen Stuhl holen, um dort hinaufzukommen. Schließlich fand ich den Ring ganz hinten auf diesem Regal in einer alten Handtasche, die ich nicht mehr benutzt hatte, seit wir in das Haus eingezogen waren. Ohne die Hilfe meines Pendels hätte ich den Ring in den nächsten Jahren wohl nicht gefunden, höchstens beim nächsten Großreinemachen.

Wünschelruten

Das traditionelle Dowsing-Instrument, das in Europa seit Jahrhunderten benutzt wird, ist eine gegabelte Wünschelrute. Diese wird normalerweise von einem Haselstrauch geschnitten, aber Apfel- und Weidenhölzer sind auch sehr beliebt. Eigentlich kann man die Zweige jedes Baumes benutzen, solange sie biegsam sind. Sie können aber sogar Plastik oder Metall nehmen oder einen Bügel verbiegen. Einmal benutzte ich in meinem Garten mit einer ganzen Gruppe einen Haufen Bügel und wir waren sehr erfolgreich. Sie sollten Ihre Rute allerdings in eine gegabelte Form bringen. Um sie zu gebrauchen, halten Sie sie mit den Handflächen nach oben und die gegabelten Enden auf Ihren Körper gerichtet. Dies ist ein gutes Instrument, um Erdenergien aufzuspüren oder Dinge zu finden, die sich im Boden befinden.

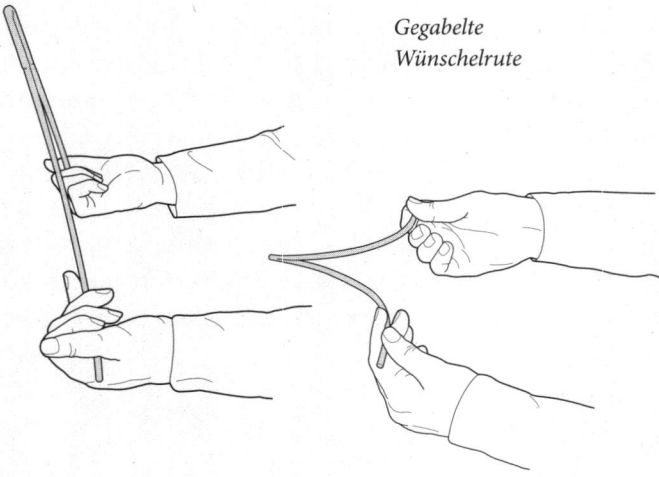

*Gegabelte
Wünschelrute*

Ein Paar rechtwinkliger Wünschelruten ist ebenfalls sehr effektiv und leicht zu gebrauchen. Sie können diese in den meisten esoterischen Läden kaufen. Sie sind aus Metall und normalerweise etwa 30 Zentimeter lang. Jede Rute hat einen rechtwinklig abgebogenen Griff, der sich in einer Scheide befindet, sodass sich die Rute frei bewegen und ihre Richtung jederzeit ändern kann, obwohl Sie sie halten.

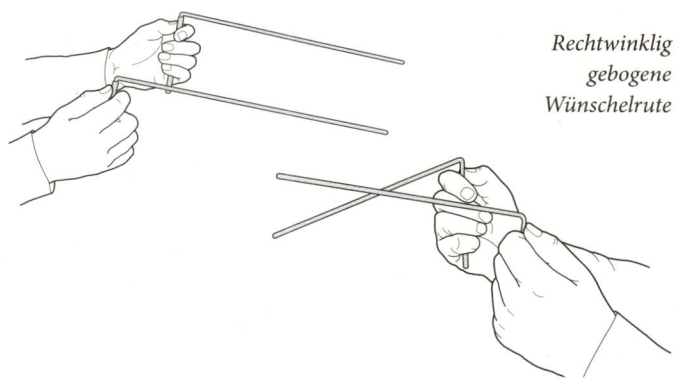

Rechtwinklig gebogene Wünschelrute

Übung: Negative Erdenergien mit der Wünschelrute aufspüren

~ Schließen Sie die Augen und atmen Sie viermal tief durch, damit Sie sich besser entspannen und konzentrieren können.
~ Stellen Sie sich vor, Sie wären von einer schützenden violetten Flamme oder weißem Licht umgeben. Sie sollten sich schützen, weil Sie sich in einen veränderten Bewusstseinszustand hineinbegeben und ganz gezielt Kontakt mit negativen Energien aufnehmen werden.

~ Konzentrieren Sie sich auf das, wonach Sie suchen. Versuchen Sie an nichts anderes zu denken. Fangen Sie nicht an, logisch zu überlegen, wo wohl Leylinien sein könnten. Sollte dies für Sie schwierig sein, können Sie an eine Kerzenflamme denken oder an etwas Neutrales wie eine Blume.

~ Halten Sie vor sich die Wünschelrute fest in der Hand. Sie sollte parallel zum Boden gehalten werden. Die rechtwinklig gebogenen Ruten sollten außerdem parallel zueinander gehalten werden.

~ Öffnen Sie die Augen und gehen Sie langsam umher. Die Wünschelruten werden auf Energiequellen reagieren und sich bewegen. Die rechtwinklig gebogenen Ruten werden sich entweder voneinander entfernen oder sich – wie es meistens der Fall ist – kreuzen. Die gegabelte Rute wird sich entweder senken oder heben.

Wenn Sie Dowsing üben, können Sie auch versuchen, die normalen schwach geladenen Energiebahnen zu finden, aus denen sowohl das Hartmann- als auch das Currie-Gitter bestehen. Denken Sie bei Ihrer Suche an positive Linien. Sie sind ziemlich eng beieinander und daher werden Sie schnell eine Reaktion spüren. Dann können Sie fortschreiten und nach den stark geladenen Leylinien suchen.

Das Pendel

Mein bevorzugtes Dowsing-Instrument ist das Pendel. Ein Pendel kann jedes einigermaßen schwere Objekt sein, das an einer Kette oder einem Band hängt. Lange Zeit benutzte ich den Topastropfen meiner Großmutter.

Heute habe ich einen speziell zu diesem Zweck gefertigten Rosenquarz an einer silbernen Kette. Sie können das Pendel überall einsetzen und es ähnlich wie eine Wünschelrute benutzen.

Bevor Sie beginnen, sollten Sie allerdings einige Grundtatsachen bestimmen, da Sie mit einem Pendel mehr Informationen bekommen können als mit einer Rute. Sie können sozusagen mit Ihrem Pendel sprechen und ihm bestimmte Fragen stellen. Meistens wird es Ihnen mit »Ja« oder »Nein« antworten. Meines schwingt auch im Kreis, um »vielleicht« oder »manchmal« anzuzeigen. Es tut dies auch, wenn meine Frage nicht genau genug war, um eine präzise Antwort zu geben.

Ich hatte eine Freundin, deren Pendel ihr ein breites Spektrum an Antworten gab, sodass sie ein ganzes Vokabular zur Verfügung hatte. Meistens werden Sie allerdings mit Ja, Nein und Vielleicht arbeiten müssen.

Übung: Negative Erdenergien mit dem Pendel aufspüren

Stufe 1

~ Halten Sie die Schnur oder Kette des Pendels zwischen Daumen und Zeigefinger oder wickeln Sie sich das Ende um den Zeigefinger.

~ Geben Sie dem Pendel etwa 15 Zentimeter Spielraum, damit es sich frei bewegen kann.

~ Finden Sie zuerst heraus, in welche Richtung das Pendel ausschlägt, um ein Ja anzuzeigen, indem Sie Fragen stellen, auf die Sie die Antwort bereits wissen. Zum Beispiel: »Heiße ich …?«, »Wohne ich in …?«, »Wurde ich am … geboren?«

und so weiter. Halten Sie das Pendel so ruhig wie möglich und konzentrieren Sie sich ganz auf Ihre Frage. Das Pendel sollte sich aus eigenem Antrieb bewegen, um die Frage zu beantworten.

~ Machen Sie die Gegenprobe und stellen Sie Fragen, von denen Sie wissen, dass die Antwort Nein lautet. Dabei sollte sich das Pendel in die entgegengesetzte Richtung bewegen. Stellen Sie immer nur präzise formulierte Fragen. Wenn Sie herausgefunden haben, welche Richtung welche Antwort anzeigt, können Sie beginnen.

Stufe 2

~ Schließen Sie die Augen und atmen Sie tief ein, um zur Ruhe zu kommen.

~ Schützen Sie sich, indem Sie sich in Ihr Ei begeben (siehe Seite 151, Kap. 3) oder sich vorstellen, von einer violetten Flamme oder von weißem Licht umgeben zu sein.

~ Öffnen Sie die Augen, denken Sie an die Frage und gehen Sie zu dem betreffenden Bereich. Halten Sie das Pendel dabei so ruhig wie möglich vor sich.

~ Während des Gehens stellen Sie klar formulierte Fragen wie »Nähere ich mich einer negativen Energiebahn?«, »Ist hier das Zentrum einer Gitternetzlinie?«, »Stehe ich jetzt direkt auf einer negativen Energiebahn?« oder so ähnlich.

Wenn Sie die negative Energiebahn oder den unterirdischen Wasserlauf – oder was auch immer Sie suchen mögen – gefunden haben, markieren Sie den Fleck.

Dowsing aus der Ferne

Ich persönlich ziehe es vor, Dowsing aus der Ferne zu betreiben. Abgesehen von der Zeit, die ich spare, weil ich nicht zu dem betreffenden Haus fahren muss, habe ich das Gefühl, ich bin zu Hause weniger abgelenkt und stelle keine Vermutungen an, die das Pendeln beeinträchtigen könnten. Wenn ich zum Beispiel einen Raum betrete, in dem es kühl ist, stellt mein Verstand sofort die Vermutung an, dass sich dort eine negative Energiebahn befinden könnte, bevor ich dies mit dem Pendel überprüft habe. Das aber würde verhindern, dass mein Verstand während des Dowsings ganz still ist. Schließlich könnte das Zimmer ja auch kühl sein, weil es nicht oft genutzt wird und daher die Heizung abgestellt ist. Es könnte sich aber auch um eine vorübergehende negative Störung menschlichen Ursprungs handeln, weil dort erst kürzlich gestritten wurde. Wenn Sie auf der Suche nach geopathischem Stress sind, versuchen Sie ernsthaftere, langfristige Störungen zu finden.

Wie schon gesagt ziehe ich es vor, das Dowsing und auch das Heilen, das nötig sein könnte, aus der Ferne zu machen. Nun zeige ich Ihnen, wie das funktioniert.

Übung: Dowsing mit dem Pendel aus der Ferne

Stufe 1

~ Zeichnen Sie den Grundriss des Hauses, das Sie überprüfen wollen, auf ein leeres Blatt Papier. Benutzen Sie möglichst kein recyceltes Papier oder ein Blatt, auf dem schon andere Sachen stehen, da das Pendel sonst unwichtige Informationen aufnehmen könnte. Wenn Sie die Übung für jemand anderen tun, sollte er Ihnen einen Plan des Hauses schicken, auf dem der Eingang, alle Zimmer und Fenster eingezeichnet sind. Der Plan sollte alle Stockwerke zeigen und alle Außengebäude, Garagen und Wintergärten. Sie können die Methode der Ferndiagnose auch auf Ihr eigenes Heim anwenden, obwohl Sie ja Zugang zum tatsächlichen Haus haben.

Stufe 2

~ Nehmen Sie das Pendel in die Hand, entspannen Sie sich und schützen Sie sich, wie vorher bereits beschrieben.

~ Fragen Sie das Pendel, ob dies eine gute Zeit für dieses Unterfangen ist.

~ Lautet die Antwort Ja, fragen Sie, ob irgendwelche negativen Energien das Haus und seine Bewohner beeinflussen.

~ Lautet die Antwort Ja, fragen Sie, ob negative Energien vorhanden sind, die durch elektromagnetischen Stress hervorgerufen werden.

~ Lautet die Antwort Ja, fragen Sie, ob Sie diese Energien heilen können.

~ Fragen Sie, ob negative Energien vorhanden sind, die durch geopathischen Stress hervorgerufen werden.

~ Lautet die Antwort Ja, fragen Sie, ob unterirdische Wasserläufe das Problem verursachen.

~ Lautet die Antwort Ja, fragen Sie, ob Sie diese Energien heilen können.

~ Fragen Sie, ob negative Energiebahnen vorhanden sind, die Probleme verursachen.

~ Lautet die Antwort Ja, fragen Sie, ob Sie diese Energien heilen können.

~ Fragen Sie, um wie viele Energiebahnen es sich handelt. (»Ist es eine Linie?«, »Sind es zwei Linien?«)

~ Sind mehrere negative Energiebahnen vorhanden, fragen Sie, ob sie sich kreuzen.

~ Lautet die Antwort Ja, fragen Sie, ob Sie diese starke Quelle negativer Energie heilen können.

Stufe 3

~ Legen Sie nun den Mittel- oder Zeigefinger Ihrer freien Hand auf den Rand des Planes, also auf die Außenwände.

~ Bewegen Sie den Finger langsam den Rand entlang und fragen Sie das Pendel: »Ist hier der Eintrittspunkt der Energiebahn?«

~ Wo Sie ein starkes Ja zur Antwort erhalten, markieren Sie den Punkt mit einem Kreuz.

~ Fahren Sie auf diese Weise fort und suchen Sie auch nach dem Austrittspunkt der Energiebahn.

~ Verfahren Sie so mit jeder Energiebahn und markieren Sie die Stellen, an denen sich Linien kreuzen. Dies ist immer ein sehr negativer Punkt. Verläuft er unter einem Bett oder dem Lieblingssessel, dann wird die Person, die sich an diesen Stellen aufhält, von geopathischem Stress betroffen sein. Beachten Sie bitte, dass diese Störungen einen großen Radius haben, und überprüfen Sie daher alle Stockwerke.

Eine meiner Freundinnen aus Malaysia, die ich hier Sue nennen will, erzählte mir seit Jahren von den Problemen ihres Partners. Er hatte geschäftliche und emotionale Schwierigkeiten. Seit einiger Zeit klagte er über ständige Müdigkeit und war häufig gereizt und zudem geizig. Ich fragte Sue, ob es zu der Zeit, als die Probleme begannen, irgendwelche Veränderungen in der Gegend gegeben hatte. Sie antwortete, dass ganz in der Nähe ein großes Bürogebäude gebaut wurde. Früher hatten sie von ihrem Haus aus den Wald sehen können, nun aber stand der neue Gebäudekomplex im Weg.

Ich bat Sue, die Übung auszuführen, die ich eben beschrieben habe. Einige Stunden später rief sie mich ganz aufgeregt an. Sie hatte zwei negative Energiebahnen gefunden, die sich direkt unter dem Bett auf der Seite ihres Mannes kreuzten. Die negativen Linien waren wahrscheinlich durch das neue Gebäude verursacht worden. Auf meinen Rat hin wandte sie den Heilungsprozess an, den ich in Kürze beschreiben werde, und ihr Mann verspürte eine deutliche Linderung der Symptome.

Tiere als Energiedetektoren

Alle Tiere reagieren sehr empfindlich auf Energie und besonders auf Erdenergien. Sie sind viel mehr im Einklang mit der Natur als wir und können für uns ein großartiges Barometer sein, das Ausmaß und Stärke der uns umgebenden Energien anzeigt. Wenn Sie wieder einmal an einer Weide vorbeigehen, auf der ein Hochspannungsmast steht, schauen Sie doch einmal, wo die Tiere liegen und schlafen. Sie werden vermutlich feststellen, dass sie dies so weit wie möglich von der Quelle der Negativität entfernt tun.

Die meisten Tiere zieht es automatisch zur Stelle der besten Energie. Ihr Hund wird instinktiv alle Stellen guter Energie finden und sie zu seinen bevorzugten Schlafplätzen machen. Meine beiden Hunde haben die positive Leylinie gefunden, die quer durch das Haus verläuft. Als mein Hund Prince kürzlich krank war, legte er sich direkt auf die Linie in der Mitte des Hauses, wo sie am stärksten ist. Nachdem er gestorben war, legte sich unsere Hündin Sophie so auf die Linie, dass ihr Gesicht der einströmenden Energie zugewandt war. Es schien, als wolle sie sich auf diese Weise über ihren Verlust hinwegtrösten.

Katzen hingegen setzen sich am liebsten auf Stellen mit negativer Energie. Ich weiß nicht, warum sie dies tun, aber vielleicht saugen sie ja im Interesse ihrer Besitzer die negativen Energien auf. Aber ganz gleich aus welchem Grund, wenn Sie eine Katze haben, werden Sie die Stellen niedriger Energie leicht identifizieren können, wenn Sie sich anschauen, wo sie am liebsten schläft.

Negative Erdenergien heilen

Jetzt werde ich Ihnen zeigen, wie man mit negativen Energiebahnen umgeht und Gebäude reinigt, besonders an den Stellen, wo sich Linien kreuzen. Dies ist dieselbe Übung, die ich meiner Freundin Sue zeigte. Sie brauchen dafür Folgendes:
• Vier längliche Bergkristalle, die mindestens ein spitzes Ende haben. Diese Einender genannten Kristalle müssen nicht länger als 2,5 Zentimeter sein.
• Einen Bergkristall, der aus mehreren Einendern besteht, die aus einem Kristallbett herausragen. Die Enden streben in alle Richtungen. Ein kleiner genügt schon.
• Ein natürliches Raumspray.

Übung: Erdenergieheilung

Stufe 1

~ Reinigen Sie die Kristalle über Nacht in Salzwasser. Verwenden Sie dafür natürliches Steinsalz und Quell-, Mineral- oder Meerwasser.

~ Laden Sie die Kristalle auf, indem Sie sie 24 Stunden lang dem natürlichen Licht aussetzen. Helles Sonnen- und Mondlicht sind am besten geeignet, aber Regen ist auch gut. Am besten ist allerdings, wenn noch ein Gewitter dazukommt.

Stufe 2

~ Nehmen Sie die Kristalle in die Hand und stellen Sie sich vor, sie wären von Licht erfüllt.

~ Programmieren Sie die Kristalle, indem Sie sagen: »Ich fülle euch mit Liebe und Licht und beauftrage euch, Freude, Liebe, Frieden, Harmonie und Reichtum in dieses Haus (oder Büro oder Arbeitsplatz) zu bringen.«

~ An den Eintritts- und Austrittspunkten der negativen Energiebahnen stecken Sie außerhalb des Hauses jeweils einen der Einender in den Boden. Wenn Sie in einer Wohnung oder einer Doppelhaushälfte leben, legen Sie den Kristall einfach im Haus an die entsprechende Stelle. Ich verwende manchmal Knetmasse, um einen Kristall auf einem Regal oder einer Fußbodenleiste zu befestigen.

~ Legen Sie den Bergkristall dorthin, wo sich die Energien kreuzen, oder so nahe wie möglich an diese Stelle. Meine Freundin Sue hatte Glück, weil sie ihren unter das Bett legen konnte. Sie können auch in jedem Stockwerk einen Kristall auf die gleiche Stelle legen, aber es ist nicht zwingend notwendig.

~ Stellen Sie sich nun in die Nähe der Energiebahn, aber nicht direkt darauf, und stellen Sie sich vor, dass sie sich in strahlend weißes Licht verwandelt.

~ Zeichnen Sie das Heilsymbol in die Luft, strecken Sie dann die Handflächen in beide Richtungen aus und schicken Sie heilende Energien in die gesamte Länge der Energiebahn. Wiederholen Sie den Vorgang für alle negativen Linien, die durch Ihr Haus verlaufen.

~ Besprühen Sie das ganze Haus mit dem Raumspray; sprühen Sie auch in den Schränken, unter den Betten und im Dachboden und Keller. Nun sollte das Haus frei von allen negativen Erdenergien sein.

Bitte stellen Sie sich während des gesamten Vorgangs in die Nähe, aber nicht direkt auf die Energiebahnen, weil diese Sie negativ beeinflussen könnten, wenn Sie sich ihnen öffnen. Sue und einer Freundin, die ihr geholfen hatte, wurde während des Aufspürens der Linien übel und ihnen war schwindelig. Als die Kristalle in den Boden gesteckt wurden, verschwanden Übelkeit und Schwindel augenblicklich, und es ging ihnen viel besser. Es ist bekannt, dass Menschen sogar krank werden, wenn sie sich diesen Energien zu sehr nähern. Ich selbst fühle mich häufig benommen, aber das verschwindet nach der Heilung sofort.

Diese Heilübung kann Ihnen augenblicklichen Nutzen bringen. Kürzlich führte ich eine solche Klärung durch und sowohl die Hausbesitzerin als auch ich spürten sofort eine Veränderung der Atmosphäre und Energie des Hauses. Aber es kann auch eine Zeit lang dauern, bevor Sie erste Veränderungen des Gesundheitszustandes und

Wohlbefindens der Bewohner wahrnehmen können. Ich rate Ihnen, nach der Heilung des Hauses eine Segnungszeremonie durchzuführen (siehe Seite 199, Kap. 4).

Der Mond

Ich kann dieses Kapitel über die Auswirkungen der Erdenergien nicht abschließen, ohne auf den Einfluss des Mondes hinzuweisen. Wie Sie ja sicher wissen, umkreist der Mond die Erde einmal in 28 Tagen, und gemeinsam mit der Erde umkreist er die Sonne einmal in einem Jahr. Die Position des Mondes im Verhältnis zur Erde und zur Sonne hat gewaltige Auswirkungen auf alles, was auf der Erde lebt. Offensichtlich ist, dass der Mond die Gezeiten beeinflusst. Das begriff ich, als ich mir ein kleines Boot kaufte und die hohen Fluten erlebte, die durch Voll- und Neumond verursacht werden.

Der Mond beeinflusst auch die Menstruationszyklen der Frauen. Ich selbst habe beobachtet, dass meine Meditationen bei Vollmond kraftvoller sind. Es gibt Menschen, die vom Vollmond negativ beeinflusst werden, weil sie dann hyperaktiv sind und vorhandene geistige Störungen noch verstärkt werden.

Ich muss zugeben, dass ich nicht begreifen konnte, warum das so ist, obwohl ich die Fakten kannte. Im Rahmen meiner Erforschung der positiven und negativen Ionen in der Atmosphäre fand ich heraus, dass die Position des Mondes die Anzahl der positiven Ionen verändert.

Der Mond ist positiv geladen, also produziert er positive Ionen. Je näher er der Erde kommt, desto mehr verstärkt er den Stress und die energetische Verschmutzung, die wir bereits spüren. Außerdem wird dabei der Druck auf die Atmosphäre der Erde verstärkt. Man könnte sagen, der Mond bedrückt uns, und aus diesem Grund wird auch die Gezeitenaktivität verstärkt.

Die Veränderungen der Atmosphäre, die auftreten, wenn sich der Mond der Erde nähert, beeinflussen natürlich auch uns. Wir werden allgemein gesagt negativ beeinflusst, wenn die Zahl der positiven Ionen zunimmt, und die negativen Aspekte unseres Lebens werden verstärkt. Wir spüren die Auswirkungen auf allen Ebenen und so sind die emotionalen Ausbrüche gewisser Menschen und die geistige Unausgeglichenheit anderer zu erklären.

Was wir dagegen tun können? Nun, es wirkt sich sicherlich negativ auf uns aus, wenn wir mehr negative Gefühle und Einstellungen haben, also gibt es nur eine Lösung: Wir müssen das Leben leichter nehmen. Wir müssen positiver werden und uns bemühen, das emotionale Gepäck und die Negativität loszulassen, die wir mit uns herumschleppen.

Übung: *Meditation zur Heilung des Planeten*

Ich möchte dieses Kapitel mit einer einfachen Fernheilungsübung abschließen, die helfen soll, den Schaden zu beseitigen, den die Menschheit auf der Erde angerichtet hat. Mit dieser einfachen Übung können wir den Vögeln, den Tieren, den Regenwäldern, den Menschen und der gesamten Umwelt helfen.

~ Atmen Sie viermal tief ein. Entspannen Sie die Schultern.

~ Stellen Sie sich vor, Sie wären ein sehr großer Baum. Visualisieren und spüren Sie, dass Ihre Wurzeln tief ins Erdreich dringen.

~ Stellen Sie sich einen gewaltigen Lichtstrahl vor, einen Laserstrahl heilender Energie, der vom Himmel herab scheint. Lassen Sie jede Zelle Ihres Körpers und Ihre ganze Aura von seinen starken heilenden Schwingungen erfüllen.

~ Halten Sie einen Moment inne, während Sie sich an diese göttliche Energie anpassen.

~ Stellen Sie sich dann vor, Sie wären ein Astronaut, der am Abendhimmel hoch über der Erde schwebt. Sehen Sie, wie sich der Mond, die Sterne und die Erde langsam drehen. Die Erde wird vom Licht des Mondes erhellt.

~ Zeichnen Sie das Heilsymbol dreimal in die Luft und richten Sie die heilenden Energien aus Ihren Händen auf die Erde.

~ Denken Sie an einen sonnigen Tag, an einen wolkenlosen Himmel und an glitzernde Flüsse, die frei von jeglicher Verschmutzung und von Umweltgiften sind.

~ Denken Sie an Berge und Seen, sehen Sie vor Ihrem geistigen Auge gesunde, unberührte Regenwälder wachsen, voll blühender vielfältiger Pflanzen und zahlreicher Tiere.

~ Denken Sie an frei lebende Tiere, die ohne Angst vor den Menschen frei umherwandern.

~ Denken Sie an Haus- und Nutztiere, die unter angenehmen Umständen leben und gute Nahrung bekommen. Stellen Sie sich vor, sie würden von liebevollen Haltern respektiert und umsorgt.

~ Stellen Sie sich vor, dass Männer und Frauen füreinander da sind und glückliche Kinder großziehen. Sehen Sie vor Ihrem geistigen Auge, wie Nachbarn und Nationen friedlich und harmonisch zusammenleben. Sehen Sie, dass jeder Mensch auf Erden frei von Hunger und Angst ist.

~ Stellen Sie sich vor, dass sich der ganze Planet eingehüllt in eine Kugel aus goldenem Licht dreht.

~ Stellen Sie sich vor, Sie würden in diese Lichtkugel eintreten, mit der Erde verschmelzen und eins mit ihr werden. Verbringen Sie einige Momente mit dieser Vorstellung.

~ Kommen Sie langsam zurück. Bewegen Sie Zehen und Finger, um wieder ganz in der Gegenwart anzukommen.

In früheren Kapiteln haben wir uns angeschaut, wie sich Gedanken auf uns auswirken können. Nun wollen wir uns die schlimmsten Formen negativen Denkens ansehen und wie sie absichtlich oder unabsichtlich zu einem Fluch werden können. Wir werden sehen, wie machtvoll Flüche sein können, und wie diese stärksten aller negativen Gedankenformen auf einer Familie lasten können, wie sie von Generation zu Generation weitergegeben werden können und wie sie sich über Jahrhunderte hinweg an Gegenstände und Orte heften.

6 – Flüche und Magie

In diesem Kapitel werden wir uns anschauen, wie absichtlich gedachte negative Gedanken zu Flüchen werden können. Wir werden die dauerhaften und in manchen Fällen verheerenden Auswirkungen von Flüchen betrachten und lernen, wie man sie auflösen kann. Welche Macht besitzt die Magie und was kann sie an Gutem wie Schlechtem bewirken? Wir werden sehen, wie es sich anfühlt, wenn man auf übersinnliche Weise angegriffen wird und wie man sich davor schützen kann.

Die Macht der Flüche

Ich definiere einen Fluch als eine absichtlich ausgesprochene Beschwörung zum Schaden anderer Menschen, die eine Einzelperson oder eine ganze Gruppe betreffen kann. Flüche haben ein breites Wirkungs- und Wirksamkeitsspektrum, und viele von ihnen werden seit Jahrhunderten gebraucht. Eine milde Form eines Fluches wäre eine im Eifer des Gefechts gemachte Äußerung wie »Ich wünschte, dir würden die Haare ausfallen!« Eine eher ernst zu nehmende Form eines Fluches wäre es, einer Person eine Reihe von Unglücken oder einen schrecklichen Tod zu wünschen. In diese absichtlich giftigen Aussagen werden häufig auch Familien oder Kinder mit eingeschlossen.

Zum Glück erfüllen nicht alle Flüche ihren Zweck. Hat die Person, die einen Fluch ausspricht, nicht wirklich böse Absichten (wie in »Ich wünschte, dir würden die Haare ausfallen!«) und hat sie ihre Aussage nur im Rahmen eines vorübergehenden Wutausbruchs gemacht, dann ist die Chance sehr groß, dass das »Opfer« ungeschoren davonkommt. Ist der Empfänger stark und ohne Furcht, wird er definitiv nicht davon betroffen sein.

Meint aber die Person, die den Fluch ausspricht, jedes Wort, das sie gesagt hat, genau so, und stecken hinter den Worten tatsächlich starke Gefühle, dann kann die Wirkung verheerend sein, besonders wenn das Opfer verängstigt und schwach ist. In Afrika sterben Menschen, weil sie verflucht worden sind.

Obwohl es nicht ungewöhnlich ist, dass Menschen fluchen, und obwohl der Gebrauch obszöner Worte in bestimmten Gesellschaftsschichten vollkommen normal ist, ist der Gebrauch von Flüchen doch nicht mehr so weitverbreitet. Früher galt es als ziemlich normal, einen Menschen zu verfluchen, der einem in den Weg gekommen war, einen in irgendeiner Weise aufgeregt hat oder einem Probleme bereitet hat. Aber selbst gedankenlos dahergesagte Flüche und gelegentliches Fluchen erzeugen negative Schwingungen und sind sowohl für den, der sie sagt, als auch für den, der sie hört und auf den sie gerichtet sind, schädlich.

Wenn Sie merken, dass Sie leicht fluchen, sollten Sie erkennen, dass dies eine negative Aktivität ist. Was immer Sie an Schwingungen aussenden, wird sich direkt auf Sie auswirken, da der Energiestrom der Worte durch Ihre Aura fließt. Sie sind zudem dem Gesetz von Ursache und Wirkung ausgesetzt, das besagt: »Was du säst, das wirst du ernten.« Wenn Sie sich in der Gesellschaft von Menschen befinden, die häufig fluchen, hüllen Sie sich in Ihr Ei (siehe Seite 151, Kap. 3) und sagen Sie fest und bestimmt zu sich selbst: »Diese Negativität wird mich in keiner Weise beeinflussen.«

Die Macht der Magie

Wenn sich Flüche mit Magie vermischen, dann stehen wir vor einem ernsten Problem. Aber was genau ist Magie eigentlich? Hier sind einige Definitionen:

- Magie nutzt die Macht des Geistes.
- Magie nutzt übersinnliche und mystische Fähigkeiten.
- Magie ist die Kunst, die Form der Energie zu verändern, was auch als Alchemie bekannt ist.

Magie ist außerdem ein Wort, mit dem wir jedes Phänomen bezeichnen, das wir nicht erklären können und das über unseren derzeitigen Wissensstand und unser derzeitiges Verständnis hinausgeht. Was für die Menschen eines Zeitalters magisch erscheint, ist für die Menschen eines anderen ausgesprochen normal und ganz gewöhnlich. Für einen Menschen des Mittelalters wäre ein Flugzeug, das durch den Himmel fliegt, etwas ebenso Magisches wie unsere anderen technologischen Neuerungen wie Fernsehen oder Telefon. Auch ein Licht, das nicht von einer Kerze oder der Sonne stammt, wäre als Wunder betrachtet worden.

Wir erschaffen noch während unserer Lebensspanne neue Wunder, die in der Zukunft ganz normal sein werden. So nutzen viele Menschen heute die universellen Energieströme, um sich und andere zu heilen. Indem wir uralte Symbole verwenden oder uns bewusst mit der universellen Energie der Liebe verbinden, können wir starke Heilkräfte herbeirufen. Sollten die Ergebnisse als Wunder bezeichnet werden, so liegt das daran, dass bis vor Kurzem nur Ärzte geheilt haben und dabei ausschließlich chirurgische Eingriffe und Medikamente als Agenten der Heilung kannten. Die meisten Ärzte setzten nicht absichtlich Energie ein, um ihre Patienten zu heilen, und die Ärzteschaft legte die Standards der Gesundheitsfürsorge und Rehabilitation fest. Das bedeutet, dass Menschen, die mit diesen Standards aufgewachsen sind, es als Magie oder als Wunder betrachten müssen, wenn ein Mensch allein durch die Absicht eines anderen geheilt wird. Die Kinder, die heute geboren werden, werden es beim Eintritt in das Erwachsenenalter vermutlich ziemlich normal finden, bei bestimmten gesundheitlichen Problemen zu einem Heiler zu gehen. Auch werden sie kaum überrascht sein, wenn sie dann geheilt werden.

Die magischen Künste

Die alten magischen Künste wurden immer in den Schleier des Geheimnisvollen gehüllt, damit die gewöhnlichen Menschen sie nicht verstehen. Nur einige Privilegierte wussten um sie, und diese wenigen Erleuchteten stellten sicher, dass das auch so blieb. Aufgrund ihres speziellen Wissens und der Geheimniskrämerei, mit der sie ihre Künste umgaben, waren die Magier der Vergangenheit machtvolle und respektierte Wesen.

Würden die magischen Künste in der Schule gelehrt, würden wir alle erkennen, wie sie funktionieren, und könnten sie mit Leichtigkeit ausüben. Ich sehe einen Tag kommen, an dem die Geheimniskrämerei verschwunden sein wird, und immer mehr Menschen sich ihrer Macht bewusst geworden sind, ihren Geist und die Energie ihrer Gedanken zu nutzen. Ich glaube, dass alles eine Form von Energie ist, und sobald wir gelernt haben, die Form dieser Energie zu verändern, werden wir alle zu Magiern geworden sein.

Sobald wir einmal die Fähigkeit erlangt haben, durch und hinter die Oberflächenrealität der Dinge zu schauen, werden wir die Grundlage für die höchsten Formen der Magie gelegt haben. Wenn wir diese Veränderung der Wahrnehmung mit der Akzeptanz der Macht des Geistes und der Intention verbinden, werden wir wahrlich im Zeitalter der Wunder leben. Aber dann wird das, was wir heute als Wunder bezeichnen, ganz alltägliches Geschehen sein.

Hexen, die Heilerinnen von früher

Bevor das Christentum nach Europa kam, hatten wir eine andere Religion. Wir verehrten wie viele andere alte Kulturen die Natur. Wir wussten um die Macht der Erdenergien und um heilige Kraftorte. Wir nutzten diese, um uns mit der Energie und Macht von Sonne und

Mond und der Planeten zu verbinden, die unsere eigene beeinflussen. Wir erkannten die Geister der Bäume und Berge an. Wir ehrten sie wie viele andere Kulturen überall auf der Welt – von den Maori Neuseelands und den Aborigines Australiens bis zu den amerikanischen Ureinwohnern und den Stammesgesellschaften Südamerikas und Afrikas – mit Zeremonien und Ritualen.

Hatten all diese Kulturen denn unrecht? War denn jede Kultur und jedes Volk, das die Macht Gottes in der Natur erkannte, dumm, im Unrecht, ja sogar böse? Ich glaube nicht. Aber über Jahrhunderte haben die christlichen westlichen Gesellschaften diese alten Wege als Werk des Satans betrachtet und ihr Bestes getan, um den alten Glauben und die alte Denkweise auszurotten.

Früher hatte jede Dorfgemeinschaft eine Person, die in den Heilkünsten bewandert war. Diese Menschen hatten gelernt, welche Pflanzen helfen konnten, und gaben die heilenden Eigenschaften von Bäumen, Wurzeln, Blumen und so weiter in Form von Tinkturen, Aufgüssen und Pulvern an die örtliche Bevölkerung weiter. Diese Kräuterkundigen, die meistens ältere Frauen waren und auch als Hebammen und Leichenwäscher fungierten, spielten eine wichtige Rolle im Leben eines Dorfs.

Als das Christentum kam und wir aufhörten, die Natur zu verehren, behielten wir unsere »Hexen«, wie sie bezeichnet wurden, noch eine Zeit lang, weil unsere neue Religion ihren Heilkünsten keine Alternative entgegenzusetzen hatte. Das Christentum schenkte uns zwar einen spirituellen Weg, dem wir folgen konnten, aber die Weisheit der alten Frauen konnte es nicht ersetzen.

Weiße Hexen und schwarze Hexen

Wie auch in anderen Lebensbereichen, so benutzten manche Hexen ihre Kräfte für negative Zwecke und praktizierten die »dunklen Künste« oder »schwarze Magie«. Dabei werden die positiven Kräfte des Heilens umgedreht, sodass sie zu Flüchen werden, die dann Krankheiten und Unglück bringen. Mit ihren Kräften konnten sie die Mächte des Universums anzapfen und diese so verdrehen, dass eine neue Form der Energie entstand: das Böse. Obwohl einige wenige Hexen diese dunklen Künste ausübten, so wirkte die Mehrzahl doch zum Wohle der Dorfbewohner und auch der Armen. Dadurch hatten sie in den Dörfern eine Machtposition inne, sodass die Kirche, die von Männern beherrscht wurde, beschloss, die Macht *aller* weisen Frauen zu brechen. So begannen die Vertreter der Kirche überall in Europa mit einer systematischen Verfolgung weiser Frauen. Aufgrund ihrer Verdammung begann sich eine neue Einstellung ihnen gegenüber auszubreiten, und das Wort »Hexe« wurde zu einem angstbesetzten Wort für das Böse.

Um zwischen den beiden Arten von Hexen zu unterscheiden, nennen wir jene, die ihre Kräfte für das Gute einsetzen, »weiße Hexen«, und jene, die ihre Kräfte für das Böse nutzen, »schwarze Hexen«. Zwischen den beiden besteht ein gewaltiger Unterschied, aber selbst heute, wenn ich den Begriff »Hexe« in einer Unterhaltung mit manchen Menschen in der Kirche verwende, spüre ich, wie sie vor Furcht erschauern.

Zum Glück gingen die Fähigkeiten der weisen Frauen nicht völlig verloren und heute wird beispielsweise Kräuterheilkunde wieder allgemein praktiziert. Es gibt eine

ganze Reihe von Spezialgeschäften, die die alten Kräuter-
mischungen und pflanzliche Tinkturen und Aufgüsse für
praktisch jede Art von Erkrankung verkaufen.

Weil wir uns hier alle Formen negativer Energie anschauen wollen, die es gibt, und weil wir herausfinden
wollen, wie wir sie bekämpfen, uns gegen sie schützen
und sie letzten Endes umwandeln können, müssen wir
zunächst einmal anerkennen, dass es diese bösen Künste überhaupt gibt. Es gab in der Vergangenheit Menschen, die schwarze Magie betrieben haben, und es gibt
sie heute.

Schwarze Magie

Wie ich im ersten Kapitel bereits beschrieben habe, erfuhr ich einiges über die Wirkung schwarzer Magie, als
ich in Malaysia und Afrika lebte. Ich erinnere mich, dass
ich einigermaßen widerwillig einer Freundin folgte, die
in den Vorstädten von Johannesburg nach einer Medizinfrau suchte, die ihr helfen sollte, ihren Freund zurück-
zugewinnen. Damals war es mir peinlich, an die Tür des
Dienstboteneingangs eines herrschaftlichen Hauses zu
klopfen und nach dem Dienstmädchen zu fragen, das
nach Feierabend eine Medizinfrau war. Wie dem auch
sei, sie gab meiner Freundin etwas, das sie in das Badewasser tun sollte – und es funktionierte.

Medizinmänner, Schamanen, Hexenmeister, Bomos
(Malaysia) und Sangomas (Afrika) sind Namen, die Menschen gegeben werden, welche die Kunst der Magie ausüben. Sie arbeiten überwiegend für das Wohl der Men-

schen und sind meistens Heiler, die keine schwarze Magie betreiben. Aber es gibt einige, die dies tun.

Was ist schwarze Magie?

Schwarze Magie ist die bewusst herbeigeführte Pervertierung guter Energie und der bewusst eingesetzte Gebrauch der Magie, um anderen Menschen zu schaden und ihnen Leid zuzufügen. Meistens wird sie gegen Bezahlung ausgeübt. Jemand sucht einen Schwarzmagier auf und bezahlt ihn, damit er einen anderen Menschen zu Fall bringt. Dabei kann es sich um einen politischen Gegner, einen Feind, einen störenden Nachbarn, einen Konkurrenten oder einen Familienangehörigen handeln, der einem etwas wegnehmen will. In Afrika ist diese Praxis weitverbreitet. Wenn dort jemand Erfolg hat, dann macht er sich Sorgen, dass seine Freunde, Nachbarn oder Familienangehörigen zu einem Sangoma gehen und einen Fluch bestellen könnten, der ihm schaden wird. Wenn jemand außerordentlich erfolgreich ist, vermuten die Nachbarn oder Kollegen sofort, dass er Zaubersprüche benutzt hat, die ihm Erfolg bringen, und finden es daher vollkommen legitim, ebenfalls Magie einzusetzen, um ihm den Erfolg streitig zu machen.

Formen schwarzer Magie

Es gibt viele verschiedene Formen schwarzer Magie. Ein einfacher Zauberspruch kann erzeugt werden, indem Kräuter und getrocknete, gemahlene tierische Substanzen vermischt werden. Dann versetzt sich der Hexenmeister in Trance, indem er tanzt, singt, Glocken, Gongs oder Zimbeln anschlägt oder indem er Drogen nimmt. Dann wird er den Fluch oder den Zauberspruch über der Mischung aufsagen, um diese energetisch aufzuladen.

Eine andere Möglichkeit besteht darin, Haare, Fingernagelstückchen oder Fotos des Opfers zu stehlen und diese als »Zielobjekt« zu benutzen. Dann werden in einem Ritual bösartige Gedanken auf das Zielobjekt gerichtet. Der Hexenmeister verbindet sich mit dem Fluss dunkler Energie, die durch einen Talisman oder einen schwarzmagischen Gegenstand herbeigerufen wird. So wie wir ein Kreuz, unseren Lieblingskristall, eine Kerze oder etwas Ähnliches benutzen, um die wunderbaren Energien der Liebe anzurufen, so benutzen die Anhänger der schwarzen Künste Gegenstände, um bösartige Energien herbeizurufen.

Gewisse Praktiken am äußersten Rand des dunklen Spektrums pervertieren Symbole des Göttlichen und setzen sie für ihre eigenen Zwecke ein. So nahm Hitler zum Beispiel das Swastika, ein uraltes Glückssymbol, das seit Tausenden von Jahren von Buddhisten und Hindus als Zeichen der Reinheit gebraucht wird, und pervertierte es. Die Swastika ist ein wahrhaft machtvolles Symbol voller Liebe, das überall in Asien viele Tempel und heilige Stätten verziert. Hitler und seine Anhänger verwandelten es in ein Symbol des Bösen und des Terrors, und es wird noch einige Zeit brauchen, bis seine wahre Bedeutung wieder anerkannt wird.

Teufelsanbeter nehmen das christliche Kreuz und stellen es auf den Kopf. Durch solche Praktiken werden die Energien des Guten in einen Strom der Finsternis verwandelt. Bedenken Sie aber bitte immer, dass die dunklen Mächte diese Symbole zwar an sich reißen und ihre Bedeutung umkehren können, dass wir diesen Prozess aber auch wieder rückgängig machen können.

Die Wirkung schwarzer Magie beseitigen

Das Licht ist stärker als die Dunkelheit. Wir sehen dies jedes Mal, wenn die Sonne aufgeht, wenn wir eine Kerze anzünden oder das Licht anschalten. Immer wenn wir eine gute Tat begehen, immer wenn wir jemandem vergeben, der uns Unrecht getan hat, und immer wenn wir unsere Liebe verschenken, wandeln wir Negativität um. Wir verwandeln Dunkelheit in Licht. Das können wir auch mit der schwarzen Magie und ihren Folgen tun. Ja, sie kann uns schaden, aber es ist möglich, sie aufzulösen und die betroffenen Menschen zu heilen.

Im Folgenden gebe ich einige Erlebnisse wider, in denen Zaubersprüche, Flüche oder schwarze Magie aufgehoben wurden, indem die heilenden Kräfte der Liebe und des Lichts angerufen wurden.

Ein Erlebnis in Singapur

Vor ein paar Jahren war ich in Singapur, um Seminare und Heilsitzungen abzuhalten. In einem dieser Seminare sprach ich auch über Flüche und deren Auswirkungen. Während der Teepause kam eine Frau mit einem Foto zu mir und fragte mich: »Würden Sie sich bitte meinen Mann anschauen und mir sagen, ob Sie ihm helfen können?« Als ich das Foto in die Hand nahm, spürte ich sofort das vertraute Gefühl dunkler Energie. Ich spürte, wie mir etwas den Arm hinaufschoss. Ich schaute mir den Mann auf dem Foto an und schickte ihm heilende Energie. Noch während ich das tat, spürte ich, wie mich ein starkes Gefühl der Erleichterung überkam. Aus dieser Reaktion schloss ich, dass etwas sehr Machtvolles geschehen war. Ich gab das Foto zurück und sagte, dass ich hoffte, ihm geholfen zu haben. Die Frau dankte mir und das Seminar ging weiter.

Am nächsten Tag kam die Frau wieder zu mir. Dieses Mal lächelte sie und sagte, ihr Mann ließe mir ein herzliches Dankeschön ausrichten. Dann erklärte sie mir, worin sein Problem bestanden hatte und was am Tag vorher mit ihm geschehen war. Am Nachmittag, genau um die Zeit unserer Teepause, hatte er zu Hause Staub gesaugt, als er plötzlich heftige Kopfschmerzen bekam.

Er sagte, er habe das Gefühl gehabt, etwas würde aus ihm herausgezogen. Der Schmerz war so stark, dass er sich hinsetzen musste. Nach einigen Augenblicken überkam ihn dann ein Gefühl tiefen Friedens. Er hatte den Eindruck, etwas Furchtbares sei von ihm genommen worden. Er wusste auch, was es war.

Und so war es auch. Ein paar Jahre zuvor war er ein sehr erfolgreicher Geschäftsmann gewesen. Er war sogar der beste Verkäufer der ganzen Firma. Anscheinend waren aber andere neidisch auf seinen Erfolg. Plötzlich veränderte sich sein ganzes Leben, als er überhaupt keine Verkäufe mehr zustande brachte und seine berufliche Karriere völlig den Bach hinunterging. Er wurde entlassen und konnte trotz aller Anstrengungen keine neue Stelle finden. Das ist übrigens ganz typisch, wenn man mit einem Fluch belegt ist: Egal, wie sehr man sich auch bemüht, es gelingt einem nichts mehr. Der Mann suchte verschiedene Medien und Wahrsager auf, die ihm alle sagten, dass ein Fluch auf ihm lasten würde. Einer von ihnen sagte ihm, dass er diesen Fluch noch eine Weile ertragen müsse, dass er dann aber einer Frau aus Europa begegnen würde, die den Fluch aufheben würde. Das Letzte, was ich von ihm hörte, war, dass er eine neue Stelle gefunden hatte und dass alles wieder in Ordnung war.

Eine machtvolle Heilung

Zu einer meiner Heilsitzungen kam ein Geschäftsmann mit seiner Frau und ihren beiden kleinen Kindern. Seit einem Jahr war er schon nicht mehr sein gewöhnliches gesundes, fröhliches und energiereiches Selbst gewesen. Er war müde, verzweifelt und ging seiner Arbeit nur noch sehr halbherzig nach. Er hatte jegliche Begeisterung für das Leben verloren, obwohl er ein sehr spiritueller Mensch und praktizierender Buddhist war. Er nahm an, dass er Opfer irgendeiner Form von übersinnlicher Attacke geworden war. Mit diesem Begriff umschreiben wir jede Form von bösartiger Energie, die absichtlich auf uns gerichtet wird.

Ich hatte mich gerade erst geschützt, als mich plötzlich eine Art Rauschen durchfuhr, das von mir auf den Mann überging. Es kam mir vor wie ein Wirbelsturm lichter Energie, der durch uns beide hindurchrauschte und die Dunkelheit hinwegfegte. Es geschah alles so schnell und mit einer solchen Gewalt, dass sein kleiner Sohn, der neben mir auf einem Stuhl saß, zu Boden geworfen wurde. Zum Glück landete er zu Füßen seines Vaters und verletzte sich nicht.

In diesem Augenblick kehrte die Lebensfreude des Mannes zurück und seither ist er immer erfolgreicher geworden. Wir haben nicht darüber gesprochen, woher die Attacke kam, aber ich hatte das Gefühl, es hätte etwas mit seinem Geschäft zu tun. Ich bekomme häufig Einsichten und sehe Symbole, die darstellen, worin die Ursache des Problems liegt, aber wenn sich die Situation geklärt hat, forsche ich nicht weiter nach. Ich möchte die Menschen nicht darin unterstützen, gegenüber den Tätern negative Gefühle oder Rachegelüste zu entwickeln, da auf diese Weise der Kreislauf des Bösen niemals durchbrochen würde.

Ein Fluch aus der Vergangenheit

Einmal kam eine Frau zu mir, die mich bat, in ihre Vergangenheit zu schauen und herauszufinden, ob es etwas gab, was ein ständig wiederkehrendes Problem in ihrer Familie verursacht haben könnte. »Problem« ist eigentlich ein viel zu harmloses Wort für das, was ich erkannte, die Bezeichnung eine »Reihe von Tragödien« würde der Wahrheit näher kommen. In jeder der drei letzten Generationen war nämlich ein männliches Mitglied ihrer Familie enthauptet worden. Das ist nicht gerade etwas, was man im modernen England erwartet, aber dennoch hatte dieses schreckliche Schicksal drei männliche Familienangehörige befallen, durch einen Unfall oder ähnliche Tragödien.

Ich nahm Kontakt zu der Frau und zum Energiestrom ihrer Familie auf und sah eine tropische Szenerie, in der eine besonders dunkle Form von schwarzer Magie, eine Art Voodoo, ausgeübt wurde. Ich erzählte ihr davon und fragte sie, ob jemand in der Familie in der Vergangenheit irgendetwas damit zu tun gehabt haben könnte. Sie erinnerte sich, dass einer ihrer Urgroßväter oder Ururgroßväter Missionar in Haiti gewesen war, aber da seine Arbeit dort nicht willkommen war, hatte er Haiti mit seiner Familie schnell wieder verlassen.

Haiti ist bekannt für seine machtvolle Magie, die dort im Zusammenhang mit der traditionellen Voodoo-Religion ausgeübt wird. Voodoo ist eine Mischung aus westafrikanischer Naturverehrung und katholischen Elementen. Christliche Missionare haben früher versucht, Voodoo als bösen heidnischen Kult zu unterdrücken, und dies hat vermutlich dazu geführt, dass der Urahn meiner Klientin von einem Voodoo-Priester verflucht worden war. Wie dem auch sei, es gelang uns, den Fluch aufzuheben. Bis jetzt ist dem Rest ihrer Familie jedenfalls nichts passiert.

Hass kann schädlich sein

Schwarze Magie kann aber auch ohne die Hilfe eines Hexenmeisters oder das Aussprechen von Flüchen geschehen. Eine Mischung aus Angst und Hass verbunden mit der Absicht, jemandem zu schaden, reicht aus, um einen dunklen Energiefluss zu erzeugen, der eine gesunde Person krank machen und sich auf ihren Geist und ihren Körper auswirken kann.

Erst kürzlich wurde ich mit einem solchen Fall konfrontiert, als mich eine Freundin anrief, die gewisse Probleme hatte. Ich will sie hier Lucy nennen. Ihr Freund stammte aus dem Nahen Osten und sie waren in einer Stadt in Südostasien zusammengezogen. Der Freund –

den ich hier Jamed nennen will – hatte ein großes Problem. Seine Mutter rief ihn ständig an und bedrängte ihn. Warum? Weil er in seinem Land offiziell einer anderen Frau versprochen worden war. Dabei handelte es sich natürlich um eine arrangierte Ehe, die in drei Monaten vollzogen werden sollte.

Jamed hatte aber weder den Wunsch noch die Absicht, diese arrangierte Ehe zu schließen. Er liebte seine Mutter zwar, aber er war schon lange nicht mehr zu Hause gewesen und versuchte, sich in Asien eine Existenz aufzubauen. Die Familie war äußerst besorgt, denn die Zurückweisung der Braut würde Schande über sie bringen. Jamed versuchte seiner Mutter zu erklären, dass er eine andere Frau, Lucy, liebte, und bat sie, die Verlobung aufzulösen, damit seine Braut einen anderen heiraten konnte.

Eine Zeit lang schien alles gut zu gehen, aber dann wurde Lucy plötzlich krank. Sie bekam nicht nur furchtbare Kopfschmerzen, sondern auch Panikattacken und Angstzustände. Da Jamed berufsbedingt unterwegs war, rief sie zwei Freundinnen von mir an, von denen eine eine sehr bekannte Heilerin ist. Die beiden gingen zu ihr nach Hause und schon als sie das Gartentor aufmachten, bekamen beide furchtbare Kopfschmerzen.

Als die Heilerin noch nicht einmal die Hälfte des Gartens durchquert hatte, war ihr bereits sterbensübel. Die beiden errichteten schnell ein Schutzfeld um sich und gingen weiter zum Haus. Lucy ging es gar nicht gut, sie musste sich übergeben und litt unter schrecklichen Kopfschmerzen. Die Frauen vermuteten sofort, dass sie jemand mit einem Fluch belegt hatte, und riefen mich an.

Ich stellte den Kontakt zu Lucy her und verfolgte dann eine Energiespur zurück zu Jameds Mutter und der von ihm verschmähten Verlobten. Ich spürte einen Strom dunkler Energie, der von ihnen zu Lucy floss. Ich löste die Energie auf und nahm Kontakt mit Jameds Mutter auf, um ihr auf der spirituellen Ebene zu erklären, dass dies keine Art war, ein Problem zu lösen. Dabei spürte ich starken Hass und große Angst.

Ich sah, dass Jameds Mutter, eine Muslima, die Feindseligkeit gespürt hatte, die viele Menschen im Westen nach den Angriffen vom 11. September in New York gegenüber Muslimen im Allgemeinen hegten. Sie hatte wie viele andere ihres Glaubens Angst gehabt, dass die Vereinigten Staaten und andere westliche Länder nun einen Krieg gegen den Islam beginnen würden.

Sie glaubte, ihr Sohn sei vom »Feind gefangen genommen« worden, und hatte sich auf den Fluss der hasserfüllten Energie eingestimmt, die die Al-Kaida-Terroristen damals gegen den Westen insgesamt richteten. Das reichte bereits aus, um Lucy und ihr Heim in dunkle Schwingungen einzuhüllen. Ich glaube nicht, dass in diesem Fall bewusst schwarze Magie im Spiel war, aber die Energien des Hasses und der Angst hatten dieselben Auswirkungen.

Nachdem ich den Fluch aufgehoben hatte, erholten sich die Frauen bald und meine Freundinnen reinigten das Haus von den Resten der negativen Energie, indem sie es räucherten und Blumen- und Kristallessenzen versprühten.

Wie Sie sich schützen können

Es mag Zeiten in Ihrem Leben geben, in denen Sie dem Neid oder der Wut anderer Menschen ausgesetzt sind. Vielleicht spüren Sie deren Feindseligkeit. Vermutlich werden Sie nicht eine so starke Reaktion wie Lucy haben, aber Sie fühlen sich vielleicht unwohl, aufgewühlt oder erschöpft. Wenn Sie vermuten, dass jemand schlechte Gedanken auf Sie richtet, dann müssen Sie sich davor schützen. Am Ende dieses Kapitels werde ich Ihnen verschiedene Möglichkeiten aufzeigen, wie Sie sich vor jeder Form negativer Energie schützen können – und zwar unabhängig davon, ob es sich dabei um simple Eifersucht oder, was seltener vorkommt, einen Fluch handelt.

Wenn Sie sich aber andererseits schuldig fühlen, weil Ihre eigenen Gedanken gegenüber einem anderen Menschen negativ sind, dann hören Sie einfach auf, schlecht über ihn zu denken und zu reden, und senden Sie ihm stattdessen einen Lichtstrahl. Sobald Sie anfangen, negativ zu denken, befehlen Sie Ihrem Geist entweder, den Gedanken zu ignorieren, oder schicken Sie der betreffenden Person Licht. Selbst wenn diese Ihnen etwas zuleide getan hat, wollen Sie doch nicht die Gewohnheit annehmen, negative Schwingungen auszusenden, da dies für beide Beteiligte schädlich ist. Die andere Person wird sich nicht zum Positiven verändern, und Ihnen wird es schaden.

Moderne Magie

In letzter Zeit hat es eine ganze Reihe von Büchern und Filmen über Magie gegeben, von denen die wohl bekanntesten *Harry Potter* und *Herr der Ringe* sind. Filme und Bücher wie diese haben Themen wie Magie, Zaubersprüche, Flüche und Alchemie ins öffentliche Bewusstsein gerückt. Ich persönlich liebe diese Art von Büchern und alle gut geschriebenen Fantasyromane, da sie dazu beitragen, dass wir uns dem Unvorstellbaren öffnen. Das wiederum wird uns helfen, die erstaunlichen Ereignisse, die in Zukunft auf uns zukommen werden, leichter zu akzeptieren.

Wir gehen auf eine Zeit zu, in der immer mehr Menschen übersinnliche Kräfte entwickeln werden und die Existenz dieser Kräfte von immer mehr Menschen akzeptiert werden wird. Irgendwann wird eine Zeit kommen, wo sie vollkommen normal sein und im Alltag völlig selbstverständlich eingesetzt werden. Jeder wird dann in der Lage sein zu lernen, Erstaunliches – das, was wir Wunder nennen – zu vollbringen, so wie jetzt schon seit der Einführung von Reiki viele Menschen natürliche Heilenergie übertragen können.

Während der nächsten beiden Generationen werden wir außerordentliche Veränderungen miterleben, und zwar nicht so sehr durch technologische Neuerungen, sondern durch die Macht des Geistes. Sobald die Menschen die große Macht ihres Geistes und ihrer Gedanken erkennen und akzeptieren, sobald sie begreifen, dass sie die Dinge, die sie brauchen, selbst erschaffen und in ihr Leben bringen können, werden wir unglaubliche Zeiten erleben.

Aber wir müssen lernen, die neuen Kräfte produktiv und zum Wohle aller einzusetzen. So wie wir jetzt neben dem Nutzen auch die möglichen Gefahren moderner Technologien erkennen und lernen, wie wir diese Gefahren neutralisieren können, so müssen wir ebenfalls erkennen, dass auch die Macht des Geistes zu zerstörerischen Zwecken eingesetzt werden kann – wie wir in diesem Kapitel ja gerade gesehen haben.

Das Interesse an Magie, das durch *Harry Potter* und ähnliche Bücher und Filme entfacht wurde, hat zu einer wahren Flut an Büchern über Magie geführt, die sich vornehmlich an junge Leser richten. Erst vor Kurzem habe ich mir eine dieser Jugendzeitschriften gekauft und darin eine Reihe von Zaubersprüchen gefunden, darunter – und ich zitiere – »Wie man sich einen Freund angelt«, »Wie man ein perfektes Rendezvous herbeiführt« und so weiter.

Diese Beispiele sind an sich harmlos und Bücher, die jungen Mädchen zeigen, wie sie Macht über Jungen erlangen und sie dazu bringen können, sich in sie zu verlieben, scheinen ein unschuldiger Spaß zu sein. Aber wenn man mit Zaubersprüchen arbeitet, ist es wichtig, dass man sich immer daran erinnert, dass in allen Worten und in jeder Absicht Macht steckt. Wenn Sie einem anderen Menschen auf irgendeine Weise schaden, wird dies aufgrund der Naturgesetze auf Sie zurückfallen.

Wenn Sie nicht zum Wohle aller handeln und nicht die besten Absichten in Bezug auf alle Beteiligten haben, wird jede negative Handlung zehnfach auf Sie zurückfallen. Mit anderen Worten: Was Sie aussenden, wird zu Ihnen zurückkehren. Das ist ein Naturgesetz des Universums, ein Gesetz des Lebens. Sie bekommen Liebe, wenn Sie Liebe schenken, aber wenn Sie schlechte Schwingungen aussenden oder anderen Schaden zufügen möchten, dann wird Ihnen irgendwann Schaden zugefügt werden. Gehen Sie also sehr vorsichtig mit Zaubersprüchen um, denn ganz gleich, wie harmlos diese auch sein mögen, so besitzen sie doch Macht und haben Konsequenzen.

Übrigens: Wenn Sie wirklich einen neuen Partner suchen, sollten Sie eine positive Affirmation ans Universum richten, dass Sie den für Sie besten Freund oder die für Sie beste Freundin haben möchten. Sprechen Sie den Wunsch laut aus und stellen Sie sich dann vor, dass Sie mit einem netten, attraktiven Partner glücklich sind. Sie haben bereits gesehen, wie Sie das, was Sie brauchen, erschaffen und anziehen können (siehe die Übung »Positive Dinge in Ihr Leben ziehen« auf Seite 327, Kap. 8).

Wie man mit übersinnlichen Angriffen umgeht

Flüche, Zaubersprüche und jede Form schwarzer Magie sowie alle Arten bösartiger Gedanken sind allesamt Formen übersinnlicher Angriffe. Woher weiß man aber, dass man angegriffen wird, und was kann man dagegen tun? Hier sind einige Symptome übersinnlicher Angriffe:

- Albträume
- Die Nackenhaare oder die Haare auf den Armen sträuben sich
- »Spinnwebgefühle« zeigen die Präsenz negativer Energie an

- Plötzliche und unerklärliche Angstzustände, die von Herzrasen und Schweißausbrüchen begleitet werden
- Klammheit und Schweißausbrüche
- Das Gefühl, auf unerklärliche Weise angegriffen zu werden
- Übelkeit
- Starke Kopfschmerzen
- Das Gefühl, den Boden unter den Füßen zu verlieren
- Plötzliche emotionale Instabilität

Angriffe in der Nacht

Ich werde versuchen zu beschreiben, wie sich ein übersinnlicher Angriff anfühlt, da ich dem bereits mehrmals aus dem einen oder anderen Grund ausgesetzt war. Einmal, als ich in Übersee arbeitete, wachte ich mitten in der Nacht mit Herzrasen auf. Ich war mir sicher, dass jemand im Zimmer war, aber als ich das Licht anmachte, war niemand da, dennoch zitterte ich weiter am ganzen Körper. Da erkannte ich, dass ich wahrscheinlich auf übersinnliche Weise angegriffen wurde, und startete einen Gegenangriff.

Zuerst musste ich mich aber beschützen, deshalb stellte ich mir vor, ich wäre ganz von Licht umgeben. Wenn Sie nicht gut visualisieren können, sagen Sie einfach: »Ich bin vom Licht umhüllt.« Das ist übrigens einfacher, wenn Sie sich ein bisschen fürchten. Ich sagte mir, dass es nichts zu fürchten gäbe. Und tatsächlich war ja niemand in meinem Zimmer. Dann rief ich meine Engel und Geistführer um Hilfe an und sendete Wellen um Wellen des Lichtes aus.

Dann wurde mir klar, dass der Angreifer Angst vor mir haben musste, denn warum sollte er mich sonst angreifen? Da meine Absicht auf dieser Reise ja darin bestand, anderen zu helfen, versuchte der Angreifer wohl, mich daran zu hindern. Das war eine wichtige Erkenntnis, die mir seither häufig geholfen hat. Wäre ich schwach und harmlos, dann würde mich wohl niemand belästigen, daher musste irgendjemand wohl Angst vor meiner Kraft haben. Was für ein tröstlicher Gedanke!

Allmählich ließ das Herzrasen nach und es ging mir wieder besser. Ich zündete eine Kerze an und versprühte Raumspray im Zimmer. Nach einiger Zeit war die gesamte negative Energie verschwunden. Ich weiß nicht, wer oder was mich in dieser Nacht angegriffen hatte, aber da ich vorhatte, am nächsten Tag eine Schule von Geistern zu reinigen, nahm ich an, dass es etwas damit zu tun haben musste. Am nächsten Tag rief mich mein Mann an und erzählte, dass er Albträume gehabt hatte und zwischendurch mit dem Gefühl aufgewacht war, ich sei in Gefahr. Er hatte dem Angreifer einfach gesagt, er solle sich zum Teufel scheren, und ließ das Licht die ganze Nacht über brennen. Dann schlief er wieder ein. So kann man natürlich auch damit umgehen.

Jedes Mal, wenn mein Mann oder ich bedroht wurden, hat der andere es ebenfalls gespürt. Manchmal hatte ich das Gefühl, der Angriff wäre eigentlich gegen ihn gerichtet gewesen, was normalerweise geschieht, wenn wir getrennt sind, weil unsere Energien dann nicht so eng zusammen sind.

Langfristige Folgen übersinnlicher Angriffe

Die langfristigen Folgen eines Fluches können unterschiedlich ausfallen, aber hier sind einige der Symptome.

- Das Gefühl, man sei verflucht
- Deutlicher Verlust des Selbstvertrauens
- Totale Lethargie und plötzlich auftretender Energieverlust
- Pech: nichts funktioniert, ganz gleich, was man auch tun mag
- Was man auch unternimmt, es führt zu nichts, selbst mit einer positiven Einstellung
- Eine Reihe unerklärlicher Unfälle und gesundheitlicher Probleme
- Das wiederkehrende unerklärliche Gefühl, bedroht zu werden
- Plötzliche Stimmungsumschwünge und Gefühlsausbrüche ohne ersichtlichen Grund

Die meisten Menschen, die zu mir kommen, wissen, wann sie verflucht worden sind, und sie wissen meistens auch warum. Dies ist ja nichts, was einem einfach so aus heiterem Himmel widerfährt. Sie können allerdings von der Eifersucht oder der Abneigung einer Person betroffen sein, die schlecht von Ihnen denkt, ohne dass Sie davon wissen. Die Wirkung kann ganz ähnlich sein, obwohl sie nicht so stark sein wird wie ein richtiger Zauberspruch oder ein ernst gemeinter Fluch.

Wie man sich vor übersinnlichen Angriffen schützt

Ich habe Ihnen bereits einige Methoden vorgestellt, mit denen Sie sich vor negativer Energie schützen können, jetzt möchte ich Ihnen einige besonders wirksame Schutztechniken vorstellen, die Sie bei einem übersinnlichen Angriff anwenden können.

Der beste Schutz ist, keine Angst zu haben, da dunkle Energien sich von den niedrigen Schwingungen der Angst angezogen fühlen. Wenn Sie sich in einen Zustand vollkommener Ruhe und Furchtlosigkeit versetzen können, werden Ihnen die negativen Energien kaum Schwierigkeiten bereiten. Das mag Ihnen schwer machbar erscheinen, aber die folgenden Techniken werden Ihnen helfen, Ihre Angst loszulassen.

Das Schutzsymbol

Das Symbol der Pyramide mit dem Auge des Horus (siehe unten) bietet einen sehr wirksamen Schutz gegen Flüche und andere Formen übersinnlicher Angriffe. Zeichnen Sie das Symbol dreimal vor sich in die Luft oder über jemanden, den Sie beschützen möchten. Beginnen Sie in der Mitte der unteren Linie der Pyramide, zeichnen Sie den Umriss mit beiden Händen und enden Sie zur selben Zeit an der Spitze. Zeichnen Sie das Auge von links nach rechts im Uhrzeigersinn und zeichnen Sie die Iris zuletzt als einen Punkt.

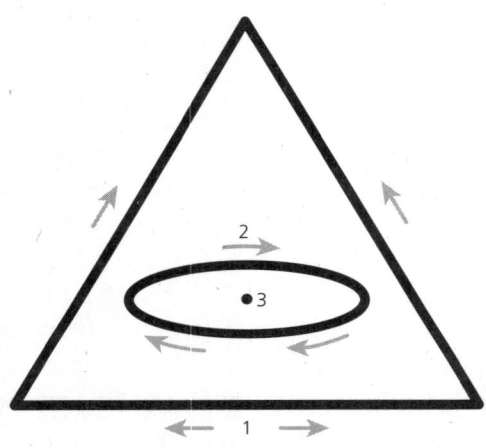

Das Schutzsymbol vereint die Pyramide und das Auge des Horus,
zwei machtvolle altägyptische Symbole.

Vier Bäume

Diese sehr wirksame Visualisierungsmethode lernte ich von einer Frau in Hongkong. Für mich und andere, die damit gearbeitet haben, funktioniert sie sehr gut.

Stellen Sie sich vor, Sie wären von vier gewaltigen Bäumen umgeben, die von den Wipfeln bis zum Boden mit goldenen Ketten geschmückt sind. (Gold hat besonders starke Schutzqualitäten.) Visualisieren Sie dann einen weißen Lichtstrahl, der direkt auf Sie herabscheint und Sie vollkommen einhüllt. Sie können sich sicher sein, dass Sie nun vollkommen geschützt sind.

Die goldene Pyramide

Diese Visualisierungsübung wird in Kapitel 3 genauer erklärt (siehe Seite 169, Kap. 3). Stellen Sie sich vor, Sie oder die Person, die Sie schützen möchten, sind von einer goldenen Pyramide umgeben, die von goldenem Licht erfüllt ist.

Fließendes Wasser

Ich habe gelesen, dass selbst ein sehr starker Angriff keine Wirkung hat, wenn Sie unter fließendem Wasser stehen. Sich unter die Dusche zu stellen, ist auch gut, wenn es in Ihrem Kopf chaotisch zugeht und Sie nicht mehr klar denken können. Gehen Sie also unter die Dusche, wenn Sie den Kopf freibekommen wollen, und wenden Sie dann eine der anderen Schutzvisualisierungen an, die ich hier beschrieben habe.

Amulette und Kristalle

In Kapitel 3 haben wir uns mit Kristallen befasst, die besonders starke Schutzqualitäten haben. Von diesen schützt Ägirin besonders gut gegen schwarze Magie und Flüche. Die meisten Religionen besitzen machtvolle spirituelle Symbole, die Sie in die Luft zeichnen oder als Amulett tragen können, um negative Energien abzuwehren. So ist beispielsweise das christliche Kreuz eine besonders wirksame Form des Schutzes. Sie müssen nicht religiös sein, um eines dieser Symbole zu benutzen, aber Sie müssen auf deren Wirksamkeit vertrauen und an ihre Macht glauben.

Segnungen

Sie können sich als Schutzmaßnahme von einem spirituellen Führer oder Lehrer segnen lassen. Manche buddhistische Mönche segnen Sie und binden dann eine Schnur um Ihr Handgelenk, die den Segen über lange Zeit wirksam hält.

Geistführer und Engel

Wir alle haben Helfer in der geistigen Welt, die auf uns aufpassen, uns beschützen und führen. Sie können Sie anrufen, um sich selbst oder Ihre Lieben zu schützen, wenn Sie das Gefühl haben, es drohe Gefahr. Die Engel werden Ihnen zu Hilfe eilen, wenn Sie sie anrufen, manchmal erscheinen sie sogar in menschlicher Gestalt, um uns zu helfen. Erzengel Michael verfügt über ganze Heerscharen von Engeln, die das Böse und die Finsternis bekämpfen. Er wird kommen, wenn er angerufen wird, uns in sein schützendes Licht hüllen und uns die Angst nehmen.

Ein Schutzritual

Da eine Absicht nötig ist, um einen wirksamen Fluch auszusprechen, werden wir unsere Absicht einsetzen, um ihn unschädlich zu machen. Der Fluch wird in böser Absicht erzeugt, daher machen wir ihn durch Liebe und gute Absichten unschädlich. Die meisten ernst zu nehmenden Flüche und Zaubersprüche werden mithilfe von Ritualen und Symbolen erzeugt, und so benutzen wir dieselbe Methode, um uns gegen sie zu wehren.

Sie sollten das folgende Ritual allerdings nur durchführen, wenn Sie von seiner Wirksamkeit überzeugt sind und sich dabei wohlfühlen. Führen Sie es nie durch, wenn Sie Angst haben, da es dann für Sie sehr schwierig sein wird, in einen Zustand des Friedens und der Liebe

einzutreten, der für die Wirksamkeit des Rituals entscheidend ist. Die Person, für die Sie das Ritual ausführen, kann persönlich anwesend sein, ist sie das aber
nicht, können Sie auch ein Foto benutzen. Sie können
das Ritual natürlich auch für sich selbst ausführen.

Übung: Ein Ritual, um einen Fluch oder Zauber aufzulösen

~ Suchen Sie einen ruhigen, friedvollen Ort auf, an dem eine
  gute Schwingung herrscht.
~ Stellen Sie eine kleine Schüssel Wasser mit Meer- oder Steinsalz in das Zimmer. Das Salzwasser wird die Negativität aufnehmen, die Sie freisetzen. Schütten Sie das Wasser hinterher
  auf jeden Fall weg, am besten in den Abfluss.
~ Wenn Sie einem anderen Menschen helfen und dieser anwesend ist, bitten Sie ihn, sich zu setzen oder hinzulegen. Er
  sollte es sich bequem machen und Sie sollten ihn mit einer
  Decke oder einem Handtuch zudecken.
~ Schützen Sie sich selbst, indem Sie sich gedanklich in eine
  violette Flamme hüllen, die Sie vor jeglicher Negativität beschützen wird.
~ Rufen Sie Erzengel Michael an, den Engel, der das Böse be-
  kämpft. Er ist der große Schutzengel. Natürlich können Sie
  auch eine spirituelle Figur wie Jesus oder Buddha anrufen.
~ Zünden Sie eine Kerze an und stellen Sie sich vor, dass ihr
  Licht den ganzen Raum erhellt und so das göttliche Licht
  symbolisiert.
~ Falls Sie Lieblingskristalle oder Bilder spiritueller Lehrer haben, stellen Sie diese um die Kerze herum auf. Das wird Ihr

Vertrauen in die heilenden Kräfte der Natur und in jene unsichtbaren Helfer aus der geistigen Welt zeigen, die Sie beschützen und Ihnen in solchen Situationen helfen.

~ Stellen Sie sich vor die Person, der Sie helfen möchten, oder vor ihr Foto.

~ Zeichnen Sie das Symbol des Loslassens dreimal in die Luft und dann dreimal das Heilsymbol, um die Schwingungsfrequenz anzuheben. Werden Sie zu einem Kanal, durch den die höchsten spirituellen und göttlichen Energien fließen können.

~ Legen Sie die Hand auf den Kopf der Person oder auf das Foto und sagen Sie laut: »Ich löse alle Flüche und Zaubersprüche, die dich betreffen, JETZT auf.« Wenn Sie ganz sichergehen wollen, sagen Sie diesen Satz dreimal. Die andere Person und Sie werden die Veränderung der Energie spüren, wenn der Zauberspruch oder der Fluch aufgelöst sind.

~ Zeichnen Sie das Schutzsymbol über der Person in die Luft.

~ Streichen Sie mit den Händen einige Male durch ihre Aura und erfüllen Sie sie dann mit liebevoller Energie, bis sie ganz ruhig geworden ist. (Sie mag sich etwas desorientiert fühlen oder etwas verwirrt sein, daher sollten Sie sie auf keinen Fall zeitnah mit dem Auto fahren lassen.)

~ Zeichnen Sie zum Schluss das Stabilisierungssymbol in die Luft, um die Energie zu verankern. Zeichnen Sie zuerst den oberen Halbkreis, dann den unteren und zum Schluss die senkrechte Linie von oben nach unten.

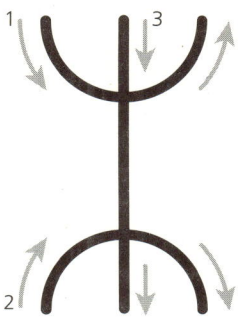

Das Stabilisierungssymbol wird eingesetzt, um nach der Auflösung eines Fluches oder eines Zauberspruchs die freigesetzten Energien zu fixieren.

Bedenken Sie bitte, dass ernst gemeinte Flüche nicht sehr häufig vorkommen. Wenn Sie dieses Kapitel gelesen haben, müssen Sie nicht glauben, dass jeder Kopfschmerz ein Zeichen dafür ist, dass Sie mit einem Fluch belegt worden sind. Bleiben Sie körperlich und geistig stark und konzentrieren Sie sich auf das Positive in Ihrem Leben, dann werden Sie mit großer Wahrscheinlichkeit nicht betroffen werden.

Im nächsten Kapitel werden wir uns mit einem weiteren Thema befassen, das große Angst auslösen kann: Gespenster und Geister. Wie Sie allerdings gleich sehen werden, sind viele der Ängste in Bezug auf Geister und Seelen, die auf der Erde herumirren, unbegründet. Zudem gibt es zahlreiche Möglichkeiten, wie man ihnen helfen kann, loszulassen und ins Licht zu gehen.

7 – Geister

Wir wollen uns nun damit beschäftigen, warum sich bestimmte Seelen nicht auf die Astralebene der geistigen Welt begeben, sondern weiterhin an den Orten bleiben, an denen sie sich auch im Leben aufgehalten haben. Ich werde einige der Probleme ansprechen, die uns ihre Anwesenheit verursachen können, und aufzeigen, wie wir ihnen helfen können, ihre Bestimmung zu erreichen. Wir werden uns hier auch jene hoch entwickelten Wesen aus der geistigen Welt anschauen, die uns ihre Liebe geben und uns wunderschöne Erfahrungen schenken.

Die Erfahrung des Todes

Normalerweise ist die Erfahrung des Todes sehr schön, da die Seele ja nach Hause zurückkehrt. Der Tod ist etwas vollkommen Natürliches und kann für die Seele, die geht, eine sehr liebevolle und friedvolle Erfahrung sein. Natürlich kann es vor dem Tod großes Leid und starke Traumata gegeben haben, aber wenn wir hinübergehen, sind wir immer von Frieden und Liebe umgeben und unser Leid und unser Schmerz verschwinden.

Die Seele verlässt den Körper und bewegt sich durch etwas, das wie ein Tunnel erscheint, von der Dichte der materiellen Welt in die Welt des Geistes. Hier wird die Seele von Verwandten und Freunden willkommen geheißen, denn schließlich kehrt sie ja nach Hause zurück. Unser Leben auf der Erde ist eine Reise, die uns von unserem Zuhause weggeführt hat, auf der wir Dinge entdecken und in der Auseinandersetzung mit ihnen wachsen. Wir kommen auf die Erde, um mehr über uns selbst herauszufinden und durch die irdischen Herausforderungen, Prüfungen und Schwierigkeiten lieben zu lernen.

Der Weg zur Erleuchtung

Sobald wir auf der anderen Seite angekommen sind, stellen wir uns mithilfe unserer Geistführer (unseren Helfern in der geistigen Welt) einem Prozess der Selbstbeurteilung, um herauszufinden, wie gut wir mit den Herausforderungen auf der Erde umgegangen sind und wie weit wir uns entwickelt haben. Aufgrund dieser Einschätzung können wir unsere Schwächen bestimmen und uns vornehmen, jene Dinge anzugehen, die wir noch bewältigen müssen, um einen Zustand der Glückseligkeit und Erleuchtung zu erreichen, der die endgültige Bestimmung aller Seelen ist.

Unsere Seele fährt unentwegt mit dieser Arbeit fort und wird dabei ständig von ihren Geistführern und spirituellen Ratgebern unterstützt, bis sie einen Punkt erreicht, an dem sie gemeinsam mit ihren Helfern entscheidet, dass sie bereit für die nächste Inkarnation ist. Eine ausgezeichnete Darstellung und klare Einsichten in unser Leben zwischen den Leben finden Sie in *Die Reisen der Seele* von Michael Newton. Newton ist Hypnotherapeut und hat sich auf Rückführungen in frühere Leben spezialisiert. Mittels Hypnose hat er Hunderte von Klienten auf eine Reise durch ihr Leben und speziell in das Leben zwischen den Leben geführt. Aufgrund seiner Auswertung ihrer Erfahrungen konnte er viele sehr interessante Fakten über das Zwischenleben und die Welt des Geistes zusammentragen.

Brian Weiss, ein anderer Hypnotherapeut, hat dank der Rückführungsmethode ebenfalls sehr klare Einsichten in die früheren Leben und das Zwischenleben seiner Klienten gewinnen können. Sein Buch *Die zahlreichen Leben der Seele* empfehle ich ebenfalls.

Gibt es eine Hölle?

Dies ist eine der am häufigsten gestellten Fragen in Bezug auf das Leben nach dem Tode. Ich persönlich glaube nicht daran. Wenn ich selbst an den Ort zwischen den Leben zurückgehe oder andere dorthin führe, sehe ich immer einen Ort von großer Schönheit. Allerdings glaube ich, dass wir diesen Ort nach unseren Vorlieben gestalten. Mit anderen Worten: Wir erschaffen Bilder, die uns ein heimeliges Gefühl vermitteln und widerspiegeln, was wir brauchen und was wir glauben verdient zu haben. Natürlich brauchen wir nicht wirklich Bilder oder Formen in diesem Zwischenleben, da wir geistige Wesen sind und daher keine materielle Form besitzen. Dennoch fühlen wir uns wohler und können uns leichter an unsere neue Umgebung anpassen, wenn wir vertraute Formen,

Landschaften und Wesen sehen. Obwohl es also eigentlich nicht notwendig ist, werden wir die Seelen, die uns begrüßen, in der Form sehen, in der sie uns bekannt waren, und die Umgebung ebenfalls so, wie sie uns vertraut ist. Sobald wir uns daran gewöhnt haben, in der geistigen Welt zu Hause zu sein, verringert sich das Bedürfnis nach Formen.

Ich bin in zwei meiner Zwischenleben zurückgegangen und habe zwei sehr unterschiedliche Szenen gesehen. Im ersten Leben war ich eine chinesische Frau, und als ich starb und hinüberging, sah ich eine Umgebung, die meiner irdischen Heimat in Südchina sehr ähnelte. Im zweiten Leben war ich ein englischer Missionar, der viele Jahre in Afrika gelebt hatte. Da ich aber mein Heimatland leidenschaftlich liebte, sah ich bei meiner Heimkehr in die geistige Welt die sanft geschwungenen Hügel einer ländlichen englischen Gegend.

Wenn der Himmel das ist, was wir aus ihm machen, dann gilt das auch für die Hölle. Wenn wir sterben und Angst vor den Konsequenzen haben, die daraus entstehen, wie wir unser Leben gelebt haben, und erwarten, an einen finsteren, schrecklichen Ort zu kommen, dann werden wir tatsächlich an einen solchen Ort gelangen. Wenn wir glauben, wir hätten es verdient, für die finsteren Taten, die wir auf Erden begangen haben, bestraft zu werden und zu leiden, dann werden wir uns unsere eigene Hölle erschaffen.

Wenn ich Kontakt zu Geistern aufnehme, sehe ich manchmal, dass sie mit gesenkten Köpfen herumschleichen, sodass sie das göttliche Licht nicht sehen können, das über ihnen scheint und sie in höhere Sphären ruft.

Sie scheinen vollkommen verzweifelt zu sein und erleiden alle möglichen Formen geistiger Qualen an einem sehr finsteren und unheimlichen Ort. Glücklicherweise bleiben sie häufig nur kurz dort, weil sie meistens schnell erkennen, dass sie weiterziehen können. (Zeit ist allerdings eine irdische Vorstellung und bedeutet für jene auf der anderen Seite sehr wenig.)

Der Hauptgrund, aus dem viele Seelen ihre eigene Hölle erschaffen, liegt darin, dass viele Prediger und spirituelle Führer in der Vergangenheit gelehrt haben, dass wir in die Hölle kommen, wenn wir sündigen. Daher stellt sich die Seele einen schrecklichen Ort vor, wenn sie sich wegen der auf Erden begangenen Taten schuldig fühlt. Die Angst vor der Hölle kann auch dazu führen, dass manche Seelen noch einige Zeit nach ihrem Tod auf der Erde bleiben.

Eine Frage, die häufig gestellt wird, wenn wir über den Tod reden, lautet: »Wie ist es möglich, dass wir Familienangehörige treffen, die vor uns gestorben sind, wenn sie sich doch inzwischen reinkarniert haben?« Wenn wir geboren werden, senden wir nur einen Teil unserer Essenz – unserer Seele – auf die Erde und ein gewisser Teil bleibt in den himmlischen Gefilden. Auf diese Weise ist es möglich, dass wir von lieben Angehörigen begrüßt werden können, wenn wir hinübergehen, auch wenn sie vielleicht bereits wieder inkarniert sind.

Geister und Gespenster

Nun wollen wir uns die Gründe ansehen, aus denen manche Seelen nicht direkt auf die andere Seite gehen.

Wie können Sie herausfinden, ob es in Ihrem Haus einen Geist gibt? Wie sehen diese Geister – oder Gespenster – aus und wie fühlen sie sich an? Ich habe schon mehrmals geschrieben, dass es gewisse Anzeichen gibt, die anzeigen, dass negative Energien vorhanden sind, zum Beispiel Kälte in bestimmten Bereichen, das Gefühl von Spinnweben, ein klammes Gefühl oder das Sträuben der Haare. Wenn Sie einen Geist im Haus haben, werden Sie diese Phänomene sehr intensiv spüren. Für mich sind die Gefühle stärker, konzentrierter und offensichtlicher geworden, seit ich mich ihnen geöffnet habe.

Gelegentlich spüren Sie unabhängig davon, ob Sie dafür offen sind oder nicht, die Energie eines Geistes – besonders wenn der Geist den Kontakt wünscht. Sie sehen möglicherweise eine Erscheinung, also eine Form geistiger Energie, die so dicht ist, dass Sie sie mit den physischen Augen sehen können, wenn auch in einer ziemlich ätherischen Form.

Sie können Geister auch mit Ihrer inneren Schau wahrnehmen. Dann erscheinen sie wie ein Film, der in Ihrem Kopf gespielt wird. Auf diese Weise sehe ich sie und kommuniziere mit ihnen. Sie werden sich Ihnen so zeigen, wie sie es für richtig halten, aber normalerweise erscheinen sie so, wie sie bei ihrem Tod ausgesehen haben. Dass wir sie zum Beispiel an ihrer Kleidung identifizieren können, macht es für uns leichter, etwas über ihr Geschlecht, ihr Alter und die Epoche, in der sie gelebt haben, herauszufinden.

Warum manche Seelen der Erde verhaftet bleiben

Es gibt verschiedene Gründe, warum eine Seele auf Erden bleibt und sich am Ort ihrer letzten Existenz herumtreibt.

Plötzlich eintretender Tod
Wenn jemand ganz unerwartet stirbt und der Übergang vom Leben zum Tod sehr überraschend eintritt, begreift die Seele manchmal nicht, dass ihr Körper gestorben ist. Todesursache ist dabei häufig ein Unfall mit tödlichem Ausgang wie ein schwerer Zusammenstoß mit einem Auto oder ein Flugzeugabsturz. Diese unglücklichen Seelen irren dann eine Zeit lang vollkommen desorientiert am Ort des Unglücks umher. Zum Glück ist dieser Zustand aber nur vorübergehend. Solche Seelen findet man häufig an Autobahnen, weil dort die Anzahl der Unfälle besonders hoch ist. Es ist ziemlich einfach, diesen Seelen zu helfen weiterzugehen. Etwas später werde ich noch ausführlicher darauf eingehen.

Der Wunsch, sich um die Hinterbliebenen zu kümmern
Auch dieser Zustand kann zwar eine Zeit dauern, ist aber immer nur vorübergehend. Wenn ein Mensch, der stirbt, besonders an einem noch Lebenden hängt, bleibt er manchmal, weil er dem Trauernden helfen möchte. Das geschieht meistens dann, wenn der Hinterbliebene vom Verstorbenen sehr abhängig war.

Diese Seelen bleiben in bester Absicht und wenn man sie sanft ermutigt, gehen sie meistens weiter. Sie verursachen niemals absichtlich Probleme. Manche Menschen, die sie spüren können, ziehen sogar großen Trost aus ihrer Anwesenheit. Aber die Anwesenheit eines Geistes kann einen Hinterbliebenen auch so erschrecken, dass er Mühe hat, sein Leben normal weiterzuführen.

Tatsächlich ist es ziemlich normal, dass eine Seele nach dem Tode noch eine Zeit lang bleibt, bevor sie weiterzieht. Vielleicht hatten Sie schon selbst einmal ein entsprechendes Erlebnis. Viele Menschen sehen oder spüren die Gegenwart von Angehörigen oder Freunden noch ein paar Tage nach deren Tod. Häufig erhalten wir von ihnen ein Zeichen ihrer Anwesenheit, das ganz klar auf sie hinweist. So wusste ich zum Beispiel, dass mein Schwiegervater nach seinem Tod kurz bei uns war, weil ich den Geruch seines Pfeifentabaks wahrnehmen konnte. Solche Kurzbesuche sollen uns nur zeigen, dass es ihnen gut geht, dass das Leben weitergeht und dass es ein Leben nach dem Tod gibt.

Verbundenheit mit Besitztümern

Manche Menschen hängen sehr an ihren Häusern und Besitztümern. Das kann ein weiterer Grund dafür sein, dass sich der Abschied einer Seele hinauszögert. Ich wurde einmal gebeten, dem Geist einer alten Dame zu helfen, die in dem Häuschen einer Freundin herumspukte. Mehrmals versuchte ich, sie zum Verlassen des Hauses zu bewegen, aber sie erwies sich als ziemlich störrisch. Als ich sie fragte, warum sie nicht gehen wollte, antwortete sie ziemlich bestimmt: »Das ist mein Haus und mir gefällt es hier.« Was sollte ich dazu sagen?

Da sie lediglich den Teil des Hauses, in dem sie sich am liebsten aufhielt, etwas abkühlte, stellte ihre Anwesenheit kein Problem dar, sodass sie sich seither das Haus mit meiner Freundin ziemlich freundschaftlich teilt.

Wut und Rachegelüste

Aus verbitterten Seelen werden jene zornigen Wesen, die häufig als »böse Geister« bezeichnet werden. Ich persönlich glaube nicht an böse Geister. Das Wort *böse* ruft Angst hervor, deshalb versuche ich es möglichst zu vermeiden. Schließlich ist ein Geist eine Seele wie jede andere und versucht sich in der Welt zurechtzufinden und sich weiterzuentwickeln. Manchen gelingt das einfach besser als anderen.

Meistens wird Wut durch vorangegangene Verletzungen verursacht, und daran versuche ich mich immer zu erinnern, wenn ich diesen Seelen helfe. Der Umgang mit ihnen ist etwas schwieriger, weil sie manchmal auch versuchen uns zu erschrecken, aber letzten Endes ist ja unsere Angst die Grundlage ihres Zorns. Häufig sind sie Opfer von Gewaltverbrechen oder Unfällen geworden und klammern sich an das Gefühl, das sie im Augenblick des Todes hatten.

Es gibt viele Bücher über solche Gespenster, die in alten Gemäuern herumspuken – mit oder ohne Kopf. Ihre negative Energie führt dazu, dass die Temperatur in den betroffenen Gebäuden drastisch absinkt. Sie können auch Lärm machen, wie zum Beispiel das Kettenrasseln, das ich in dem Haus hörte, in dem ich aufwuchs. Sie können auch Gerüche erzeugen und uns ihr Missfallen zeigen. Ich persönlich bin nicht vielen dieser Gespenster begegnet. Die meisten Geister, die ich kennengelernt habe, waren nicht zornig und hinterhältig, sondern fühlten sich verloren und traurig. Sollten Sie aber Zweifel haben, überlassen Sie den Umgang mit ihnen einem Experten.

Schuldgefühle und Ängste
Wie ich bereits gesagt habe, kann eine Seele so große Angst haben, in die Hölle zu kommen, dass sie lieber auf der Erde bleibt, statt sich dem Risiko des Unbekannten auszusetzen. Eine solche Seele muss man erst überzeugen, dass sie nicht im ewigen Höllenfeuer landen wird.

An die Erde gebundene Geister fühlen sich von Orten angezogen, an denen geopathischer Stress herrscht, weil die Atmosphäre dort eher ihren dichteren, niedrigeren Schwingungen entspricht und sie dort leichter existieren können. Es scheint, als ob die von der Erde erzeugten negativen Energien wie ein Magnet wirken, der verlorene und herumirrende Seelen anzieht, die wütend oder verzweifelt sind. Aus diesem Grund kommt es vor, dass wir zwar einen Ort klären und den Geist, der sich dort aufgehalten hat, erlösen können, dass sich aber kurze Zeit später ein anderer dort niederlässt.

Poltergeister und boshafte Wesen
Poltergeister sind hochgradig gestörte Geister, die mit ihrer unglaublich starken Energie Gegenstände verrücken können. Manche Menschen behaupten hingegen, Poltergeistaktivitäten ließen sich durch die Energieausbrüche Jugendlicher erklären, die die schwierigen Jahre

der Pubertät durchmachen. Nun, da die Energie von Jugendlichen von Zeit zu Zeit tatsächlich sehr chaotisch ist, kann dies durchaus der Fall sein, aber auch Geister können Gegenstände bewegen, besonders wenn sie die Aufmerksamkeit auf ihr Leiden richten wollen.

Einmal rief mich eine Freundin an, die mich bat, ihr bei einem solchen Phänomen zu helfen. An drei aufeinanderfolgenden Tagen war der Spiegel über ihrer Schminkkommode auf den Boden geworfen worden. Ich schreibe »geworfen«, aber »gelegt« wäre vermutlich ein besseres Wort, da er dabei nie beschädigt worden war und auch die Schminkkommode keinen Schaden erlitten hatte. Es handelte sich um einen ziemlich schweren Spiegel und alle Schrauben waren vorhanden und fest angezogen. Meine Freundin vermutete, dass dies das Werk eines gestörten Geistes sein musste, da sie dessen Anwesenheit spüren konnte.

Ich öffnete mich den Energien des Geistes und stellte dabei den Kontakt zu einer Frau her, die vollkommen verzweifelt war. Schluchzend fragte sie mich, ob ich ihr helfen könnte, diesen Ort zu verlassen. Sie brauchte nur ein wenig Hilfe, um ihr Schwingungsniveau so weit anzuheben, dass sie ins Licht gehen konnte. Sie war so verzweifelt, dass sie versucht hatte, die Aufmerksamkeit meiner Freundin zu erlangen. So griff sie zu einem so drastischen Mittel und bewegte den Spiegel.

Ich persönlich habe noch nie eine lupenreine Poltergeistsituation angetroffen, aber bei einer anderen Freundin wurde die Garderobe umgeworfen. Poltergeister können ziemlich destruktiv sein und wenn sie einmal in Rage sind, kann es keinen Zweifel mehr an ihrer Existenz geben. Möbel können umgeworfen werden und Gegenstände unerklärlicherweise durch die Luft fliegen.

Einmal kam ich einem solchen Vorfall in meinem eigenen Haus sehr nahe, als ich mein Heim in Hertfordshire in England aufgab und nach Südafrika ziehen wollte. Damals gab ich eine Abschiedsparty, um meinen engsten Freunden Lebewohl zu sagen. Ich war mir der Anwesenheit eines Geistes nicht bewusst gewesen, aber an diesem Wochenende kam es zu drei unerklärlichen Vorfällen, die mich glauben ließen, dass der Hausgeist nicht wollte, dass ich fortging.

Zuerst fiel direkt hinter meiner Mutter und einer meiner Freundinnen eine Topfpflanze vom Tisch. Ich dachte, meine Mutter hätte sie mit ihrem Stuhl umgestoßen, aber beide schworen, sie hätten sie nicht angerührt. Tatsächlich saßen sie ein gutes Stück weit von ihr entfernt. Dann fiel in der Küche eine Teekanne von der Arbeitsfläche und zerbrach auf dem Boden. Zu der Zeit war niemand in der Küche und die Kanne hatte ganz hinten gestanden.

Der dritte Vorfall ereignete sich im Garten. Ich hatte die Teller aussortiert, die ich den zukünftigen Mietern hinterlassen wollte, und den Rest auf einen Tisch auf der Veranda gestellt. Dann ging ich hinein, um mich mit meinen Freunden zu unterhalten, und als ich zehn Minuten später wieder auf die Veranda kam, flogen die Teller plötzlich vom Tisch auf den Boden. Ich hatte das starke Gefühl, dass dies eine Botschaft des Hausgeistes war, der mir mitteilen wollte, dass er mit meinem Auszug gar nicht einverstanden war.

Die Geister von Kindern

Wenn Geister von Kindern in einem Haus leben, können sie allerlei Schabernack treiben. Bei uns in Kuala Lumpur lebte der Geist eines kleinen Mädchens im Haus. Sie genoss es offensichtlich, uns Streiche zu spielen, und versteckte ständig Kleinigkeiten. Sie hatte auch meinen Ring versteckt, wie ich in Kapitel 5 bereits berichtete. Die Dinge tauchten normalerweise irgendwann wieder auf, manchmal am selben Tag, manchmal auch später, und häufig ganz in der Nähe des Ortes, an dem sie ursprünglich gewesen waren. Manchmal legte der Geist sie sogar an denselben Ort zurück.

Besondere Freude machte es ihm offensichtlich, die Kreditkarten meines Mannes zu verstecken, aber es kam auch häufig vor, dass ich einen Kugelschreiber aus der Hand legte, mich umdrehte und schon war er verschwunden. Sein bester Trick, der für uns allerdings nicht besonders lustig war, bestand darin, uns Streiche mit Farbe zu spielen.

Als wir in die Ferien nach England fuhren, begann unsere Haushälterin Saro damit, das ganze Haus einem gründlichen Frühjahrsputz zu unterziehen, wobei sie auch alle unsere Kleider wusch, sie ordentlich wieder einsortierte und zum Schluss auch noch die Vorhänge reinigte. Als wir zurückkamen und wie gewöhnlich freudig von unseren beiden Hunden begrüßt worden waren, ging ich die Treppe zum Schlafzimmer hinauf. Ich konnte nicht glauben, was ich dort sah. Die langen weißen Tüllgardinen waren mit einer braunen Substanz bekleckert. Es sah aus, als ob sie jemand mit Farbe beworfen hätte.

Ich rief Saro und fragte sie, was wohl passiert wäre. Sie schrie entsetzt auf und jammerte: »Ich habe sie gestern erst sauber aufgehängt.« Dann entdeckten wir, dass mehrere meiner Kleider und einige von Tonys Hemden ebenfalls mit der Substanz bekleckert waren. Alles ging beim Waschen problemlos heraus, aber wochenlang fanden wir Kleider, die an einem Tag vollkommen sauber waren und am nächsten diese Flecken hatten. Als ich einer meiner Freundinnen davon erzählte, meinte sie, dass dies eine Form »übersinnlicher Farbe« wäre. So wie bei unsichtbarer Tinte zeigt sich die Farbe nicht sofort, sondern erst im Laufe der Zeit.

Diese Episode ereignete sich zu der Zeit, als wir uns entschieden hatten, demnächst nach Hongkong zu ziehen. Vermutlich zeigte der Hausgeist auf diese Weise sein Missfallen an unserem Auszug. Er spielte auch unseren Nachmietern kleine Streiche. Eines Tages kamen diese ins Wohnzimmer und entdeckten, dass alle Figuren in der Vitrine umgedreht worden waren und nun die Rückwand anblickten. Vermutlich hatten auch sie auf irgendeine Weise das Missfallen des Geistes erregt, aber da sie nicht an Geister glaubten, gaben sie dem Hausmädchen die Schuld.

Ein anderer seiner Lieblingsstreiche, den er uns häufig spielte, bestand darin, die Tagesdecken im unteren Schlafzimmer zu zerwühlen. Und meistens gerade dann, wenn das Hausmädchen sie ordentlich glatt gestrichen hatte, weil ein Besucher erwartet wurde. Vielleicht wollte er auf diese Weise das Hausmädchen in Misskredit bringen. Ich versuchte mehrmals, den Geist zu überzeugen, das Haus zu verlassen, aber er zeigte kein Interesse.

Ich glaube, er hatte viel zu viel Spaß dabei, uns alle zu ärgern.

Portale und Korridore

Ein anderes verstörendes, aber dennoch interessantes Phänomen ist ein Portal im Haus. Portale sind Orte, an denen eine verfeinerte Atmosphäre wie an einer kleinen heiligen Stätte herrscht. Sie sind nicht negativ geladen und dienen dazu, Geistern den Übergang auf die andere Seite zu erleichtern. In diesem Sinn sind sie spirituelle Türen zur Astralebene.

Ich kann hier aufgrund persönlicher Erfahrungen berichten, da ich in jedem der letzten drei Häuser ein Portal hatte. Ich vermute, dass es sich jedes Mal um dasselbe handelt, das mit mir in ein neues Haus zieht.

Aufgrund des Portals bewegt sich ein steter Strom ätherischer Wesen durch das Haus, was wohl ein Grund dafür ist, dass so viele Besucher glauben, es würde dort spuken. Ich glaube das nicht und für einige meiner Freunde, die dieses Buch lesen, wird es das erste Mal sein, dass sie von der Existenz dieses Portals hören. Es befindet sich in unserem oberen Gästezimmer und liegt natürlich genau auf der Leylinie, die durch unser Haus verläuft. Ich habe keine Probleme damit und schätze mich glücklich, ein solches Portal bei mir zu haben.

Eine andere Erklärung für einen Strom von Besuchern aus der geistigen Welt ist möglicherweise, dass Ihr Haus als »ätherischer Korridor« fungiert. In Kuala Lumpur lebte eine meiner Freundinnen in einem Wohngebäude, das sich zwischen einem chinesischen Tempel und einem Friedhof befand. Es ist fast unnötig zu erwähnen, dass sie ständig den Strom der Reisenden spürte, die vom Tempel zum Friedhof und zurück wanderten und die sich aus irgendeinem Grund besonders gern in ihrer Wohnung aufhielten. Vielleicht spürten sie, dass sie ihnen wohlgesonnen war und ihre Anwesenheit ohne Angst anerkannte. Gelegentlich konnten sie etwas störend sein, besonders wenn sie ihren Sohn aufweckten, der sich dann bei seiner Mutter über die Männer in seinem Zimmer beklagte.

Hüten Sie sich vor dem Ouija

Da ich gerade beim Thema geistige Welt und ihrer Auswirkungen auf uns bin, sollte ich Ihnen an dieser Stelle eine kleine Geschichte zur Warnung erzählen. Es geht hier um ein Erlebnis, das ich mit Michael hatte, also jenem Mann, von dem ich in Kapitel 4 berichtet hatte und der mir durch meinen Ring meine Energie entzog.

Es geschah an einem Wochenende im Winter, als ich Mitte 20 war. Ich besuchte eine alte Freundin in Essex und wir unterhielten uns über mein bisheriges Leben und meine Zukunft. Mein erster Mann und ich hatten uns getrennt, ich war also wieder eine allein stehende Frau und wusste, dass ich an einem Scheideweg meines Lebens angekommen war. Das war eine emotional sehr aufwühlende Zeit für mich, und ich suchte eine Orientierungshilfe. Ich hatte mich um einige Stellen beworben und brauchte Hilfe, um mich zu entscheiden, welche Richtung ich einschlagen sollte.

Es war mir in den Sinn gekommen, zu einer Wahrsagerin zu gehen, aber da diese am Wochenende komplett ausgebucht war, beschloss ich, die geistige Welt direkt um Hilfe zu bitten. Dabei fiel mir meine Großmutter ein, und wir versuchten, sie zu kontaktieren.

Meine Freundin meinte, sie hätte gehört, wir würden leichter zu meiner Großmutter durchkommen, wenn wir eine Kerze anzündeten. Also löschten wir das Licht und zündeten eine Kerze an. Ich schloss die Augen, hielt den Topastropfen in der Hand und dachte an meine Großmutter. Augenblicklich sah ich sie vor meinem geistigen Auge. Ich war ziemlich aufgeregt, aber sie riet mir eindrücklich, diese Form der Kommunikation zu beenden und zu einem erfahrenen Medium zu gehen, wenn ich Kontakt aufnehmen wollte. Also unterbrach ich den Kontakt.

Am nächsten Tag gesellten sich Michael und der Freund meiner Freundin zu uns und wir erzählten ihnen, was geschehen war. Sofort schlug Michael vor, dass wir Ouija benutzen sollten, um Kontakt zur geistigen Welt aufzunehmen. Er erklärte uns dessen Wirkungsweise. Man nimmt 26 kleine Zettel, auf die man die Buchstaben des Alphabets schreibt. Man legt sie kreisförmig aus und stellt ein Glas in die Mitte. Jeder der Anwesenden legt einen Finger auf das Glas und stellt eine Frage. Das Glas bewegt sich dann über die Buchstaben und buchstabiert so die Antwort.

Ich fand, das sei eine gute Idee, und Michael hatte auch bereits den richtigen Ort dafür parat. Ein Freund von ihm besaß ein Haus mit einem riesigen Grundstück nur ein paar Kilometer von uns entfernt. Als wir an diesem vollkommen abgelegenen Ort ankamen, dämmerte es bereits. Das Haus befand sich wirklich meilenweit von allen anderen entfernt inmitten eines sehr großen Grundstücks. Als wir ankamen, war niemand da, aber Michael wusste, wo sein Freund den Schlüssel aufbewahrte, und ließ uns ein. An diesem Punkt kamen mir erste Zweifel, denn das Haus war riesig und schien nicht nur unbewohnt, sondern war auch sehr kalt und abweisend. Allerdings war ein großer schwarzer Hund da, der uns enthusiastisch begrüßte.

Wir gingen ins Esszimmer, einem in dunklem Holz getäfelten Raum, an dessen Wänden Jagdtrophäen und Gewehre hingen. Es schien, als ob der Besitzer ein passionierter Jäger war (was mir eigentlich hätte ausreichen sollen, um das Haus fluchtartig zu verlassen). Aber wir legten die Buchstaben aus, stellten das Glas in die Mitte und fingen an, Fragen zu stellen. Wir bekamen sofort eine Antwort und begannen, das Ganze ziemlich aufregend und spannend zu finden.

Ich stellte eine Frage wegen meines Jobs und bekam die Antwort, die ich hatte hören wollen. Dann stellte ich eine Frage bezüglich der Gesundheit meiner Mutter und bekam wiederum eine gute Antwort. Wir setzten uns abwechselnd außerhalb des Kreises, schrieben die Antworten auf und achteten darauf, dass niemand das Glas absichtlich bewegte. Aber es schien durchaus ein Eigenleben zu führen und raste im Kreis herum, ohne diesen wirklich zu berühren.

Dann veränderte sich etwas. Michael sagte, er wolle eine Frage stellen, aber wir dürften nicht wissen, worum es dabei ging. Er sagte, er würde die Frage gedanklich stellen. Nun war ich dran, außerhalb des Kreises zu sitzen. Ich versuchte die Antworten zu verstehen, die er bekam, als mir klar wurde, dass sie auf Italienisch gegeben wurden, in Michaels Muttersprache. Dann schrieb ich drei oder vier kurze Worte auf, die mehrmals wiederholt wurden. Später realisierten wir, dass sie »Haut ab! Haut ab! Haut ab!« bedeuteten. Das Glas hörte auf, sich zu bewegen, und wir starrten alle Michael an, der ziemlich bleich geworden war und ganz merkwürdig aussah.

Plötzlich spürte ich einen eisigen Luftzug und begann zu frösteln. Meine Freundin sprang auf und rief: »Mir ist so kalt!« Sie war völlig aus dem Häuschen. Ihr Freund sprang ebenfalls auf, weil er dasselbe spürte. Dann griff die Kälte auf mich über. Ich wurde von der großen Kälte überwältigt und hatte das Gefühl, die Kontrolle zu verlieren. Ich schrie auf, und zum Glück realisierten meine beiden Freunde, was passierte, und zogen mich aus dem Raum. Gemeinsam sprachen wir das Vaterunser.

Allmählich ließ das Gefühl nach. Ich kam langsam zurück und konnte den Hund bellen hören, während er wie verrückt um das Haus lief. Ich sah, dass sich ihm alle Haare gesträubt hatten. Es war offensichtlich, dass er große Angst hatte und völlig verschreckt war. Also war ich nicht die Einzige, der es so ging.

Wir verließen augenblicklich das Haus, und ich fragte Michael, was er getan hatte. Er antwortete, dass er den Kontakt zu seiner Mutter hergestellt und sie gebeten hatte, einen Geist dazu zu bringen, seine ehemalige Freundin mit einem Fluch zu belegen. Das war natürlich das Schlimmste, was er hatte tun können, und wir alle hatten unter den negativen Energien zu leiden, die er durch seine schreckliche Bitte herbeigerufen hatte. Seine Mutter hatte dies geahnt und uns angefleht zu gehen.

Das war mein erstes und letztes Erlebnis mit Ouija. Ich rate Ihnen dringend, es niemals zu benutzen, da Sie keine Kontrolle darüber besitzen, was auf Sie zukommt. Der Rat meiner Großmutter war gut: Wenn Sie Kontakt zu verstorbenen Verwandten oder Freunden aufnehmen möchten, sollten Sie zu einem erfahrenen Medium gehen.

Das war selbstredend auch das letzte Mal, dass ich Michael sah. Zum Glück hat sich mein Urteilsvermögen seit diesem Vorfall, der sich in meinen Zwanzigern ereignete, verbessert und ich kann heute den Charakter der Menschen, mit denen ich Umgang pflege, besser beurteilen.

Seelen mit Liebe ins Licht schicken

Wir wollen uns nun ansehen, wie wir Seelen erlösen und ihnen helfen können, ins Licht zu gehen. Dies ist eine sehr befriedigende und zugleich sehr schöne Aufgabe, die nicht nur Ihnen und der Umwelt nützt, sondern auch jeder Seele einen wunderbaren Dienst leistet, die Schwierigkeiten hat, sich von der irdischen Ebene zu lösen. Selbstverständlich ist jede Situation etwas anders, aber es gibt gewisse Grundprinzipien, die meistens anwendbar sind.

Ich sollte an dieser Stelle darauf hinweisen, dass Sie dabei – wie bei jeder Heilungsarbeit – nur die Hand ausstrecken können. Es kann durchaus sein, dass Ihr Hilfsangebot zurückgewiesen wird, wenn die Seele das starke

Verlangen hat, hierzubleiben, wie die alte Frau im Häuschen meiner Freundin oder das junge Mädchen in meinem Haus in Kuala Lumpur, die beide kein Interesse zeigten, sich von der Stelle zu bewegen. Ich bat eine Reihe meiner medial begabten Freundinnen, das Mädchen zum Gehen zu bewegen, aber sie erhielten alle dieselbe Antwort: »Nein, danke!«, was dem Hausmädchen ziemlichen Kummer bereitete. Aber auch in der geistigen Welt gibt es den freien Willen.

Verursacht ein Geist Chaos oder schadet Ihnen sogar, können Sie hoch entwickelte Geister von der anderen Seite bitten, Ihnen zu helfen, da diese über größere Autorität verfügen und stärkeren Druck ausüben können. So führt zum Beispiel Erzengel Michael ganze Heerscharen von Kriegerengeln an, die sehr stark und sehr überzeugend sein können, wenn es darauf ankommt.

Nun werde ich den Prozess erläutern, den ich anwende, um Geistern zu helfen, sich fortzubewegen. Selbstverständlich können Sie ihn abwandeln, damit er Ihnen und Ihrer Situation besser gerecht wird. Anschließend werde ich drei Fälle aufführen, in denen diese und ähnliche Methoden erfolgreich angewendet wurden.

Übung: Seelen ins Licht helfen

Ich rate Ihnen, diese Übung nicht an dem betreffenden Ort durchzuführen. Aus der Ferne ist sie genauso effektiv und nicht so anstrengend. Für die Übung brauchen Sie einen Plan oder ein Foto des Gebäudes oder Ortes, an dem sich der Geist aufhält, und Ihr Pendel.

~ Suchen Sie sich einen ruhigen, friedlichen Ort.

~ Schützen Sie sich, indem Sie sich in die violette Flamme hüllen.

~ Rufen Sie Ihre Geistführer und die Engel an. Bitten Sie Erzengel Michael, zu Ihnen zu kommen.

~ Atmen Sie tief durch. Öffnen Sie sich in der Absicht, Geister an dem betreffenden Ort wahrzunehmen.

~ Finden Sie mithilfe Ihres Pendels heraus, ob Geister anwesend sind.

~ Falls ja, wie viele?

~ Bestimmen Sie andere Fakten, die Sie wissen möchten, wie zum Beispiel Geschlecht und Alter des Geistes bei seinem Tod.

~ Schließen Sie die Augen und legen Sie die Hände auf den Plan oder das Foto. Nehmen Sie Kontakt zu den Geistern auf und bitten Sie einen nach dem anderen, den Ort zu verlassen. Machen Sie sich keine Sorgen, wenn Sie die Geister nicht »sehen« können, es reicht völlig aus, dass Sie ihre Anwesenheit spüren.

~ Fragen Sie sie, ob sie Hilfe möchten. Wenn Sie keine Antwort bekommen, machen Sie einfach weiter. Sie werden ohnehin nur gehen, wenn sie wollen.

~ Sagen Sie ihnen, dass Sie ihnen nicht schaden möchten, und dass Sie da sind, um ihnen zu helfen.

~ Sagen Sie ihnen, dass sie gestorben sind und dass es für sie an der Zeit ist weiterzuziehen.

~ Sagen Sie ihnen, dass sie an einen wunderschönen Ort zurückkehren werden, wo sie von ihren Lieben willkommen geheißen werden.

~ Sagen Sie ihnen, dass sie sich nicht fürchten müssen, da sie sicher nicht in die Hölle kommen werden.

~ Rufen Sie die Engel herbei und bitten Sie den Geist, zum Licht emporzuschauen. Sie werden das Licht vor Ihrem geistigen Auge sehen. Dieses Licht ist das Licht der höheren Bereiche der Astralebene, des Himmels oder des Zwischenlebens – oder wie auch immer Sie es bezeichnen mögen.

~ Stellen Sie sich vor, dass Sie dem Geist helfen und sich um ihn kümmern. Sehen Sie, wie er emporsteigt und ins Licht geht. Schicken Sie ihm all Ihre Liebe. Vor Ihrem geistigen Auge sehen Sie möglicherweise, wie Cherubim herabsteigen, um dem Geist zu helfen (besonders wenn es sich um den Geist eines Kindes handelt); vielleicht sehen Sie aber auch Engel, Jesus oder andere spirituelle Figuren, die kommen, um ihm zu helfen. Wenn Sie nichts sehen, vertrauen Sie einfach darauf, dass es so ist.

Einer ganzen Gruppe Geister wird ins Licht geholfen

Eine große Gruppe Geister war im Keller des Hauses gefangen, in dem ich in Malaysia lebte. Die Gruppe hatte einen sehr negativen Effekt auf die Energie unseres Gästezimmers und auch auf die des direkt darüber liegenden Wohnzimmers. Ich hatte Probleme mit den Hunden, die normalerweise sehr gut erzogen und stubenrein waren, die aber ab und zu (bei Vollmond!) ihr Geschäft im Wohnzimmer über dem Gästezimmer verrichteten. Außerdem weigerten sie sich hartnäckig, jemals in den Keller zu gehen.

Ich rief einen Freund an, der mit einer kleinen Gruppe Buddhisten kam, die darauf spezialisiert war, verlorenen Seelen und herumspukenden Geistern zu helfen. Da ich dieser Art von Arbeit zum ersten Mal ausgesetzt war, sah ich interessiert zu. Sie rezitierten etwa eine halbe Stunde lang heilige Gesänge, schlugen Glocken an und zündeten Räucherstäbchen an, bevor sie mit der eigentlichen Arbeit begannen.

Ich fühlte mich gedrängt mitzumachen und half einigen Männern aus einem Loch oder einem Keller herauszukommen. Ich musste sie aus dem Loch, in dem sie feststeckten, herausziehen. Alles ging gut, bis sich einer der Männer weigerte, meine Hand zu ergreifen. Ich überlegte einen Augenblick, dann streckte ich beide Hände aus, und er und ein anderer Mann ergriffen je eine Hand und ich konnte sie herausziehen. Es schien, als ob sie Freunde oder Brüder oder möglicherweise Vater und Sohn waren und keiner ohne den anderen gehen wollte.

In jener Nacht retteten wir 22 Seelen. Wir spürten, dass die Männer schon eine ganze Weile vor ihrem Tod dort gefangen waren und das unterwürfige Verhalten von Gefangenen angenommen hatten. Sie waren plötzlich gestorben, vermutlich als eine Granate oder eine Art Bombe in ihr Gefängnis geworfen worden war.

Die Energie war fürs Erste geklärt, nachdem sie den Keller verlassen hatte, aber es dauerte noch eine Weile, bis alle Nachwirkungen ihrer langen Inhaftierung aufgelöst worden waren. Die Hunde machten nicht mehr ins Wohnzimmer, und obwohl sie vorher nie in den Keller gegangen waren, taten sie dies nun vollkommen furchtlos.

Eine Gruppe Geister wird aus einer Schule befreit

Ich habe bereits über einen übersinnlichen Angriff berichtet, den ich in Singapur erlebte. Anlässlich dieses Besuches war ich gebeten worden, eine Schule von Geistern zu befreien. Ich fand mich in einer ziemlich ungewöhnlichen Situation wieder, da die Schule bereits seit einiger Zeit von einer ganzen Reihe von Geistern belästigt worden war. Erst im Jahr davor hatte die Schulleitung einen Geisterjäger – ein furchtbarer Ausdruck, aber ich vermute, er spiegelt die Einstellung des Betreffenden und die Art seiner Arbeit wider – zu Hilfe gerufen. Manche Menschen sehen Geister als Plage und Ungeziefer an und behandeln sie dementsprechend. Diese Einstellung tut mir persönlich weh, da ich weiß, dass Geister einfach vom Weg abgekommene Seelen sind, so wie ja auch die Lebenden manchmal vom Weg abkommen.

Wie dem auch sei, der Mann hatte die Geister gefangen und sie auf dem Sportplatz festgesetzt. Dort hatten sie zwar keinen weiteren Ärger verursacht, aber einer der Lehrer machte sich Sorgen wegen ihrer fortgesetzten Anwesenheit und bat mich, sie doch zu erlösen. Natürlich sollte ich besonders darauf achten, dass sie nicht wieder in die Schule zurückkehren würden.

Ich war ein bisschen nervös, da sich die Geister ziemlich rüpelhaft benommen und viele Menschen erschreckt hatten. Aber meine Arbeit verlief reibungslos und ich konnte sie problemlos auf ihren weiteren Weg schicken. Ich glaube, dass sie unter den Füßen von Horden junger Mädchen eingesperrt waren, die über ihnen Hockey spielten, hatte ausgereicht, um ihnen einen Dämpfer zu verpassen, sodass sie ohne Ärger zu machen ins Licht gingen.

Verfluchte Seelen werden erlöst

Ich suchte in London nach einer Wohnung für meinen Mann, da seine neue Stelle erforderte, dass er unter der Woche in der Stadt lebte. Ich traf mich mit einer Freundin, und gemeinsam mit einem jungen, sehr enthusiastischen Wohnungsmakler schauten wir uns südlich der Themse eine ganze Reihe von Wohnungen an, die in den alten Speicherhäusern gebaut worden und mittlerweile sehr begehrt waren.

Die alten Speicher waren früher genutzt worden, um jene Güter zu lagern, die von den großen Frachtschiffen nach London gebracht wurden. Mir gefiel die Gegend überhaupt nicht, da ich die alte abgestandene Energie von Jahren des Verfalls und der Vernachlässigung spüren konnte. Obwohl die Bauunternehmer wunderbare Arbeit geleistet hatten, diese großen, eindrucksvollen Gebäude umzuwandeln, und obwohl die Innenausstattung ganz herrlich war, gefielen mir doch die engen, dunklen Gassen nicht.

Ich konnte spüren, wie ich immer schwerer wurde, während der junge Makler ununterbrochen vor sich hin plapperte und typische Maklerworte wie »kein Problem«, »sehr begehrt«, »modern«, »leicht zu erreichen« und so weiter einwarf.

Als wir uns verabschiedeten und den Fluss überqueren wollten, spürte ich, wie mich etwas festhielt. Ich öffnete mich und spürte eine Gegenwart. Da ich stehen bleiben musste, um mich mit dieser zu unterhalten, sagte ich zu meiner Freundin: »Lass ihn (den Makler) nur weiterreden«, während ich so tat, als ob ich ein Problem mit meinen Schuhen hätte. »Was ist los?«, fragte ich. »Wir brauchen deine Hilfe, wir stecken fest. Kannst du uns befreien?« Ich sagte meine Hilfe zu, aber meine neue Geistbekanntschaft fügte schnell hinzu, dass es viele von ihnen gäbe. Ich versprach, zurückzukommen und ihnen später zu helfen.

Etwa einen Monat darauf waren wir in eine Wohnung auf der anderen Seite des Flusses eingezogen und ich traf dort einen Abgesandten meiner Organisation aus Rumänien. Wir hatten vor, eine Mischung aus Seminar und Touristenprogramm zu machen, und da wir an jenem Tag behandeln wollten, wie wir Geister befreien, fand ich, die Gelegenheit sei günstig, um der Gruppe von Geistern zu helfen, die Kontakt mit mir aufgenommen hatte.

Das Erlebnis, das wir daraufhin hatten, war wahrlich erstaunlich. Als ich begann, spürte ich die Anwesenheit einer großen Anzahl Seelen. Ich konnte nicht erkennen, um wen es sich handelte, aber sie waren abgerissen und dreckig und trugen mittelalterliche Kleidung. Sofort spürte ich, dass sie Opfer eines Fluchs geworden waren. Dann sah ich vor meinem geistigen Auge einen Engel – einen wirklich großen Engel –, und als der Fluch aufgehoben worden war und die Geister erlöst worden waren, flogen sie wie Korken aus einer Champagnerflasche davon. Sie flogen an mir vorbei und direkt in das Licht des Engels hinein.

Auch andere Engel kamen hinzu, um den vielen betroffenen Seelen – Kinder, Männer und Frauen – zu helfen. Als sie an mir vorbeirauschten, hörte ich, wie die schnell fliegenden Seelen etwas murmelten. Da ich es nicht verstehen konnte, hielt ich eine von ihnen an und sie sagte: »Gott segne dich, gute Frau.«

Der Fluch hatte geheißen: »Ihr sollt alle in der Hölle schmoren.« Mir schien, als ob diese Menschen die ersten Opfer der Pest gewesen waren. Ich vermute, es handelte sich um die Seeleute und deren Angehörige, deren Schiff die Pest nach London gebracht hatte. Natürlich waren die guten Bürger Londons entsetzt darüber, was sie in ihre Stadt eingeschleppt hatten, und hatten die Armen aus tiefstem Herzen verflucht. Die Seeleute waren so verängstigt, dass sie tatsächlich in die Hölle kommen würden, dass ihre Angst sie seit ihrem Tod hier festgehalten hatte. Es mag noch andere gegeben haben, die von diesem alten Fluch betroffen worden waren, der früher sehr häufig gebraucht worden war, und ich kann nur hoffen, dass auch sie an diesem Tag erlöst worden waren.

Frisch Verstorbenen helfen

Wenn Sie jemanden kennen, der gerade gestorben ist, senden Sie seiner Seele Licht und Liebe. Man wird sich auf der anderen Seite gut um ihn kümmern, aber Ihre Liebe wird ihm helfen, sich leichter von der Erde zu lösen. Wenn Sie durch das Fernsehen oder aus der Zeitung von einem großen Unglück oder einem Massaker erfahren, bei dem viele Menschen umgekommen sind, können Sie die oben beschriebene Methode benutzen, um diesen Seelen auf ihrem weiteren Weg zu helfen. Steht die Nachricht vom Unglück in der Zeitung, können Sie eine Hand auf die Zeitung legen, mit der anderen das Heilsymbol in die Luft malen und Licht und Heilung senden.

In Harmonie mit Hausgeistern leben

Wenn Sie glauben, einen Geist in Ihrem Haus zu haben, und von ihm dieselbe Reaktion erhalten, die ich in Kuala Lumpur erhielt, als ich dem jungen Mädchen ins Licht helfen wollte, bleibt Ihnen wohl nichts anderes übrig, als sich mit dem Geist zu arrangieren. Bitten Sie ihn nur, Sie in Ruhe zu lassen. Im Gegenzug bieten Sie ihm an, dass Sie ihn nicht weiter drängen werden, das Haus zu verlassen. Sie können in vollkommener Harmonie mit einem Geist leben, solange Sie ihn respektieren und sich gut um das Haus kümmern.

Dabei fällt mir ein weiteres Erlebnis ein, das ich in Malaysia hatte. Eine meiner Freundinnen und ihr Mann hatten vor, ihr neues Haus gründlich zu renovieren, daher zogen die indonesischen Arbeiter, die mit den Umbauarbeiten beauftragt waren, vorübergehend in das Haus ein.

Eines Nachts hatte einer der Arbeiter eine Erscheinung, die ihm erklärte, sie sei der Geist des Hauses und sei sehr aufgebracht wegen der Unordnung und des chaotischen Zustands des Gebäudes. Sie sagte dem Arbeiter weiter, dass sie ihn und seine Kollegen belohnen würde, wenn sie während ihrer Anwesenheit das Haus so ordentlich wie möglich halten würden.

Nachdem sich der arme Mann von seinem Schrecken erholt hatte, erzählte er seinen Kollegen davon, und von diesem Augenblick an sorgten sie dafür, dass das Haus stets so sauber und ordentlich wie möglich war. Am letzten Abend ihres Aufenthaltes erschien der Geist wieder und gab den Arbeitern Zahlen für die Lotterie. Und wie könnte es anders sein? Die Zahlen gewannen! Ich war mir dieses Geistes immer bewusst, aber obwohl ich bei jedem meiner Aufenthalte mein Bett immer ordentlich machte, wurde mir nie ein solches Glück zuteil. Vielleicht hätte ich das Badezimmer auch etwas sauberer halten sollen.

Besuche von Engeln und Devas

Ich habe in diesem Buch die Begriffe »Seele« und »Geist« als Synonyme verwendet. Aber es gibt auch andere Geister, die keine menschlichen Seelen sind. In den ätherischen Welten leben viele verschiedene Wesen, von denen viele niemals menschliche Form annehmen. Dies ist ein sehr umfassendes Gebiet, das ich hier nicht ausführlich behandeln will, aber ich möchte kurz einige jener Wesen ansprechen, mit denen Sie möglicherweise in Kontakt kommen werden. Ich möchte, dass Sie sich darüber im Klaren sind, dass es Unterschiede zwischen den Seelen von Menschen gibt, die hier feststecken, und den Engeln und göttlichen Wesen, die Ihnen unter Umständen erscheinen mögen.

Engel

Wie erkennen Sie, ob Sie sich in der Gegenwart eines Engels oder einer verstorbenen Seele befinden? Der größte Unterschied liegt in der Schwingung, die das Wesen ausstrahlt. Eine Seele, besonders eine, die auf irgendeine Weise gestört ist, wird verängstigt sein und daher eine niedrige Schwingungsfrequenz haben, welche die Atmosphäre kühl oder kalt macht. Eine solche Gegenwart wird immer etwas Dunkles an sich haben, wohingegen ein Engel Licht bringt und die Schwingung anhebt.

Sollten Sie das Glück haben, einem Engel zu begegnen oder einen mit Ihrer inneren Sicht – Ihrem geistigen Auge – zu sehen, werden Sie sich ganz wunderbar und gesegnet fühlen, weil Sie die große Liebe spüren, die diese herrlichen Wesen für uns empfinden.

Engel haben im Gegensatz zu uns keinen freien Willen. Wir können uns entscheiden, ob wir das Richtige oder das Falsche tun wollen, sie aber sind darauf »programmiert«, für alle nur das Richtige zu tun. Ihre Essenz besteht aus Liebe, Toleranz und Mitgefühl. Daher wirken sie stets im Interesse des höchsten Wohles aller Wesen. Engel werden zu Ihnen kommen, wenn Sie sie anrufen und um Hilfe bitten. Sie werden ständig bei Ihnen sein, Sie beschützen und Ihnen helfen, auch wenn Sie sie nicht sehen können.

Devas

Vielleicht begegnen Sie auch Devas, den Naturgeistern. Jeder Baum, Fluss, Teich, Fels, Kristall und jede Pflanze hat seine eigenen Devas. Diese verkörpern den Bauplan, die spirituelle Essenz, der Pflanzen- oder Steinart, und zeigen sich uns als die Feen unserer Kindheit. Als meine Mutter ein Kind war, hatte sie drei Feen als Gefährtinnen, die sie Butterblume, Lampa und Ratta nannte. Bis zum Alter von fünf Jahren unterhielt sie sich ständig mit ihnen, weil sie ihre besten Freundinnen waren. Ich glaube, ihr Liebling war Ratta, weil sie den Schalk im Nacken hatte. Bis heute habe ich sie allerdings nicht dazu bringen können, mir zu erzählen, was Ratta und sie damals immer so ausgeheckt haben.

Eine Bekannte erzählte mir von einer Begebenheit, die ihrem ziemlich skeptischen Partner die Existenz von Devas zweifelsfrei nachwies. Die beiden waren übers Wochenende weggefahren und hatten sich gerade in ihrem Ferienhäuschen an einem See eingerichtet. Alles an diesem Ort schien perfekt zu sein, außer einem Haufen Müll im Wasser, der die Aussicht störte und die Harmonie des Ortes beeinträchtigte. Also bat meine Bekannte die Devas, den Müll während der Nacht zu beseitigen. Am nächsten Morgen war zum großen Erstaunen – aber auch zur Freude – ihres Partners, der gesamte Müll verschwunden.

Gute Energien verbreiten

Wir haben uns bisher mit allen möglichen Formen negativer Energie befasst, die unseren inneren Frieden beeinträchtigen können, und sind nun bei den wunderbaren Energien der Engel und Devas angekommen, die Licht und Liebe in unser Leben bringen. Warum aber scheinen manche Menschen vom Pech verfolgt zu werden und negative Energien wie ein Magnet anzuziehen, während andere in einer Blase der Glückseligkeit durchs Leben gleiten und nur Licht und Glück anziehen?

Natürlich gibt es dafür vielerlei Gründe, aber einer besteht in der Einstellung und der Erwartungshaltung dem Leben gegenüber. Sie werden nicht in der Lage sein, alles, was Ihnen begegnet, in Gold zu verwandeln, aber Sie können eine positive Einstellung gegenüber dem Leben einnehmen. Um positive Dinge anzuziehen, müssen Sie positiv eingestellt sein. Mit einer positiven Grundeinstellung können Sie hellere, leichtere Dinge und Menschen anziehen. Mithilfe von Erwartungen und Visualisierungen können Sie das Glück in Ihr Leben ziehen.

Bedenken Sie schließlich auch, dass Sie jederzeit die Engel anrufen können. Glauben Sie fest daran, dass Sie Hilfe von den Engeln erhalten werden, dann werden Sie vielleicht überrascht sein, wie schnell diese Ihnen tatsächlich zu Hilfe eilen.

8 – Entscheiden Sie sich für das Positive

Ich möchte dieses Buch beschließen, indem ich erläutere, wie wir uns und unsere Umwelt dadurch beeinflussen können, dass wir uns für das Positive statt das Negative entscheiden. Wir können uns für eine höhere Schwingungsfrequenz entscheiden: in unserem Verhalten, unserem Denken, unseren Einstellungen und in dem, was wir essen und trinken. Ausgewogenheit ist sehr wichtig, daher sollten wir versuchen, Extreme aller Art zu vermeiden und unser Gleichgewicht zu finden, indem wir eine ausgewogene Haltung gegenüber allem in unserem Leben einnehmen. Das wiederum wird die Stabilität und Ausgewogenheit unserer unmittelbaren Umgebung beeinflussen.

Wir werden uns gleich auch noch anschauen, wie wir sowohl das Helle als auch das Dunkle in uns annehmen können. Die äußere Negativität wird uns weit weniger beeinflussen können, wenn wir sie durch das helle Licht unseres Glücks und unserer positiven Grundeinstellung betrachten. Daher werde ich dieses Buch mit einer Aussage bezüglich unseres eigenen Glückes beschließen.

Hohe und niedrige Schwingungen – einige Richtlinien

Gewisse Dinge sind nur dann schädlich, wenn man sie im Übermaß zu sich nimmt – Alkohol zum Beispiel. Ein oder zwei Gläser Weißwein können eine sehr angenehme Erfahrung sein, sie heben die Stimmung und man entspannt sich besser. Wenn man aber eine oder zwei Flaschen trinkt, verliert man die Kontrolle und öffnet sich allen Energien, die einen umgeben – positiven wie negativen. Man rutscht von einer hohen Schwingungsfrequenz – einer gehobenen Stimmung – in einen Vergiftungszustand hinein. Der Körper wird sich schwerer anfühlen und die Organe müssen rund um die Uhr arbeiten, um das von uns selbst erzeugte Übermaß an Negativität abzubauen. Interessanterweise raten Ärzte heute dazu, in Maßen zu trinken, um das Wohlbefinden zu verbessern. Das ist sicher richtig, aber ich weiß auch, dass jeder von uns seine eigene Interpretation von »in Maßen« hat. Ich überlasse es Ihnen, intuitiv den Punkt ausfindig zu machen, an dem Sie während des Trinkens von einem positiven in einen negativen Zustand rutschen. Das können Sie übrigens mit einem Glas in der Hand nicht besonders gut herausfinden, da die Intuition als Erstes auf der Strecke bleibt, wenn man betrunken ist.

Ich persönlich trinke nicht sehr viel und eher selten, aber ich gönne mir ab und zu ein Gläschen in geselliger Runde. Für manche Menschen sind schon ein Glas Wein, ein Bier oder ein Gin Tonic genug. Ich finde, es hängt ganz davon ab, was ich gerade tue, in was für einer Verfassung ich bin und wie viel ich gegessen habe.

Sie sollten auch herausfinden, welche Art von Alkohol Sie am besten vertragen. Achten Sie auf die Reaktionen Ihres Körpers. Wie fühlen Sie sich emotional? Die Reaktionen und Gefühle Ihres Körpers sind ein wunderbarer Gradmesser, um den Grad von Negativität zu prüfen. Achten Sie auf Ihre Gefühle, hören Sie auf Ihre Sinne, nicht auf Ihren Kopf. Der Verstand kann so programmiert werden, dass er Ihnen sagt, was Sie nach Ihrer eigenen Meinung oder der anderer Menschen tun sollten, aber Ihre wahren Gefühle kommen von innen.

Im Folgenden habe ich beispielhaft einige der Dinge aufgeführt, die hohe oder niedrige Schwingungen aufweisen. Das sollen nur Richtlinien sein, und selbstverständlich spielen auch immer die Umstände eine Rolle. So kann zum Beispiel jede Form von Nahrung, ganz gleich wie schimmelig oder mit wie vielen chemischen Zusätzen versehen sie auch sein mag, einem Verhungernden hohe Schwingungen bescheren. Wenn Sie diese Richtlinien mit dem gesunden Menschenverstand lesen und im Zusammenhang mit dem, was ich in diesem Buch gesagt habe, anwenden, werden sie Ihnen von Nutzen sein können.

Getränke

Höhere Schwingungen	Niedrigere Schwingungen
Frisches Mineralwasser	Mit Fluor versetztes Wasser
Quellwasser	Abgestandenes Wasser
Zwei Gläser Wein zur Entspannung	Übermäßiger Alkoholkonsum

Höhere Schwingungen	Niedrigere Schwingungen
Koffeinfreie Kräutertees	Übermäßiger Kaffee- und Teekonsum
Frisch gepresste Fruchtsäfte	Gezuckerte, kohlensäurehaltige Getränke

Nahrungsmittel

Bemühen Sie sich, stets natürliche, biologisch angebaute frische Lebensmittel zu kaufen und diese so unverarbeitet wie möglich zu essen. So ist zum Beispiel ein Steak besser als ein Hamburger, Vollkornbrot besser als Weißbrot und so weiter. Frische Lebensmittel sind besser als Konserven oder Tiefkühlkost. Vermeiden Sie Lebensmittel mit Zusätzen wie chemischen Konservierungsmitteln und Farbstoffen. Aber denken Sie immer an das alte Sprichwort: »Ein kleines bisschen von dem, wonach es uns gelüstet, tut uns gut.« Seien Sie also nicht zu streng zu sich selbst und nicht zu puritanisch.

Höhere Schwingungen	Niedrigere Schwingungen
Selbstgekocht (mit positiver Einstellung)	Vorgekocht und aufgewärmt
Honig	Raffinierter Zucker
Fruktose	Süßstoffe
Vollkornmehl	Weißmehl
Fleisch und Eier aus biologischer Haltung	Fleisch und Eier aus Massentierhaltung
Frisches Gemüse	Konserven

Ihr Zuhause

Höhere Schwingungen	Niedrigere Schwingungen
Frische Blumen und Pflanzen	Tote, vernachlässigte Pflanzen
Helles Dekor und helle Stoffe	Schwarze, ausgeblichene Stoffe, schmutzige Vorhänge und Decken
Sauber und ordentlich	Unaufgeräumt und verschmutzt
Viel natürliches Licht	Dunkel und düster
Frische Luft und gute Belüftung	Klimaanlagen, stets geschlossene Fenster
Kaminfeuer, Holzheizung	Feuer auf dem Bildschirm, Zentralheizung
Musikinstrumente	Ständiger Gebrauch von Computern
Positive, erbauende Gespräche	Streitereien
Gezieltes Anschauen guter Fernsehsendungen	Exzessiver Fernsehkonsum, besonders mit Gewaltszenen
Brettspiele	Exzessives Spielen von Videospielen
Musik bei mäßiger Lautstärke	Laute, aggressive Musik

Am Arbeitsplatz

Höhere Schwingungen	Niedrigere Schwingungen
Fröhlicher, lächelnder Empfang	Mürrischer Empfang
Frische Blumen und Pflanzen	Vernachlässigte Pflanzen, staubige Plastikpflanzen oder gar keine Pflanzen

Höhere Schwingungen	Niedrigere Schwingungen
Frisches, gekühltes Mineralwasser	Kaffee und Tee aus dem Automaten, aus Thermoskannen oder Kaffeemaschinen
Helles Dekor	Rein funktionales graues, langweiliges Dekor
Toilettenräume mit freundlicher Atmosphäre	Zu viele Verbotsschilder
Natürliches Licht	Neonlicht
Frischluftzufuhr durch klappbare Fenster	Klimaanlagen, stets verschlossene Fenster
Offene, konstruktive Kommunikation	Klatsch und Mobbing
Ermutigung, seine Meinung zu äußern	Autokratische Gesprächskultur
Informeller, persönlicher Kontakt zwischen Angestellten und Vorgesetzten	Gesichtslose Chefs, die nur durch E-Mails und Memoranden kommunizieren
Teamwork	Isoliert arbeitende Individuen

Freizeit, Unterhaltung und Entspannung

Höhere Schwingungen	Niedrigere Schwingungen
Guter Freundeskreis	Zu viele Soloausflüge
Spaß und Lachen	Zu viel Alkohol
Gemütliche Bars und Klubs	Kaschemmenatmosphäre
Helle, freundliche Orte	Dunkle, schmierige Orte
Aktivitäten an der frischen Luft, Sport	An sonnigen Tagen auf dem Sofa herumlümmeln

Höhere Schwingungen	Niedrigere Schwingungen
Freude am Wettkampf, Anerkennung der Leistung anderer	Den Gegner beschimpfen und schmähen
Erhebende, informative, spannende Bücher und Artikel lesen	Gewaltverherrlichende oder pornografische Literatur lesen
Konzerte aller Art	Drogen aller Art
Meditation	Langes Liegen und häufiges Einnicken auf dem Sofa
Ausreichend Schlaf	Schlaflosigkeit, Schlafstörungen

Das emotionale Gleichgewicht wahren

Wie Sie aus den obigen Listen ersehen können, die wirklich nur Richtlinien darstellen sollen, werden die meisten Dinge nur problematisch, wenn sie im Übermaß ausgeübt oder konsumiert werden. Sie schaden uns nur, wenn sie außer Kontrolle geraten. Das gilt übrigens auch für unsere Gefühle. Häufig kann ein Gefühl, eine innere Haltung oder eine emotionale Reaktion positiv und förderlich für uns und andere sein, aber wenn diese ins Extrem verkehrt werden, können sie schädlich und verletzend sein. Das bedeutet, dass es eigentlich kein schlechtes Gefühl gibt, aber wenn ein Gefühl zu stark wird, kann es zu einem Problem werden. Wir wollen uns dafür nun einige Beispiele anschauen.

Leidenschaft

Leidenschaft ist ein wunderbares Gefühl. Sie bewegt uns und durch sie erleben wir das Leben in seiner ganzen Fülle. Die Leidenschaft, die wir in der Kunst, Musik oder Literatur verspüren, erhebt uns. Die Leidenschaft, mit der wir unsere Überzeugungen vertreten und für unsere Rechte und die spirituelle Wahrheit einstehen, verändert die Welt.

Leidenschaftliche Menschen sind voller Leben, sie besitzen einen starken Willen und sind sehr dynamisch. Sie drücken aus, was sie empfinden. Mit anderen Worten: Leidenschaft ist ein ganz wunderbares Gefühl. Aber wenn wir sie zu sehr ausleben, wird aus Leidenschaft schnell Wut und Aggression und dadurch erschaffen wir Probleme für uns selbst und für die anderen Menschen in unserem Leben.

Ruhe

Ruhe ist der vollkommene Zustand. Wir alle sehnen uns danach, und wenn wir einem ruhigen, friedvollen und entspannten Menschen begegnen, überträgt sich dessen Ruhe auch auf uns. Das ist ganz wunderbar, aber wenn jemand zu ruhig ist, gleitet er leicht in einen Zustand der Lethargie und Indifferenz hinein, in dem ihm alles gleichgültig ist, in dem er kein Interesse an irgendetwas zeigt und nicht mehr reagiert, weil ihn nichts mehr kümmert. Das kann zu extremer Ichbezogenheit führen, aber auch dazu, dass er sich gehen lässt und sich selbst vernachlässigt.

Liebe

Wir alle möchten lieben, bedingungslos lieben und alle so akzeptieren, wie sie sind – besonders uns selbst. Liebe kann aber sehr leicht in übermäßige Fürsorglichkeit umschlagen, die verhindert, dass sich Menschen in ihrem eigenen Tempo entwickeln können. Dann wird Liebe an Bedingungen geknüpft, sie wird manipulativ: »Ich liebe dich, wenn …« Eine solche Liebe erdrückt, eine solche Liebe schlägt um in Besitzgier.

Hell und Dunkel in sich selbst akzeptieren

Wir alle haben negative Aspekte in uns. Jeder von uns hat etwas in sich, was häufig als »Schatten« bezeichnet wird. Das ist vollkommen normal. Wir müssen diesen Aspekt von uns akzeptieren, ihn integrieren und auch lieben. Das größte Unglück kommt immer von innen und entsteht aus einem Mangel an Selbstakzeptanz, aus einem Mangel an Liebe und Respekt uns selbst gegenüber. Wir sehen die Dunkelheit in uns und lehnen sie ab. Wir denken: »Ich bin so egoistisch/gedankenlos/zornig/eifersüchtig und so weiter.« Und dann mögen wir uns nicht mehr. Das wird durch negative Erfahrungen noch verstärkt und natürlich auch durch das, was uns besonders in unserer Kindheit von unseren Eltern an Negativem gesagt wurde.

Mit sich selbst glücklich sein

Wir alle machen Fehler; wir alle verletzen manchmal andere Menschen; wir alle haben schon etwas falsch gemacht, und wir alle haben schon einmal versagt. Um glücklich sein zu können, müssen wir mit uns selbst glücklich sein, aber so lange wir uns auf die dunkle Seite – also auf all das, was unserer Meinung nach mit uns nicht stimmt – in uns konzentrieren und sie ablehnen, können wir nicht glücklich sein. Glück ist ein innerer Zustand, nicht etwas, das man in der Außenwelt finden könnte. Inneres Glück stellt sich ein, wenn wir beide Seiten unseres Wesens akzeptieren: die helle wie die dunkle.

Schreiben Sie auf, was Sie an sich auszusetzen haben. Sagen Sie sich dann: »Aber trotz allem bin ich immer noch ich selbst. Ich versuche, mich zu verbessern, ich lerne aus meinen Fehlern, ich akzeptiere mich, so wie ich bin.« Denken Sie stets daran, dass Sie nur aus einem einzigen Grund auf der Erde sind: um Ihr inneres Glück zu finden, was zur Erleuchtung führt, der spirituellsten und erhebendsten Erfahrung unserer Evolution.

Wären Sie bereits in allen Bereichen perfekt und hätten Sie alle Lektionen gelernt, würden Sie auf einer Wolke sitzen, auf Ihrer Harfe spielen und über die Sterblichen lachen, die sich so sehr abmühen, alles richtig zu machen. Glauben Sie an sich; lassen Sie Ihre Schuldgefühle los und lernen Sie, mit sich selbst ins Reine zu kommen. Werden Sie zu Ihrem besten Freund.

Zum Schluss eine Affirmation – Übernehmen Sie Verantwortung für Ihr eigenes Glück

Um dieses Buch über den Umgang mit negativen Energien, denen wir im Leben begegnen werden, abzuschließen, schenke ich Ihnen diese Affirmation, über die Sie meditieren können. Ich empfehle Ihnen, dass Sie sie laut lesen.

Ich akzeptiere alle Aspekte meiner selbst, und auf diese Weise anerkenne ich mich in meiner Gesamtheit. Ich sehe in mir einen einzigartigen und speziellen Menschen, der es verdient hat, glücklich zu sein. Ich werde mich nicht mehr wegen der Dinge bestrafen, die ich nicht getan habe, sondern mich zu den Dingen beglückwünschen, die ich getan habe. Ich weiß, dass ich die Menschen in meiner Umgebung glücklicher mache, wenn ich daran arbeite, mit mir selbst glücklich zu sein.

Ich weiß, dass Glück nicht etwas ist, das man kaufen, gewinnen, nehmen oder erwerben kann, sondern etwas, das ich aus mir selbst heraus für mich selbst erschaffen kann. Ich brauche die dunkleren, niedrigeren Schwingungen nicht mehr, um Erfüllung und Vergnügen zu finden. Ich entscheide mich dafür, meine Freude in den höchsten Schwingungen zu finden und in den Dingen, die mein Leben verbessern. Ich ziehe all jene Dinge und Menschen an, die mir helfen, mit mir selbst glücklich zu sein. Ich verpflichte mich jetzt, nur noch mit den höchsten Schwingungen des Lichtes und der Liebe Umgang zu pflegen.

Ich ziehe Menschen an, die leidenschaftlich, aber nicht zornig, ruhig, aber nicht egoistisch, liebevoll, aber nicht besitzergreifend sind. Mit diesen Menschen teile ich mein Leben und erfreue mich mit ihnen an Beziehungen, die zum beiderseitigen Vorteil sind. Ich verpflichte mich jetzt, wahres Glück zu erschaffen, und so wie ich es erschaffe, so werde ich es bewahren.

Nachbemerkung

Warum existiert das Böse in der Welt?
Damit wir das Licht schätzen lernen.
Wir brauchen die Dunkelheit, damit wir das Licht
sehen und schätzen können.

Weil es Dunkelheit in der Welt gibt, sollten wir das Licht schätzen lernen; weil es Widerwärtiges gibt, sollten wir die Tugend schätzen lernen; weil es Grausamkeit gibt, sollten wir Güte schätzen lernen. Denken Sie aber immer daran, hinzuschauen, zu beobachten, zu beurteilen und sich dann anderen Dingen zuzuwenden. Konzentrieren Sie sich nicht zu sehr auf die Dunkelheit. Lassen Sie sich nicht von ihr verführen. Lassen Sie nicht zu, dass Sie sich vor der Macht der Finsternis fürchten. Sehen Sie sich das Böse an. Erkennen Sie die Botschaft, die es für Sie bereithält. Gehen Sie dann weiter und schreiten Sie in das Licht hinein. Wählen Sie den positiven Weg, denn auf ihm kommen Sie am sichersten nach Hause – und zudem ist er auch noch gut beleuchtet.

Erzeugen Sie Ihre eigene Lichtquelle durch Ihre
positive Einstellung.

Dank

Dieses Buch ist meinem Hund Prince gewidmet, der mir zeigte, wie Willensstärke und Lebensfreude alle Ängste und körperlichen Herausforderungen überwinden können. Danke, lieber Prince, für deine bedingungslose Liebe und deine absolute Hingabe.

Ich möchte auch Ginny Surtees danken, die eine inspirierende und sehr hilfsbereite Lektorin war. Außerdem danke ich Peter Bently für seine geistreiche Hilfe und allen Mitgliedern des Lektorats des Piatkus Verlages, die mir dabei geholfen haben, dieses Buch zu vollenden. Ich möchte mich auch bei meiner Mutter und bei Sophie für ihre Unterstützung und Frieden ausstrahlende Präsenz während meiner Arbeit am Computer bedanken.

Zudem möchte ich den folgenden Experten und Therapeuten danken, die ich mit Fragen gelöchert habe: Alyce Holst für ihre Hilfe, Unterstützung und die Informationen über elektronische Edelsteintherapie; Janet Thompson für ihre Rückführungstherapie, in der mir die Türen zu früheren Leben geöffnet wurden; Dr. Louis Alicea, meinem genialen Chiropraktiker, der den durch zu viele Stunden am Computer selbst zugefügten Schaden behoben hat; Mark Rendell für seine Hilfe beim

Thema Feng Shui und für den wunderschönen neuen Garten, in dem ich inneren Frieden und Harmonie wiederfinden konnte; Dr. David Webb und Henley-Gawler and Associates für ihre wertvollen Erkenntnisse in Bezug auf elektromagnetischen geopathischen Stress; Sue Rogerson und Flora Azulay dafür, dass sie ihr Wissen über Ionisierer, also Produkte, die uns vor Telefon- und Computerstrahlung beschützen, Scenar-Schmerztherapie und elektromagnetische Therapien mit mir geteilt haben.

Bitte vergessen Sie nie, dass die Macht des Lichtes stärker ist als die der Dunkelheit.
Wenn wir ein Licht anzünden, wird die Dunkelheit immer weichen müssen.

Literaturhinweise

Batmanghelidj, Faridun: *Sie sind nicht krank, Sie sind durstig. Heilung von innen mit Wasser und Salz*. VAK, Kirchzarten 2012

Dowsett, Eric: *Indras Netz. Harmonie und Heilung durch Dowsing*. BoD, Norderstedt 2010

Edward, John: *Ein letztes Mal. Mediale Botschaften aus dem Jenseits*. Goldmann, München 2002

Feynman, Richard P.: *Sechs physikalische Fingerübungen*. Piper Taschenbuch, München 2007

Kingston, Karen: *Heilige Orte erschaffen mit Feng Shui. Ein Anleitungsbuch*. Lotos, München 2003

Newton, Michael: *Die Reisen der Seele. Karmische Fallstudien*. Astrodata, Wettswil 2001

Newton, Michael: *Die Abenteuer der Seelen. Neue Fallstudien zum Leben zwischen den Leben*. Astrodata, Wettswil 2001

Prophet, Elizabeth Clare: *Die violette Flamme. Heilung für Körper, Geist und Seele*. Silberschnur, Güllesheim 2005

Redfield, James: *Die Prophezeiungen von Celestine. Ein Abenteuer – Das spirituelle Kultbuch*. Allegria, Berlin 2004

Scheffer, Mechthild: *Die Original Bach-Blütentherapie für Einsteiger. Die Blüten, die Anwendung, die Wirkung*. Südwest, München 2011

Scrivner, Jane: *Entgiftung und Entschlackung.* Droemer Knaur, München 2003

Sienko, Sofia: *Der Steinschlüssel. Eine umfassende Einführung in das Stein-Reich.* Windpferd, Aitrang 2002

Too, Lillian: *Lillian Too's Praktisches Feng Shui. 168 traditionelle Wege zu mehr Glück und Erfolg.* Gräfe & Unzer, München 2000

Weiss, Brian: *Die zahlreichen Leben der Seele. Die Chronik einer Reinkarnationstherapie.* Goldmann, München 2005

Wilde, Stuart: *Grenzenloses Selbst. 33 Schritte zur Erweckung Ihrer inneren Kraft.* Schirner, Darmstadt 2007

Hearts and Hands
Mit Liebe und Mitgefühl

Hearts and Hands (Herzen und Hände) ist eine gemeinnützige, international tätige Organisation, die sich der Verbreitung des Wissens um natürliche Heilmethoden verschrieben hat. Wir haben überall auf der Welt Heiler und Lehrer ausgebildet, die Sie beraten und unterstützen können.

Falls Sie weitere Informationen erhalten möchten, schreiben Sie bitte an:

Hearts and Hands
P.O. Box 7230
Burley, Ringwood
Hants BH24 9EE
England

Besuchen Sie uns auf unserer Website www.heartshands.org oder senden Sie uns eine E-Mail an care@heartshands.org.

Register